RYAN A. BUSH

«Todo hombre puede ser, si se lo propone, escultor de su propio cerebro».
—Santiago Ramón y Cajal

DISEÑA

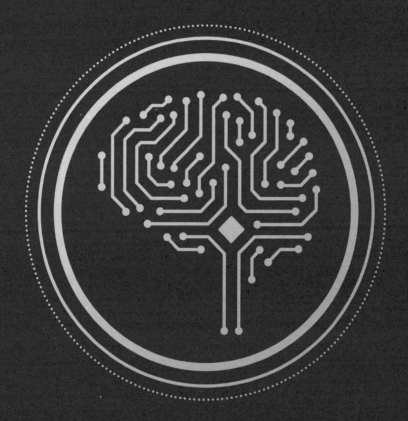

TU MENTE

LOS PRINCIPIOS DE LA PSIQUITECTURA

edaf

Título original: *Designing the mind. The Principles of Psychitecture,* por Ryan A. Bush
© 2023. De la traducción, Jorge Rus Sánchez
© 2022. Designing the Mind, LLC.
© 2023. De esta edición, Editorial EDAF, S.L.U., por acuerdo con Designing The Mind, LLC., representados por 2 Seas Literary Agency Inc., en 1129 Maricopa Hwy, Suite 175, Ojai, California 93023, USA

Diseño de la portada: Adaptación de la original, por Diseño y Control Gráfico, S.L.
Maquetación y diseño de interior: Diseño y Control Gráfico, S.L.

Ilustraciones de interior: Adaptadas del original inglés

Editorial Edaf, S.L.U.
Jorge Juan, 68,
28009 Madrid, España
Teléf.: (34) 91 435 82 60
www.edaf.net
edaf@edaf.net

Ediciones Algaba, S.A. de C.V.
Calle 21, Poniente 3323 - Entre la 33 sur y la 35 sur
Colonia Belisario Domínguez
Puebla 72180, México
Telf.: 52 22 22 11 13 87
jaime.breton@edaf.com.mx

Edaf del Plata, S.A.
Chile, 2222
1227 Buenos Aires (Argentina)
edafadmi@gmail.com

Edaf Chile, S.A.
Huérfanos 1178 - Oficina 501
Santiago - Chile
Telf: +56 9 4468 05 39/+56 9 4468 0597
comercialedafchile@edafchile.cl

Septiembre de 2023

ISBN: 978-84-414-4257-3
Depósito legal: M-22828-2023

Índice

Introducción

Corre el año 2084. Estás jugando un partido de baloncesto en cuatro dimensiones y uno de tus compañeros de equipo hace un comentario hiriente acerca de tus habilidades lanzando tiros libres. Inmediatamente, suceden varias cosas en tu mente.

1. Sientes dolor.
2. Sientes el impulso de hacer uso de tu implante cerebral de realidad virtual y hacer que el tipo se arrepienta de su arrogante comentario.
3. Tu autoestima pasa los siguientes días y semanas en barrena. No dejas de pensar una y otra vez en cómo te gustaría haberle respondido, y eso te hace sufrir.

Pero en medio de este proceso, piensas: un momento, estamos en el año 2084. Tenemos tecnología para esto. Así que abres una aplicación a través de tu interfaz neural que te permite modificar rápidamente tu propio cerebro. Escuchas unos cuantos anuncios mentales, tratas de no pensar nada que no le guste al gobierno y ya estás dentro.

Con solo unos pocos clics en el cerebro, puedes decirle al *software* que elimine tus tendencias a sufrir, a buscar venganza y a darle demasiadas vueltas cada vez que alguien te insulta. Incluso puedes añadir una función que te permite sentir alegría cuando se meten contigo y responder rápidamente con una réplica ingeniosa y simpática.

Tu nueva respuesta automática te permite suavizar situaciones hostiles y parecer una estrella del rock, haciendo que la horrible sensación que te provoca un insulto sea instantáneamente cosa del pasado.

Para el año 2084 es totalmente plausible que dispongamos de un método para modificar directamente nuestro cerebro y eliminar las tendencias inadaptadas que nos frenan. No obstante, a menos que este libro haya resistido la prueba del tiempo de forma irrazonable, lo más probable es que lo estés leyendo en una época en la que este proceso te suene a ciencia ficción. No podemos eliminar nuestros fallos mentales con unos pocos clics. Nuestras limitaciones psicológicas arraigadas están grabadas en piedra por el momento, ¿verdad?

Aun así, tampoco somos tan impotentes como se puede creer. Con las herramientas cognitivas adecuadas, cualquiera puede modificar su propio *software* psicológico: su mente. Nuestras tendencias psicológicas no deseadas se descomponen en algo comparable a los algoritmos de *software*, que pueden reprogramarse. En este caso, el insulto es un estímulo que activa una especie de programa mental. Este programa inicia un ciclo de pensamiento distorsionado que te hace reevaluar tu autoestima en respuesta a la falta de respeto de tus compañeros. Este ciclo de pensamiento genera respuestas emocionales y conductuales que te hacen sentir fatal y reaccionar impulsivamente.

Dado que estas respuestas se programaron en nosotros hace eones, los humanos han tenido mucho tiempo para estudiarlas. Aunque carecían de nuestras modernas metáforas tecnológicas, los antiguos pensadores empezaron a examinar y desarrollar contraalgoritmos para muchos de nuestros módulos mentales problemáticos. Estos pensadores tuvieron la previsión de escribir sus ideas para la posteridad, y su sabiduría, por dispersa y diversa que sea, es un código fuente abierto que podemos utilizar para reprogramar nuestras propias mentes.

Mi objetivo a largo plazo es recopilar y sistematizar estas herramientas de autooptimización de *software* y hacer que lleguen al mayor número de personas posible. Quiero hacer lo más parecido a darte un implante de modificación cerebral instantánea. Quiero proporcionarte un manual para diseñar y optimizar tu propio *software* psicológico.

La mayoría de las personas que leen libros para mejorar lo hacen porque quieren avanzar en su carrera, perder peso o ganar más dinero. «¿Por qué estoy diseñando mi mente?», te preguntarás, «¿qué voy a conseguir con ello?». Si este es tu caso, me adelantaré anunciándote que este libro no te ayudará directamente a alcanzar o lograr nada de lo que hay en el mundo. No te convertirá en un maestro de la seducción ni en el crack de la sala de conferencias de tu empresa; y tampoco te conseguirá abdominales.

Este libro va dirigido a aquellos para quienes la idea de construir una mente mejor es emocionante en sí misma. Es para aquellos a quienes les apasiona la idea de cultivar una mayor sabiduría, autocontrol o tranquilidad, que se sienten atraídos por las filosofías del budismo y el estoicismo o por los campos de la psicología humanista y la psicoterapia. Todos queremos ser más felices, llevar una vida más saludable y ser mejores personas, pero solo unos pocos comprenden que todos nuestros objetivos más elevados pueden alcanzarse centrándonos directamente en nuestra mente.

Si esto te describe, entonces eres lo que llamaremos un «psiquitecto». Perteneces a un colectivo de individuos poco comunes a los que entusiasma la idea de superar los aspectos aparentemente fijos de sí mismos. Consideras el estado por defecto de tu mente como una invitación a intervenir y transmutar. Quieres mirar a la realidad a los ojos sin inmutarte y encontrar formas de alterarla. Quieres vivir una gran vida, no una vida normal. Si es así, sigue leyendo.

¿Qué es lo que no te gusta de tu mente? ¿Qué pautas surgen cuando examinas tu vida? ¿Qué pautas crees que te han frenado? ¿Te impide el miedo perseguir tus ambiciones? ¿Los celos arruinan tus relaciones? ¿Dejas que las distracciones dominen tu vida? ¿Tienes un crítico interior cuyas expectativas nunca puedes cumplir?

Este libro se atreve a afirmar que la condición humana, tal y como la conoces, es opcional. Que es posible desconectar de la propia mente, examinarla desde arriba y modificar el propio código psicológico con el que funciona, alterando permanentemente estos patrones limitantes.

Aprenderás a construir una paz y una ligereza inquebrantables en tu mente para que puedas abrazar lo que la vida te depare mientras respondes con acciones efectivas. Desarrollarás las habilidades necesarias para pensar con claridad meridiana, superar tus propias distorsiones de juicio y cultivar la sabiduría para tomar las decisiones correctas en tu vida. Aprenderás a crear los hábitos, el estilo de vida y el carácter que te permitirán convertirte progresivamente en tu yo ideal.

Y para empezar este proceso, no tendrás que esperar ni un día a que llegue la tecnología futurista. Puedes reconfigurar los comportamientos predeterminados, las respuestas emocionales y los prejuicios que te frenan. Puedes aprender los principios y las prácticas para construir una mente mejor de lo que nunca creíste posible, algoritmo a algoritmo. Y lo que es más importante, puedes interiorizar una mentalidad que te permitirá llevar este proceso más allá de lo que leas en este libro. Además, a medida que escales las cotas del autodominio, llegarás gradualmente a parecerte a las figuras legendarias que han desbloqueado estados mentales radicalmente superiores. Este no es otro libro más que promete trucos útiles para la felicidad, como diarios de gratitud y duchas de agua fría, o que canta las alabanzas del pensamiento positivo, la programación neurolingüística o la meditación *mindfulness* (aunque ya hablaremos de ella más adelante). Me referiré a ideas y técnicas que se han visto a través del prisma de la espiritualidad. Aun así, todas las formas de pensar y métodos que encontrarás en esta obra son racionales, psicológicos y empíricos. Este libro está basado en las ideas de pensadores antiguos probadas a lo largo del tiempo, la ciencia de la neuroplasticidad y los descubrimientos de la ciencia cognitiva, afectiva y conductual. Examina las formas en que las personas corrientes (y extraordinarias) pueden modificar el «*software*» de su mente para influir drásticamente en su vida actual; las formas en que podemos estructurar nuestras mentes directamente para la sabiduría, el bienestar y el carácter, y para alcanzar nuestras visiones más elevadas de nosotros mismos.

El primer catalizador de este libro surgió hace aproximadamente una década. No recuerdo el acontecimiento exacto, pero en última instancia, fue lo que sucedió justo después lo que importa. El suceso fue algo malo, aparentemente. Algún error o contratiempo de dimensiones moderadas en mi vida. Me había enfrentado a muchos de ellos antes, como todo el mundo, pero aquella vez fue diferente. La emoción negativa que se suponía que debía surgir de este contratiempo no apareció: ni dolor, ni ansiedad, ni frustración. Hice algo en mi mente que me hizo eludir la emoción que se suponía que debía tener, y luego continué con mi vida, respondiendo al acontecimiento solo con mis acciones.

Lo que hice en mi mente no fue supresión, represión o negación, para los psicólogos de sillón. Fue una forma de autorregulación emocional eficaz, y resulta que los antiguos griegos se me adelantaron hace un par de miles de años. No, yo no era el único con esta experiencia, solo con la obsesión que desarrollé a raíz de ella. Me quedó claro que esta experiencia era solo un ejemplo de lo que parecía ser un arte oscuro que uno podía dominar para volverse inmune a los problemas con los que algunos se pasan la vida luchando: un camino para mejorar constantemente los elementos básicos de mi mente.

A medida que estudiaba la mente humana, sus limitaciones y su potencial, descubrí algo sorprendentemente coherente: todos los problemas mentales con los que luchaba se reducían a fenómenos mentales automáticos y sistemáticos; cadenas de desencadenantes y respuestas, estímulos y respuestas. Y lo que es más interesante, todas las soluciones a estos problemas que funcionaban encajaban en el mismo marco. Denominé a estos patrones algoritmos, y la suma de estos algoritmos se convirtió en *software* psicológico. Dentro de este marco de *software*, mis retos mentales empezaron a tener sentido.

Empecé a aplicar una nueva metodología para resolver mis problemas, centrada menos en cambiar las circunstancias de mi vida y más en cambiar los patrones psicológicos en su origen. Descubrí que los problemas que antes parecían perpetuos podían extinguirse permanentemente. La versión de mi mente que antes parecía inalcanzable podía ser abordada de forma iterativa y, en última instancia, eclipsada por versiones nuevas e incluso mejores. Acuñé el término «psiquitectura» para referirme a esta práctica de diseñar y optimizar el *software* de la propia mente. Paralelamente a mi práctica, cada vez encontraba más pruebas en la ciencia cognitiva, afectiva y conductual de que este marco no era solo una metáfora. Así era como funcionaba realmente la mente.

Esta disciplina ha crecido más allá del punto de vista inicial. Muchas investigaciones me han confirmado que el arte de la regulación y la reestructuración de las emociones es muy real y muy eficaz. Sin embargo, la búsqueda del autodominio se ha desarrollado hasta abarcar tres componentes principales: el *cognitivo*, el *emocional* y el *conductual*. Y cuanto más reflexionaba sobre ellos, más me daba cuenta de que estos tres ámbitos engloban las competencias básicas necesarias para el bienestar y el éxito en la vida.

Además, la incompetencia en cualquiera de estas tres áreas representa no solo estupidez y debilidad, sino lo que algunos llaman maldad. Todos los «malos actores» de la sociedad pueden explicarse en referencia a deficiencias en una o más de estas áreas. Esta es la razón por la que ayudar a otros a desarrollar el autodominio en todas sus formas se ha convertido en la mayor fuente de propósito de mi vida. La tríada del autodominio proporcionará la columna vertebral organizativa de este libro, y los capítulos te enseñarán los principios y prácticas necesarios para dominar los tres ámbitos.

No soy el gurú espiritual ni el profesor venerado que quizá estés buscando. Mi formación académica se centra en el diseño de sistemas físicos, digitales y teóricos. No obstante, mi credencial más importante es un apetito que he cultivado a lo largo de toda mi vida por la investigación introspectiva, la lectura voraz y la autooptimización obsesiva. No suelo centrarme en mí mismo en este libro porque me parecen mucho más interesantes los antiguos maestros, filósofos prácticos y científicos cognitivos que lo han inspirado.

Entre mis mentores filosóficos se encuentran Lao Tse, Siddhãrtha Gautama, Aristóteles, Epicuro, Diógenes, Marco Aurelio, Epicteto, Séneca, Michel de Montaigne, René Descartes, Friedrich Nietzsche, Abraham Maslow, Viktor Frankl y Aaron Beck, entre muchos más. Mis influencias contemporáneas son demasiadas para nombrarlas aquí, pero os las presentaré a lo largo del camino. Aunque ellos mismos no utilizaron el término, me referiré a muchas de estas personas como pensadores o visionarios de la psiquitectura. Soy más bien un estudiante de sus enseñanzas que un maestro. Mi papel ha consistido simplemente en estudiar, conservar y sintetizar estas ideas en un marco moderno, las cuales os presentaré a lo largo de los siguientes capítulos.

Puedes unirte a la comunidad en designingthemind.org para recibir más conocimientos de psiquitectura y participar en el debate. Este libro, y la creciente comunidad de psiquitectos de DLM (diseñar la mente), representan un conjunto de ideas vivas que seguirán tomando forma con el tiempo. Te invito a participar en su evolución.

KIT DE HERRAMIENTAS
PARA LOS PSIQUITECTOS*

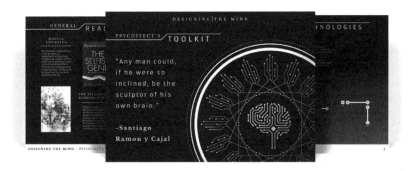

Además de este libro, los lectores registrados pueden descargarse de forma **gratuita una guía de 50 páginas sobre psiquitectura**, que contiene:

- Una visión general de los conceptos básicos de la psiquitectura y los algoritmos psicológicos.
- Un desglose de 8 psicotecnologías que puedes empezar a utilizar para reprogramar tu mente.
- 64 increíbles recomendaciones de libros relacionados con el autodominio y la psiquitectura.
- Una lista de 16 sitios web, blogs y podcasts que pueden ayudarte en tu autooptimización.
- Citas de los grandes visionarios de la psiquitectura.

Visita **designingthemind.org/psychitecture** para conseguir tu kit de herramientas.

---

* Este material está disponible para los lectores que deseen la información, en inglés, que aún no está traducido al español. *(N. del E.)*

1

Teoría y práctica
de la psiquitectura

La mente como máquina

> En el pasado, los humanos aprendimos a controlar el mundo exterior, pero teníamos muy poco control sobre nuestro mundo interior.
>
> —**Yuval Nohah Harari**, *21 lecciones para el siglo XXI*

Cada época intenta explicar la mente humana en los términos y metáforas de sus tecnologías dominantes. Para Platón, la mente era un carro. Para Descartes, era un reloj mecánico. Para Freud, era una máquina de vapor. Hoy en día, la analogía más común de la mente es el ordenador. Aunque es cierto que nuestros cerebros no son literalmente ordenadores digitales, construidos con circuitos de silicio y lógica binaria, la metáfora moderna de la mente como un ordenador es, con mucho, la más poderosa y completa que hemos tenido nunca.

Nuestro *hardware* es el cerebro, el sustrato físico formado por neuronas, sustancias químicas e impulsos eléctricos. Nuestro *software* es el mundo de nuestra experiencia: la mente. Nuestras sensaciones, emociones y pensamientos se experimentan internamente en la mente, pero detrás de todos ellos hay fenómenos físicos y pueden verse influidos por acontecimientos externos, sustancias químicas y tecnología. Nuestras mentes no generan emociones o cogniciones de forma arbitraria: hay patrones codificados en este *software*, grabados por millones o incluso miles de millones de años de selección natural[1]. Ninguna palabra que pronunciemos o acción que realicemos es un hecho aislado, por espontánea que parezca, y lo mismo ocurre con los procesos puramente internos de pensar y sentir. Todos ellos fluyen a partir de un sistema determinado del mismo modo que los resultados de un ordenador surgen de los algoritmos que le han incorporado sus programadores. La razón por la que no podemos predecir perfectamente el comportamiento humano es que nuestras mentes son las máquinas más complejas que han existido (hasta ahora). No funcionan como un simple bucle, sino como un intrincado sistema que incorpora innumerables entradas y cálculos a su comportamiento.

> Nos guste o no, el cerebro es una máquina. Los científicos han llegado a esta conclusión no porque sean unos aguafiestas mecanicistas, sino porque han acumulado pruebas de que cada aspecto de la conciencia está ligado al cerebro.
>
> —Steven Pinker, *El misterio de la conciencia*

El hecho de que nuestras mentes sean máquinas no excluye la enorme riqueza de experiencias de que son capaces. Simplemente significa que, en el fondo, la inefable complejidad de la existencia humana se reduce a un sistema operativo que podemos estudiar y comprender cada vez mejor. Además, comparar nuestras mentes con máquinas no significa que la evolución las haya grabado en piedra y que estén condenadas a iterarse perpetuamente hasta la muerte. Nuestros genes no determinan todo en lo que nos convertiremos, pero sí determinan hasta qué punto podemos ser moldeados por las experiencias durante los primeros años de la infancia, la adolescencia y la edad adulta, lo que para todos es bastante[2].

Es posible alterar el cerebro de forma que se produzcan cambios funcionales. La medicina moderna ha desarrollado fármacos y procedimientos quirúrgicos para tratar enfermedades, trastornos y lesiones cerebrales. Existen fármacos de venta con receta para tratar desde el TDAH hasta el trastorno obsesivo compulsivo o la ansiedad severa. Incluso pueden colocarse implantes en el cerebro para ayudar a rehabilitar a pacientes que han sufrido un ictus o estimular nervios para tratar el Parkinson o la depresión[3].

Las personas sanas también pueden utilizar tecnologías y prácticas para mejorar aún más su cerebro. Los hábitos de vida, como el sueño, la dieta y el ejercicio, tienen un enorme efecto sobre la salud y el funcionamiento del cerebro[4]. Cada vez hay más pruebas de que la meditación *mindfulness* puede mejorar la capacidad de concentración, la autoconciencia y el bienestar general[5]. Algunas pruebas sugieren incluso que dispositivos como la estimulación transcraneal de corriente directa (tDCS), que ahora se ofrecen como productos de consumo, pueden mejorar el aprendizaje, la calidad del sueño y el estado de ánimo[6].

Se pueden tomar nootrópicos, que suelen ser sustancias químicas fáciles de conseguir, que han demostrado su capacidad para mejorar la cognición, aumentar la concentración o la memoria, potenciar la energía o incluso aumentar la creatividad[7]. Incluso se pueden consumir drogas psicodélicas como la psilocibina o el LSD, que según la neurociencia moderna pueden estimular nuevas conexiones neuronales, aliviar la ansiedad relacionada con la muerte y tratar la adicción y la depresión[8].

Existe todo un movimiento conocido como **transhumanismo** que se ocupa de modificar el cuerpo, el cerebro y la mente humanos, y de tomar en nuestras manos la evolución de la naturaleza humana. La organización Humanity Plus lo define como:

> El movimiento intelectual y cultural que afirma la posibilidad y la conveniencia de mejorar fundamentalmente la condición humana mediante la razón aplicada, especialmente desarrollando y haciendo ampliamente disponibles tecnologías para eliminar el envejecimiento y mejorar enormemente las capacidades intelectuales, físicas y psicológicas del ser humano[9].

Los pensadores transhumanistas creen que algún día, en un futuro no muy lejano, podremos potenciar el cerebro y la mente de formas casi inconcebibles hoy en día. Los productos farmacéuticos y los implantes cerebrales microscópicos del futuro podrían reparar, regenerar y renovar rápidamente las células cerebrales. La ingeniería genética podría alterar biológicamente la mente, aumentando la inteligencia, la creatividad o cualquier otra cualidad deseada. La tecnología de realidad virtual o aumentada podría llegar a ser tan avanzada que no se distinguiera de la realidad, conectarse directamente a nuestro sistema nervioso y permitirnos vivir en mundos actualmente inimaginables.

Además, una comprensión avanzada de la mente podría permitirnos simular perfectamente el cerebro humano a través de ordenadores digitales y subir nuestra conciencia a la nube. Organizaciones como DARPA[10] y Neuralink[11] de Elon Musk ya están trabajando para crear interfaces cerebro-máquina. Estos dispositivos permitirían a nuestros cerebros conectarse directamente a los ordenadores, convertir nuestros pensamientos en bits y viceversa, y aumentar nuestra inteligencia, comunicación y mucho más. En teoría, esto podría permitirnos fusionarnos con la inteligencia artificial o con otras personas para formar una mente radicalmente inteligente y capaz.

> Cuando los transhumanistas se refieren a la «tecnología» como el principal medio para efectuar cambios en la condición humana, debe entenderse que incluye el diseño de organizaciones, economías, políticas y el **uso de métodos y herramientas psicológicas.**
>
> —**Max More**, *The Philosophy of Transhumanism*

Por fascinante que sea el potencial de modificación futura de la mente, la mayor parte de él nos resulta inaccesible hoy en día, dejándonos solo la espera y la contemplación. No obstante, hay otro tipo de modificación, una especie de transhumanismo de *software*, que ya está disponible. Hay herramientas que pueden ser desbloqueadas ahora mismo, por cualquiera, sin ninguna tecnología externa. Podríamos llamar a estas herramientas **psicotecnologías.** La forma más poderosa de mejorar el cerebro en este momento de la historia es a través de tu *software*: a través de tus pensamientos y acciones.

A muchos de nosotros nos encantaría programar nuestra mente para que funcionara según nuestras preferencias, igual que programaríamos el *software* de un ordenador. Sin embargo, nuestros cerebros orgánicos no funcionan exactamente igual que los ordenadores. No se limitan a hacer lo que se les dice; si queremos cambiar su programación, tenemos que entender su naturaleza y trabajar con ella. En lugar de teclados y líneas de comandos, tenemos nuestra cognición, que puede ser una herramienta sólida si se utiliza adecuadamente.

Aunque pueda parecer de sentido común para cualquiera que haya aprendido algo nuevo o desarrollado una habilidad, la idea de que el cerebro puede cambiar se ha puesto de moda en los últimos años. La **neuroplasticidad** hace referencia a la capacidad del cerebro para cambiar y reorganizarse a lo largo de la vida de un individuo. La capacidad de adaptarse a condiciones cambiantes siempre ha sido crucial para nuestra supervivencia, por lo que esta capacidad se ha incorporado a la mente de todas las formas de vida superiores. Se pueden crear nuevas vías neuronales y reforzar o reducir las antiguas mediante el aprendizaje, el condicionamiento y la práctica. De hecho, es imposible evitar la modificación de tu mente[12].

Todo lo que haces o experimentas altera tu mente. Incluso compartir fotos de tu comida es una actividad que reforzará las conexiones entre ciertas neuronas a expensas de otras. Multilingüistas, músicos profesionales y académicos con conocimientos enciclopédicos son la prueba viviente de la increíble capacidad humana para la neuroplasticidad. Más aún lo son las víctimas de lesiones cerebrales, cuyos cerebros sorprendentemente encuentran formas de reconfigurarse para que otra parte del cerebro asuma las funciones de una zona dañada[13].

Todos los animales tienen un *software* que se modifica a diario. Todos los animales aprenden. Sin embargo, la mayoría de los animales no intentan aprender. Ninguna criatura, aparte de los humanos, está familiarizada con ningún tipo de práctica deliberada. Dudo que un chimpancé o un delfín hayan llegado alguna vez a la conclusión de que había algo que no estaba bien en su propia mente e intentado modificarla. Sin embargo, los humanos sí lo hacemos. Modificamos nuestra mente porque a nuestro *software* le falta alguna función deseada (hablar italiano) o porque tiene funciones que no deseamos (hablar tartamudeando). La capacidad de esta modificación parece ser prácticamente ilimitada, pero pocas personas la utilizan en todo su potencial.

La fascinación moderna por la neuroplasticidad ha llevado a muchos a intentar optimizar su inteligencia, su memoria y su capacidad de concentración. La gente sigue y optimiza obsesivamente sus regímenes de sueño, nutrición y ejercicio. Pero las personas que optimizan obsesiva y directamente la estructura de sus mentes para prosperar son menos comunes. Este libro se ocupa menos del aprendizaje intelectual o del desarrollo de competencias generales y más de la adaptabilidad psicológica y el bienestar.

La mente humana es, por defecto, un lugar inherentemente desordenado. Las probabilidades de estar bien adaptado a este mundo por defecto son prácticamente nulas. La razón por la que los niños lloran y gritan mucho más que los adultos no se debe únicamente a que sus cerebros estén menos desarrollados, sino a que la experiencia en el mundo real te obliga a desarrollar con el tiempo estrategias de afrontamiento que te dan un mayor control sobre tu estado mental. Las rabietas, la agonía, la irracionalidad y la impulsividad de la infancia representan el epítome de ser esclavo del propio *software* por defecto[14, 15].

Las presiones sociales se esfuerzan por llevarnos a la línea de la adecuación psicológica, y la psicoterapia puede utilizarse cuando la sociedad se queda corta. Sin embargo, estos objetivos son muy poco ambiciosos. Estar dentro del rango normal actual de salud psicológica no es nada a lo que aspirar. Lo que nos interesa es superar con creces esta línea, la grandeza psicológica. Queremos estructurar nuestras mentes de forma que nos lleven a nuestra realización más profunda. Aun así, no existe una fuerza que nos lleve de forma natural por encima de esta línea. Por eso tenemos que labrarnos nosotros mismos el camino hacia las cimas del bienestar psicológico.

Una nueva forma de entender la iluminación

> Todo hombre puede ser, si se lo propone, escultor de su propio cerebro.
>
> —**Santiago Ramón y Cajal**, *Consejos para jóvenes científicos*

Probablemente, tú pertenezcas a uno de estos dos bandos. Por un lado, están los que creen que existe un estado experimental que podríamos llamar iluminación espiritual. Este estado representa una trascendencia completa del ego, la ilusión, el apego y/o el sufrimiento. Una vez alcanzado, el iluminado puede ver por fin «la verdadera naturaleza de la existencia», liberarse del modo de supervivencia limitada de la mente y apagar la vela del sufrimiento. Se suele creer que se alcanza tras años de meditación dedicada, y finalmente se produce un repentino «clic» hacia un estado radicalmente nuevo.

En el otro bando, están los que creen que esto es mentira. No existe tal estado de liberación, y cualquiera que piense que existe está bebiendo de la pócima genérica de los lunáticos espirituales y los charlatanes. Podemos mejorar un poco nuestra forma de afrontar la vida, pero no transformarnos radicalmente. Las realidades del sufrimiento y la insatisfacción continuos son inevitables, y la antigua pretensión de la iluminación es pura mitología.

Mi objetivo es proponer que quizá ambos bandos estén equivocados… o en lo cierto. **Simplemente hemos estado pensando de forma incorrecta.** Imagina, si quieres, que vivimos en un mundo alternativo en el que solo hay un instrumento musical. El instrumento se llama piano pod, y en este mundo alternativo, todo el mundo tiene uno en su salón. El piano pod es exactamente igual que un piano, salvo que, para tocarlo, tienes que abrir una puerta en su parte delantera, sentarte dentro de una habitación donde solo hay sitio para una persona y cerrar la puerta tras de ti. Tendrás que dejar a un lado tu claustrofobia. El piano pod tiene paredes completamente opacas e insonorizadas, de modo que solo la persona que está dentro puede ver u oír su propia interpretación.

Dado que, por lo demás, el piano pod es exactamente igual que un piano, la mayoría de las personas que se sientan a tocar descubren que es increíblemente difícil crear una música que no haga envidiar a los sordos. Puede que, aunque insista durante meses, se quede en un estado de frustrante incompetencia.

Para empeorar las cosas, el mundo del piano está lleno de estafadores que afirman que pueden ayudarte a convertirte en alguien asombroso en el instrumento de la noche a la mañana si les das algo de dinero, que por otro lado tanto esfuerzo te ha costado ganar. Aunque algunos suenan más creíbles que otros, está claro que cualquiera que afirme haber alcanzado la grandeza del piano pod podría estar mintiendo de forma oportunista, intentando impresionar a otros o inventándoselo.

Al contrario que en nuestra realidad, en el mundo del piano pod es totalmente razonable creer que la incompetencia frustrante es el único estado posible. No poder presenciar a alguien tocando el instrumento con increíble arte y destreza hace que sea fácil creer que esas personas no existen.

El mundo de este piano pod representa nuestra realidad actual, y nuestras mentes son los instrumentos. No sabemos lo que pasa por la cabeza de los demás. Nunca sabremos con certeza cómo se compara la experiencia subjetiva de otra persona con la nuestra. Lo más que podemos hacer es observar su comportamiento y creer en su palabra. Pero ni nuestra frustrante incompetencia ni las soluciones rápidas prometidas por gurús de pacotilla son prueba de que la madriguera del conejo de la optimización psicológica no exista. Y la gran innovación de los auténticos pianos de nuestro mundo revela hasta qué punto es posible ser un músico excepcional. Todos hemos escuchado a músicos brillantes que hacen muy difícil que salgamos de rositas.

Después de haber escuchado el trabajo de grandes músicos, es posible que aun así llegues a la conclusión de que estos virtuosos tienen algún tipo de don genético del que carecemos el resto de nosotros, y que tocar este instrumento con destreza simplemente es algo que no está a tu alcance. Aunque es cierto que la genética desempeña algún papel en la habilidad musical, no observamos a personas normales dedicar miles de horas a la práctica musical y no llegar a ser realmente buenos. Sabemos que es posible llegar a ser muy bueno con las teclas practicando con diligencia y aplicando los métodos adecuados. Y podemos ver que el camino hacia la maestría artística es cada vez más intrincado, sin llegar nunca realmente a un límite aparte de las leyes de la física.

La «regla de las 10 000 horas» de Anders Ericsson, popularizada por Malcolm Gladwell, sugiere que los grandes talentos de personas como Albert Einstein, Bill Gates y los Beatles no son simplemente los dones innatos que a menudo se supone que son. Pueden entenderse como el resultado de muchas horas de desarrollo, que a menudo rondan las 10 000 horas[16]. Puede que no sea un teorema matemático que dicte infaliblemente el éxito en cualquier campo, pero la regla explica en gran medida lo cruciales que son la práctica y la diligencia, incluso para una habilidad aparentemente sobrenatural. Incluso se ha demostrado que la propia creencia en la neuroplasticidad, en la idea de que nuestras capacidades no son fijas, puede ser el factor determinante de nuestro éxito. Las personas que consideran que sus puntos fuertes son maleables tienen más éxito y se sienten más realizadas en la vida[17].

No veo ninguna razón para que los principios de la neuroplasticidad no se apliquen a la mejora de nuestra subjetividad. Nuestras neuronas saben de favoritismos en lo que a tareas que pueden mejorarse se refiere. Creer que los principios de la psicología humana suponen una excepción en este ámbito sería más bien un acto de fe. Si nuestras miras están claramente puestas en la reelaboración de nuestros propios pensamientos, reacciones emocionales y comportamientos, ¿qué nos impide redirigir gradualmente las vías neuronales del bienestar?

No, la neuroplasticidad no demuestra que de repente podamos entrar en un estado de felicidad imperturbable. La historia del ego y su trascendencia es lo bastante seductora como para justificar un escrutinio cuidadoso. A todos nos encantan las explicaciones unicausales de nuestros problemas y sus soluciones. Sin embargo, este cambio repentino más allá de nuestros límites simplemente no es coherente con una comprensión moderna de la psicología humana. Creo que algunos de los antiguos místicos podían tener razón sobre su propia experiencia subjetiva radicalmente superior. Solo se equivocaban en la forma concreta en que la concebían.

El dominio psicológico puede perseguirse sistemáticamente en términos plenamente racionales sin necesidad de conceptos difíciles, o de trascender los conceptos por completo. Al igual que la idea de alcanzar de repente un estado de maestría musical tras años de práctica parece incompatible con la comprensión psicológica actual, hacer lo mismo con nuestras mentes parece inverosímil. Puede que Buda fuera el Beethoven de su estado psicológico, pero Beethoven llegó a donde estaba poco a poco, y al final de su vida aún se encontraba en algún punto a lo largo del interminable camino de la maestría musical.

Nuestros comportamientos mentales fueron seleccionados para cumplir funciones específicas. Nos ponemos celosos porque eso ayudaba a nuestros antepasados a conservar a sus parejas[18]. Aceptamos dogmáticamente creencias erróneas, porque eso permitía a nuestros antepasados establecer vínculos con sus tribus[19]. Nos hacemos adictos a sustancias porque los compuestos que contienen ofrecían una mayor probabilidad de supervivencia[20]. No tiene por qué haber un defecto de base en la raíz de todos nuestros problemas ni una única solución para librarnos de él. Podemos modificar y optimizar las funciones, características y defectos individuales de nuestras mentes a la carta, y este proceso, cuando se practica a lo largo del tiempo, puede conducir a la iluminación algorítmica que propongo.

La neuroplasticidad nos ofrece la capacidad de mejorar gradualmente en las cosas mediante un esfuerzo constante y sostenido, y la maestría es un término relativo que no indica que se llegue a un punto en el que ya no se pueda progresar. Al tomar conciencia íntima de los errores a los que nos gustaría renunciar —elaborando los hábitos desventajosos y construyendo los ventajosos—, **podemos desarrollar la capacidad de determinar cada vez más nuestra propia experiencia subjetiva.**

Aunque los seres humanos no evolucionamos en absoluto para tocar ningún instrumento, se ha demostrado que, con la suficiente práctica, podemos superar nuestra incompetencia y acercarnos cada vez más a la maestría. El músico formado puede tocar música de una forma tan natural que el público juraría que está hecho para eso. Y las fuerzas biológicas que desarrollaron nuestras mentes, aunque nuestros valores y bienestar no fueran de su incumbencia, no han puesto barreras a la reprogramación de nuestro sistema operativo psicológico hacia un nuevo propósito. El camino del autodominio puede seguirse hasta grandes alturas con la suficiente práctica. El único problema es que hasta ahora **no sabíamos lo que estábamos practicando.**

Introducción a la psiquitectura

Hacernos a nosotros mismos, dar forma a partir de diversos elementos. ¡Esa es la tarea! ¡La tarea de un escultor! ¡De un ser humano productivo!

—**Friedrich Nietzsche**, apuntes inéditos

La práctica central y el marco de este libro se denominan psiquitectura. **La psiquitectura es la evolución psicológica autodirigida, el acto de reprogramar deliberadamente tu propio sistema operativo psicológico.** Veremos que la psiquitectura se aplica a todo, desde romper un mal hábito hasta reconstruir toda una visión del mundo.

Aunque es un término nuevo, la psiquitectura no es una práctica nueva. Durante milenios, pensadores como Aristóteles, Siddhārtha Gautama (el Buda), los estoicos y muchos otros han dirigido a sus discípulos para que se centren en optimizar su mente y construir conscientemente su carácter. Sin embargo, este libro intenta proporcionar un vocabulario y un marco modernos para comprender estas batallas internas. Como ya se ha dicho, todos practicamos la psiquitectura en determinados momentos de nuestra vida, pero identificarla y darle un nombre pueden cambiar nuestra perspectiva sobre ella.

El *software* de la mente puede entenderse como un sistema de comportamientos y tendencias interconectados e interactuantes. Este sistema determina quién eres y cómo vives tu vida. Y cuando el engaño, la distorsión o la manipulación afectan a partes de él, los problemas resultantes pueden corromper todo el sistema operativo. No obstante, hacer mejoras también puede provocar una reacción en cadena, y estudiaremos los mecanismos para incorporar conscientemente funciones positivas y programar la eliminación de las funciones indeseables.

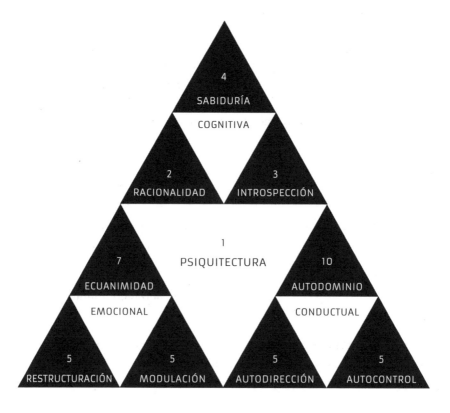

El proceso de psiquitectura, y la estructura de los capítulos siguientes, se organiza en una tríada: cognitivo, emocional y conductual. El ámbito cognitivo se ocupará de las creencias y los prejuicios, la introspección y la sabiduría. El ámbito emocional se ocupará de los mecanismos de afrontamiento, los sentimientos y los deseos. Y la esfera del comportamiento conductual se ocupará de las acciones, las tentaciones y los hábitos. De hecho, podemos ver esta misma división en la obra de Descartes, en la que esbozaba los objetivos de una vida ideal.

> 1. [Cognitivo] Utilizar la razón para su fin más elevado: evaluar y juzgar el mejor curso de acción posible, lo más libre posible de pasiones y prejuicios.
>
> 2. [Conductual] Tener una voluntad inquebrantable para ejecutar las acciones que se hayan juzgado como las mejores.
>
> 3. [Emocional] Comprender que, más allá de un razonamiento claro y una voluntad resuelta, todo está fuera de nuestro poder y no debería ser motivo de estrés o arrepentimiento.
>
> —**René Descartes**, correspondencia con la princesa Isabel de Bohemia

Utilizaremos el concepto de algoritmo para modelar nuestros pensamientos, emociones y acciones automáticos. Para los que no sepan nada de algoritmos, salvo quizás que parece que van a quitarte el trabajo, un algoritmo puede definirse como «un procedimiento paso a paso para resolver un problema o lograr algún fin»[21]. En nuestra mente, los problemas que nuestros algoritmos deben resolver son problemas biológicos. Una persona con un algoritmo que le provoque miedo a presentarse ante grandes multitudes tendría menos probabilidades de avergonzarse públicamente, alejarse de su grupo social y reducir sus posibilidades de transmitir sus genes[22]. Pero como muchos otros, este algoritmo genéticamente útil puede actuar en contra de nuestros propios objetivos más elevados, impidiendo que algunos se conviertan en los oradores de las charlas TEDx que son capaces de ser.

El razonamiento perfectamente claro y las emociones estables pueden haberse interpuesto en nuestro camino hacia la supervivencia y la reproducción. **Pero las «soluciones» que proporcionan estos algoritmos por defecto**

son en realidad el origen de la mayoría de nuestros problemas psicológicos actuales. Nuestros pensamientos, emociones y comportamientos pueden entenderse en términos algorítmicos, y este modelo te servirá en tus intentos de optimizar tu mente.

Nuestro objetivo no es liberarnos de los algoritmos que conforman nuestra mente, sino tener autonomía para transformar los algoritmos que no nos sirven en otros que sí lo hagan. Para hacer estas transformaciones, debemos aprender a pensar en nuestros problemas psicológicos algorítmicamente. No podemos ser vagos a la hora de enunciar nuestros problemas. ¿Qué hábito específico, emoción o error de juicio es el problema? ¿Cómo es toda la cadena? ¿Cómo se puede programar?

Este modelo de algoritmo no es una metáfora superficial. Nuestros malos hábitos y comportamientos nocivos son en realidad programas «si-entonces» activados por estímulos del mundo real que dan lugar a salidas indeseables[23]. Nuestros sesgos y falacias cognitivas son inferencias reflexivas que fluyen sistemáticamente a partir de reglas preprogramadas por debajo de nuestro nivel ordinario de conciencia[24]. Y la psicología moderna nos dice que nuestras emociones son generadas mecánicamente por pensamientos automáticos que pueden reestructurarse[25].

Los detractores de la «metáfora del ordenador» señalan con razón que la neurociencia la ha considerado una simplificación excesiva del cerebro físico. Sin embargo, con la aparición de la psicología evolutiva se ha llegado a la conclusión de que la mente humana es, en última instancia, un *software* compuesto por módulos funcionales. Leda Cosmides, pionera de la psicología evolutiva, afirma que «el cerebro no es como un ordenador. Es un ordenador, es decir, un sistema físico diseñado para procesar información». Del mismo modo que los delfines y los submarinos utilizan la técnica conocida como sonar a través de sistemas físicos muy diferentes, tanto los ordenadores creados por el hombre como las mentes orgánicas ejecutan algoritmos.

Todos estos reflejos se encadenan para dar lugar a nuestro estado habitual de existencia. Aunque algunas de estas tendencias pueden variar de un individuo o una cultura a otra, en general los malos algoritmos que nos acosan se encuentran en toda nuestra especie. El sesgo de confirmación, la procrastinación y la tanatofobia (ansiedad ante la muerte) son lo bastante universales como para que podamos entender nuestras propias mentes estudiando estas tendencias humanas omnipresentes[26]. Y, lo que resulta prometedor, **hay pruebas sólidas de que podemos reprogramar deliberadamente estos malos algoritmos**[27-29].

Así es como representamos visualmente un algoritmo:

Un algoritmo está formado por puntos que representan estímulos y respuestas, y una línea que los conecta. Bastante sencillo, ¿verdad? Con el tiempo, veremos algoritmos que se parecen más a la siguiente imagen:

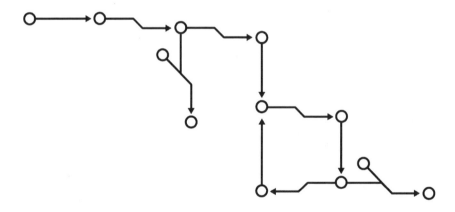

Pero iremos avanzando poco a poco. Los libros modernos de autoayuda suelen centrarse en unos pocos algoritmos importantes que hay que desterrar: tendencias automáticas como culparse a uno mismo cuando las cosas van mal, hacer suposiciones sin pruebas o huir cada vez que se experimenta miedo. Pero la perspectiva de la psiquitectura da un paso atrás. En lugar de limitarse a proporcionarte unos cuantos algoritmos clave para optimizar tu mente, este libro pretende ofrecerte un marco para codificar la sabiduría que encuentras en otros libros o con la que tropiezas tú mismo. Te ofrece una nueva perspectiva y una metodología para convertirse en el coleccionista, conservador y programador de algoritmos adaptativos. Y esta nueva forma de ver tu propia mente permanecerá contigo mucho tiempo después de que hayas terminado de leer este libro.

Es importante destacar la parte «sistema» de «sistema operativo psicológico». Aristóteles veía a una persona como la suma de sus hábitos. Esta concepción del hábito superaba con creces la estrecha noción de rutinas matutinas y compulsiones arraigadas. Todo el ser de un individuo podía estar representado por sus hábitos. La disposición de una persona no se decidía en cada momento y en cada acción aislada. Sus palabras y acciones fluyen de sus hábitos, que a su vez se ven reforzados o quebrantados por sus acciones. De este modo, su disposición podía cultivarse y perfeccionarse[30]. El conjunto de todos sus hábitos era su carácter[31].

No es difícil imaginar que, si Aristóteles hubiera poseído nuestro marco de *software*, lo habría encontrado aún más útil que su modelo de hábitos. Al fin y al cabo, ¿qué son los hábitos sino un conjunto de afirmaciones «si-entonces» que determinan el comportamiento de una persona? La suma de estos hábitos, lo que Aristóteles llamaba carácter, nosotros lo llamamos *software*. La forma en que está estructurada tu mente determinará la persona en la que te conviertes, la vida que vives y la plenitud que alcanzas. Cuando modificas tu mente, editas el sistema operativo de tu núcleo y cambias tu trayectoria personal. Y cuando haces de este empeño una ocupación persistente, **te conviertes en el arquitecto de tu propio carácter**. Si quieres emprender este proyecto, tienes que orientarte hacia la optimización gradual. La psiquitectura es un lento proceso de reconocimiento y compensación iterativa de errores de percepción y acción. Tu gran satisfacción debería ser la sensación de haber hecho una pequeña optimización, acercándote un paso más a tu ideal. Esta perspectiva no es muy diferente de los mejores consejos sobre dietas. Intentar reunir constantemente fuerza de voluntad para conseguir un resultado no se puede comparar con la optimización gradual y habitual.

«Kaizen» es un término japonés que se utiliza a menudo en el ámbito empresarial y que significa cambio continuo para mejorar, un esfuerzo constante de optimización incremental. Este concepto puede aplicarse con la misma facilidad al sistema operativo psicológico. Los pensamientos, las emociones y las acciones individuales nunca son el problema, del mismo modo que las gotas de agua que se filtran por el tejado no son el problema. **Lo que nos interesa es la fuente, los patrones estructurales**.

La psiquitectura es un tipo de superación personal, pero no la vaga superación personal que lleva a la gente a practicar yoga sin ninguna razón en particular. Cuando te dedicas a la psiquitectura, empiezas por reconocer el estado actual de tu mente e imaginas el estado ideal. A partir de esta visión, se trabaja hacia atrás, a través de estrategias amplias, hasta llegar a optimizaciones algorítmicas individuales, cada una de las cuales es un pequeño paso hacia esa visión. Cuando practicas la psiquitectura, diseñas las estructuras de tu mente de forma que tus objetivos surjan de forma natural. Te mueves hacia lo adyacente posible utilizando tus ideales más elevados como faro.

El objetivo de la psiquitectura es reformar hábitos y tendencias biológicamente arraigados de todo tipo. Su objetivo es *reconfigurar* los sesgos mentales, las distorsiones y las suposiciones que nos hacen cometer errores, el sufrimiento innecesario del que somos víctimas habitualmente, las mentalidades que nos frenan en la vida y los impulsos que nos alejan de nuestros ideales. Se trata de un proceso de diseño e implementación de alto nivel: la resolución creativa de problemas para la experiencia subjetiva. Cuando se utiliza con perseverancia, **puede coger una mente que sea como una prisión y transformarla gradualmente en un palacio**.

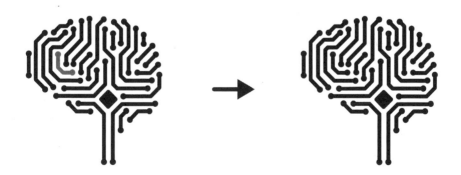

Desconectar de tu *software*

> Cuando has cultivado la atención plena, la vida se vuelve más rica, más vívida, más satisfactoria, y no te tomas todo lo que ocurre de forma tan personal. La atención desempeña un papel más apropiado dentro del contexto mayor de una conciencia amplia y poderosa. Estás plenamente presente, más feliz y tranquilo, porque no te dejas atrapar tan fácilmente por las historias y melodramas que a la mente le gusta inventar. Tu capacidad de atención se utiliza de forma más adecuada y eficaz para examinar el mundo. Te vuelves más objetivo y lúcido, y desarrollas una mayor conciencia de la totalidad.
>
> —**Culadasa (John Yates)**, *La mente iluminada*

Antes de sumergirnos en los numerosos métodos para modificar nuestra mente, necesitamos adquirir una herramienta que será indispensable para nuestro progreso. Para modificar la estructura de nuestra mente, necesitamos observar y analizar sus reglas y patrones. Tenemos que examinar de cerca nuestros pensamientos, emociones, valores y pulsiones, así como las relaciones entre ellos, y corregir las percepciones erróneas que se han forjado en nosotros.

Es como si acabaras de aceptar un trabajo como programador en el que tu función fuera rediseñar un programa mal construido. El programador original no comentó la función de cada parte del *software*, y no está disponible para que le preguntes. Así que tienes que averiguar cómo está estructurado estudiándolo. Hay que repasar los algoritmos uno por uno y averiguar cómo funcionan para determinar cómo se pueden reelaborar.

Para analizar eficazmente nuestro *software*, tenemos que salir de él. Y la herramienta que nos permite hacerlo se llama metacognición. La **metacognición** se ha definido como «el conocimiento y la cognición sobre los fenómenos cognitivos»[32]. Se podría considerar como el pensamiento sobre el pensamiento o la conciencia del propio campo de conciencia, y la perspectiva metacognitiva es el punto de vista fundacional de la psiquitectura.

Rediseñar la mente sin salir de ella sería como intentar arreglar las gafas sin quitárselas. Aunque, obviamente, nunca se sale de la propia mente, cuando se practica la metacognición, lo que se hace es salirse del sistema en el que se opera normalmente para poder contemplar la maraña de cables y comenzar el proceso de recableado.

Tú

Tu *software*

Estrechamente relacionado con la metacognición está el concepto, ahora tan popular, de *mindfulness* o atención plena. La atención plena es una estrategia metacognitiva que se ha definido como «la conciencia que surge al prestar atención a propósito, en el momento presente y sin juzgar el desarrollo de la experiencia momento a momento»[33]. Aunque el término a menudo se malinterpreta y ha perdido parte de su significado al convertirse en una moda cultural, es un método crucial de intervención en psiquitectura. La atención plena nos permite poner en pausa nuestro *software* para que podamos intervenir y reprogramarlo.

Veremos métodos para aumentar la atención plena, pero yo he descubierto que dar prioridad a la introspección objetiva y a la conciencia metacognitiva puede ser suficiente para cultivarla. Decidir simplemente empezar a observar tus pensamientos sin juzgarlos ni comprometerte con ellos puede cultivar este hábito del mismo modo que decidir entrar en el mercado inmobiliario hace que empieces a ver los carteles de «se vende» en los jardines de las afueras.

Si la atención plena no te resulta fácil y no estás acostumbrado a darte cuenta de los pensamientos y emociones que experimentas en cada momento, puede que necesites una práctica para cultivarla. La meditación Vipassana es una de las prácticas más comunes, y muchas personas, así como algunas investigaciones preliminares, han descubierto que es beneficiosa[34].

Esta práctica te guiará gradualmente hacia una conciencia desapegada de tus propios procesos internos, empezando a menudo por las sensaciones físicas, como la respiración, hasta llegar a los pensamientos y las emociones. Te entrena para darte cuenta de cuándo tu atención es absorbida de nuevo por la cautivadora narrativa que te presenta tu cognición. Se han escrito muchos libros que describen cómo meditar, así que solo incluiré una guía concisa del libro *Waking Up* de Sam Harris:

1. Siéntate cómodamente, con la columna vertebral erguida, ya sea en una silla o con las piernas cruzadas sobre un cojín.

2. Cierra los ojos, respira hondo varias veces y siente los puntos de contacto entre tu cuerpo y la silla o el suelo. Observa las sensaciones asociadas a la posición sentada: presión, calor, hormigueo, vibración, etc.

3. Toma conciencia gradualmente del proceso de respiración. Presta atención al lugar donde sientas la respiración con mayor nitidez, ya sea en las fosas nasales o cuando sube o baja tu abdomen.

4. Deja que tu atención descanse en la mera sensación de respirar. (No tienes que controlar la respiración, simplemente deja que vaya y venga de forma natural).

5. Cada vez que tu mente divague en pensamientos, devuélvela suavemente a la respiración.

6. Mientras te concentras en el proceso de la respiración, también percibirás sonidos, sensaciones corporales o emociones. Simplemente observa estos fenómenos a medida que aparecen en la conciencia y luego vuelve a la respiración.

7. En el momento en que notes que te has perdido en un pensamiento, observa el propio pensamiento presente como objeto de conciencia. Luego dirige tu atención a la respiración o a cualquier sonido o sensación que surja en el momento siguiente.

8. Continúa de este modo hasta que puedas simplemente ser testigo de todos los objetos de conciencia —imágenes, sonidos, sensaciones, emociones, incluso los propios pensamientos— a medida que surgen, cambian y desaparecen[35].

Posiblemente, el beneficio más importante de la atención plena es que su desarrollo hace que los procesos mentales se conviertan en objetos directos de examen. Te entrena para suspender el juicio sobre tus propios pensamientos y emociones y verlos como los instintos reflexivos que son, en lugar de como hechos incontestables[36, 37].

La meditación parece entrenarte para dejar de identificarte automáticamente con todos tus pensamientos, de modo que, por ejemplo, cuando te viene a la cabeza el pensamiento «Juan es un imbécil», no supones que Juan sea necesariamente un imbécil. Lo tomas como algo que ha producido tu cerebro, que puede ser cierto o no, y puede ser útil o no.

—Julia Galef[38]

Como veremos más adelante, los pensamientos que produce tu cerebro se generan automáticamente en respuesta a acontecimientos del mundo real, generalmente sin tu consentimiento. Las cadenas que forman estos pensamientos son historias que a menudo encarnan tanto el dramatismo emocional como la banalidad de una telenovela. La mente por defecto acepta estos tropos repetitivos como legítimos, y a menudo incluso se identifica con ellos[39].

La atención estará representada por los espacios entre puntos en un algoritmo. Cuanta menos atención prestes a tu propia mente en un escenario determinado, más poderosos serán los vínculos. Cuanta más atención prestes, más débiles serán los vínculos. Esto significa que la atención plena siempre puede servir como herramienta de la psiquitectura, ya que ser consciente de los algoritmos activos en cualquier momento es el primer paso para modificarlos[40, 41]. Aunque su obra contiene su buena dosis de pseudociencia *new age*, Eckhart Tolle capta y destila parte de la sabiduría que enseñaban los antiguos sabios orientales:

La mente es un instrumento magnífico si se usa correctamente. Utilizada en forma inadecuada, sin embargo, se vuelve muy destructiva. Para decirlo en forma más exacta, no es tanto que usted la utilice inadecuadamente, generalmente usted no la utiliza en absoluto. Ella lo utiliza a usted. Esa es la enfermedad. Usted cree que usted *es* su mente. Ese es el engaño. El instrumento se ha apoderado de usted.

—Eckhart Tolle, *El poder del ahora*

Siddhārtha Gautama y otros han argumentado que nuestras percepciones del Yo son ilusorias: que no eres el Yo con el que normalmente te identificas, o incluso que no existe el Yo en absoluto[42]. El Yo, como todos los conceptos, es una construcción fluida, hecha por el hombre, y es mejor no tomarlo como una realidad rígida. Sin embargo, en este libro te instamos a que no elimines tu sentido del Yo, sino que **elijas identificarte como el diseñador de tu mente en lugar de como tu mente en sí**. Imagínate observando tu propia mente, observándola, analizándola y, en última instancia, dándole forma y reconfigurándola.

Bajar de nuestra montaña rusa psicológica a menudo proporciona un alivio momentáneo, que es a lo que se refiere la gente cuando habla de «vivir el presente». Pero lo más importante es que nos da la distancia y la claridad necesarias para observar realmente el funcionamiento de esta montaña rusa. Nos permite dejar de identificarnos cada vez más con nuestra mente y ver nuestras experiencias internas tal y como son[43].

Antes de desconectar, las creencias son simplemente la verdad. Los valores son buenos y malos. Los objetivos se persiguen automáticamente. Las emociones colorean inconscientemente nuestra experiencia. Los deseos tienen el control. Pero después de desconectar, adquieres la capacidad de dar un paso atrás y observar lo que realmente ocurre. Una vez desconectas, observa cómo se ven las cosas desde aquí. Date cuenta de que los pensamientos solo son pensamientos, las creencias solo creencias, las emociones solo emociones. **Todos ellos no son más que los algoritmos reflexivos de una mente robótica, no la realidad.**

El movimiento *mindfulness*/meditación se detiene en lo que yo considero el paso previo a la optimización psicológica. Te dice que cultives la conciencia objetiva y desapegada de tus propios procesos internos… y luego que lo hagas un poco más. Me atrevería a especular que una de las principales razones por las que algunas personas parecen no beneficiarse de la meditación es que no se les instruye para que analicen y modifiquen los procesos automáticos que observan durante la meditación. **Esto es exactamente lo que vamos a hacer.**

Los siguientes nueve capítulos examinarán los algoritmos más problemáticos en los ámbitos cognitivo, emocional y conductual. Te enseñarán los métodos para reprogramarlos y acercarte a tu *software* ideal. Te convertirás en un experto psiquitecto, y al dirigir tus esfuerzos constructivos hacia la estructura de tu mente, aprenderás a transformarla en un lugar verdaderamente habitable y encantador para su único habitante.

Principales conclusiones

- Nuestros pensamientos, sentimientos y acciones no son experiencias puntuales, sino que fluyen de un sistema complejo y determinado y funcionan según unos principios fiables, denominados *software* psicológico.

- La forma más poderosa y fiable de optimizar tu mente es a través de tu *software*: tus pensamientos y acciones. Todas tus tendencias, reacciones y prejuicios arraigados pueden considerarse algoritmos psicológicos.

- La psiquitectura es la evolución psicológica autodirigida. El acto de reprogramar deliberadamente tu propio sistema operativo psicológico. El proceso de psiquitectura se organiza en una tríada de autodominio: cognitivo, emocional y conductual.

- La forma en que esté estructurada tu mente determinará la persona en la que te conviertas, la vida que vivas y la plenitud que alcances. Cuando modificas tu mente, editas el sistema operativo de tu núcleo y cambias tu trayectoria personal. Y cuando haces de este empeño una ocupación persistente, te conviertes en el arquitecto de tu propio carácter.

- La atención plena o *mindfulness* te permite detenerte y examinar tus algoritmos por lo que son, en lugar de simplemente estar sujeto a ellos. Puedes elegir identificarte como el diseñador de tu mente, cultivar la metacognición y comenzar el proceso de diseñar tu mente.

2

Sesgos cognitivos
y cómo modificarlos

Entender los sesgos cognitivos

El dogmatismo es el mayor obstáculo para la dicha humana.

—Bertrand Russell, *La conquista de la felicidad*

Comenzaremos nuestro viaje de psiquitectura en el ámbito cognitivo. Sin el dominio de este ámbito, nuestras mentes están plagadas de falsas creencias, sesgos recurrentes y disonancias entre nuestros modelos de la realidad y la realidad misma. Sin embargo, la importancia del ámbito cognitivo no acaba aquí. **La cognición es el guardián de prácticamente todas las funciones de nuestro *software*.**

Nuestras decisiones, emociones y acciones están basadas en nuestras creencias, por lo que, si no trabajamos primero para desarrollar un pensamiento claro y objetivo, nuestros pensamientos y creencias distorsionados sabotearán nuestros esfuerzos[1, 2, 3]. Veremos por qué la falta de autoconciencia y racionalidad dará lugar a malas decisiones y hará que emplees una brújula defectuosa para navegar por tu vida. Aprenderemos por qué no detectar y corregir las falsas creencias y la cognición distorsionada es perjudicial para el bienestar emocional. Y comprenderemos por qué la falta de claridad en tus valores te impedirá alcanzar el profundo bienestar del que eres capaz.

Nuestra principal preocupación cognitiva es percibir la realidad de la forma más clara y precisa posible. Desarrollar un mapa funcional que se ajuste lo más posible al territorio que pretende retratar. Este capítulo tratará muchos de los mecanismos que hay detrás de nuestras creencias y tendencias cognitivas, así como los métodos para optimizarlas y reprogramarlas, y muchos de los conceptos y métodos aquí tratados serán fundamentales para los de capítulos posteriores.

Puede que haya cosas que sepas que son ciertas. Si alguien te preguntara hasta qué punto estás seguro, responderías que al cien por cien. Pero lo cierto es que las sensaciones de certeza absoluta que tenemos sobre algunas cosas son completamente independientes de la propiedad real de la verdad. **Estas sensaciones se experimentan en regiones cerebrales completamente distintas a las de nuestras facultades racionales.** Determinamos de qué estamos seguros de forma intuitiva, y luego utilizamos la razón para justificarlo[4].

> A pesar de la sensación de certeza, no es una elección consciente, ni siquiera un proceso de pensamiento. La certeza y estados similares de «saber lo que sabemos» surgen de mecanismos cerebrales involuntarios que, como el amor o la ira, funcionan independientemente de la razón.
>
> —**Robert A. Burton**, *On Being Certain*

Aunque sea la cosa más brillantemente compleja del universo, la mente humana está plagada de suposiciones, percepciones y creencias falsas. Todo el mundo lo sabe, pero pocas personas reconocen el alcance de la distorsión de su pensamiento. Si eres como la mayoría de la gente, miras a tu alrededor y crees que los demás están confundidos, son dogmáticos e irracionales. Tú, en cambio, has encontrado las creencias correctas y has aprendido a pensar con claridad. Si

Territorio

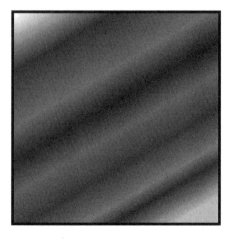

todos los demás te escucharan, el mundo sería un lugar mucho mejor. Tendemos a ver el pensamiento distorsionado en todo el mundo menos en nosotros mismos. Incluso cuando realmente queremos pensar y ver con claridad, nuestros deseos y emociones nos dominan por debajo de nuestra conciencia.

Estamos convencidos de que algunas cosas son verdaderas y otras falsas. El problema es que la verdad puede ser engañosa. Todo el mundo ha tenido la desorientadora experiencia de descubrir que estaba equivocado sobre algo de lo que se sentía seguro. Y muchos se han enfrentado al hecho de que toda afirmación de verdad aparente puede hacerse «más verdadera» si se proporciona una explicación más completa y detallada. Para llegar al fondo de esto que llamamos verdad, puede ser útil distinguir entre el mapa y el territorio. El territorio representa lo que es real independientemente de nuestras creencias e interpretaciones[5].

El territorio es infinito e incomprensiblemente complejo. Para entenderlo, los humanos tenemos que convertirlo en una forma de compresión con pérdidas a la que denominamos conceptos, y organizamos estos conceptos en nuestro sistema de creencias, o mapa.

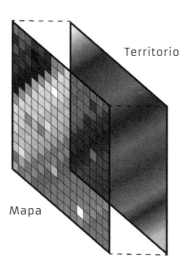

Del mismo modo que un mapa geográfico sería inútil si contuviera todos y cada uno de los detalles del territorio que retrata, nuestro sistema de creencias debe simplificar el territorio para que sea comprensible o útil, comprometiendo la exactitud en el proceso. El sistema de creencias de un niño es tosco y pixelado en comparación con el de un adulto.

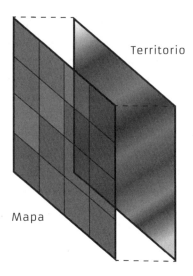

A medida que nos desarrollamos cognitivamente, reevaluamos continuamente nuestras creencias, afinamos nuestras distinciones y acumulamos conceptos más refinados y menos pixelados. Aun así, los conceptos y los modelos, incluso los más sofisticados, siempre están inherentemente pixelados, y nuestras creencias siempre son incompletas. Así que es posible que desarrollemos modelos que se aproximen cada vez más a la verdad sin llegar nunca a la «verdad perfecta».

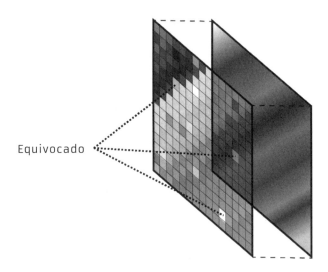

Además, las creencias también pueden ser erróneas. Y a menudo, cuando lo son, son producto de una causa mental sistemática. Los algoritmos cognitivos se conocen a veces como **inferencias**. Así es como representaremos los algoritmos cognitivos en su forma más básica:

Puede leerse como «si x, entonces y» o «x, por lo tanto y». El estímulo es una premisa de partida o una percepción bruta del mundo. El resultado es una cognición, un pensamiento o una creencia. Estos algoritmos se activan y ejecutan automáticamente, y las reglas que siguen son uniformes. A veces eso está muy bien, incluso es útil, pero muchos de estos algoritmos son fundamentalmente defectuosos y están distorsionados, lo cual puede tener consecuencias desde divertidas hasta catastróficas. Estos algoritmos defectuosos se mostrarán con una parte angular que representa la distorsión:

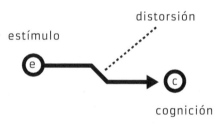

Estos algoritmos suelen denominarse sesgos o defectos sistemáticos de nuestro pensamiento. Los sesgos son inferencias reflexivas que fluyen de forma no válida a partir de premisas sin que seamos conscientes de ello: patrones ocultos que dan lugar a creencias erróneas y decisiones defectuosas y que seguirán dando lugar a los mismos errores indefinidamente a menos que se identifiquen y se programen para eliminarlos. A lo largo de este capítulo trataremos muchos sesgos y los principios que los sustentan, así que eres libre de hojear las ideas principales y volver a los detalles más adelante.

Algunos de los sesgos más simples y fáciles de reconocer entran en la categoría de falacias lógicas, como, por ejemplo, este argumento:

Todos los humanos son mamíferos
Ryan Seacrest es un mamífero
Por lo tanto, Ryan Seacrest es un humano.

Es la **falacia del término medio no distribuido**. Que todos los humanos sean mamíferos no significa que todos los mamíferos sean humanos, y que sepamos que una conclusión es cierta no significa que se deduzca lógicamente de sus premisas (**sesgo de creencia**). Dadas nuestras premisas, es perfectamente posible que el querido personaje televisivo sea otro tipo de primate, o incluso un roedor de gran tamaño. Y se ha comprobado que el setenta por ciento de los estudiantes universitarios se equivocan en este tipo de problemas cuando se les plantean[6].

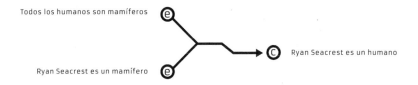

No solemos oír este tipo de argumentos formales en la vida ordinaria, pero cualquiera que siga la política o los medios de comunicación tiene garantizado encontrarse con falacias informales con regularidad. Con frecuencia, estos argumentos consiguen distraer al oyente de los aspectos relevantes de una argumentación. Una **falacia *ad hominem***, por ejemplo, ataca el carácter o la autoridad de la persona que presenta un argumento en lugar del argumento en sí. Una **apelación a las consecuencias** distrae de la validez de un argumento y se centra en si las implicaciones de ese argumento son deseables o no. Y una **apelación a la emoción** puede utilizar retórica persuasiva y anécdotas para suscitar miedo, indignación o simpatía en los oyentes, pasando por alto la mala lógica o la falta de pruebas.

Hay muchas otras falacias lógicas comunes. Un argumento de **pendiente resbaladiza** sostiene que un pequeño paso conducirá inevitablemente a toda una cadena de consecuencias indeseables, como los padres que argumentan que, si dejan que su hija aprenda un truco de cartas, no habrá nada que le impida seguir una carrera como ilusionista.

Una **falsa dicotomía** afirma que si se rechaza un extremo (el capitalismo no tiene defectos), el otro extremo debe ser la única alternativa (el comunismo). Y la **falacia *post hoc*** nos hace suponer que correlación equivale a causalidad, como la creencia de que la salida del sol es la *causa* de tu problema con la bebida.

Una vez que te has familiarizado con la lista completa de falacias comunes, empiezan a aparecer por todas partes. Es difícil imaginar cómo serían los debates políticos si los candidatos supieran que se les va a llamar la atención por cada pista falsa o generalización defectuosa que cometan.

No todos nuestros prejuicios son errores de lógica *per se*, y algunos de los errores más delicados se producen en lugares donde ni siquiera se nos ocurre mirar. Nuestra visión del pasado, por ejemplo, es mucho menos precisa de lo que solemos suponer. Todos sabemos que nuestra memoria disminuye con la edad y que a menudo no recordamos cosas que antes sabíamos. Pero, en contra de la creencia popular, los recuerdos no describen neutralmente los hechos tal y como sucedieron, sino que los reconstruyen y modifican cada vez que se evocan[7].

¿Alguna vez has mirado tus correos electrónicos o tus publicaciones en las redes sociales de hace años y te ha costado creer que fueras tú? El **sesgo de coherencia** hace que adaptemos nuestra visión de las acciones y actitudes del pasado a las del presente. Recordamos acontecimientos graciosos, perturbadores o emocionalmente destacados con mucha más facilidad que los mundanos, incluso cuando estas cualidades no se corresponden con la importancia del asunto. Los recuerdos pueden fabricarse o incluso implantarse intencionadamente en la mente de otra persona.

Nuestra visión del futuro está aún más distorsionada, ya que también somos imperfectos en nuestras evaluaciones de probabilidad y predicción. Tendemos a pensar que los sucesos pasados afectan a las probabilidades futuras cuando no es así, como creer que una racha de sacar cara o anotar en baloncesto hace más probable (**falacia de la mano caliente**) o menos probable (**falacia del jugador**) que volvamos a hacerlo en el futuro.

¿Has oído alguna vez a alguien defender comportamientos peligrosos argumentando que algunas personas mueren porque llevaban puesto el cinturón de seguridad, o que algunos fumadores llegan a los cien años? A veces **descuidamos** por completo **la probabilidad** y tomamos decisiones basándonos únicamente en pruebas anecdóticas.

Nuestras evaluaciones actuales, incluso aquellas sobre las que reflexionamos profundamente, son mucho menos coherentes de lo que tendemos a pensar. Sobrevaloramos la información fácilmente disponible (**sesgo de disponibilidad**), presentada en primer lugar (**sesgo de primacía**), frecuente (**sesgo de frecuencia**) o reciente (**sesgo de recencia**). Y varias expresiones de la aversión a la pérdida, como el efecto de dotación, hacen que exijamos más para renunciar a algo de lo que pagaríamos para adquirirlo.

Homo sapiens es un animal que cuenta relatos, que piensa en relatos más que en números o en gráficos, y que cree que su propio universo funciona como un relato, lleno de héroes y villanos, conflictos y resoluciones, momentos culminantes y finales felices.

—**Yuval Noah Harari**, *21 lecciones para el siglo XXI*

Nuestra mente está hecha para encontrar patrones. El reconocimiento de patrones es muy ventajoso desde una perspectiva biológica, ya que sin él no podríamos identificar a los depredadores, encontrar comida o reconocer a los miembros de nuestra familia[8]. Hacemos juicios precipitados, simplificamos en exceso los factores en juego y construimos rápidamente relatos y explicaciones de los complejos resultados de nuestro mundo. Por supuesto, todas las historias, incluida la que cuenta este libro, son falsas en el sentido de que necesariamente simplifican en exceso la realidad, pero tenemos tendencia a aferrarnos a nuestras historias como si fueran representaciones perfectas de la realidad. En extremos patológicos, este delirante reconocimiento excesivo de patrones se manifiesta en trastornos como la esquizofrenia[9].

Las ilusiones ópticas y la **pareidolia**, la tendencia a ver patrones como un rostro en forma de imágenes abstractas o a identificar voces cuando solo hay ruido, son algunos ejemplos claros de reconocimiento de patrones que no funcionan bien. Oímos crujir nuestra casa y creemos que nos hemos encontrado con un fantasma, atribuyéndole acción donde no la hay. Algunos ejemplos más preocupantes son algunas de las heurísticas y generalizaciones que empleamos habitualmente. **Estereotipamos**, asumiendo que todos los individuos de un grupo comparten ciertas características que pueden ser ciertas solo para el grupo en promedio o pueden ser completamente ficticias.

Las ilusiones de agrupación, frecuencia y recencia nos llevan a encontrar significado en una repetición o agrupación de cosas similares, como un hombre que cree que el universo quiere que solicite un nuevo trabajo porque ha escuchado las palabras «*marketing* multinivel» tres veces en una semana. Nuestra tendencia a buscar significado a cosas que pueden carecer totalmente de él está en la base de la superstición y el pensamiento conspirativo. También está en la raíz de las ideologías más destructivas de la historia. **Se han cometido demasiadas guerras y atrocidades porque personas poderosas confiaban demasiado en los sistemas narrativos simplificados en los que creían**, ya fuera en forma de sistema político, prejuicio o religión.

Lo más preocupante de estos sesgos es que pueden encadenarse y sus efectos agravarse. Las creencias no existen de forma aislada. Están entrelazadas unas con otras, por lo que cambiar una creencia puede amenazar una gran parte del mapa completo. Los sistemas de creencias son, en esencia, complejas cadenas de algoritmos cognitivos, y cuando esos algoritmos están muy sesgados, **conforman visiones del mundo enormemente distorsionadas**. Cuando las personas actúan de acuerdo con sus visiones distorsionadas del mundo, pueden causar grandes daños y perjuicios en nombre del bien.

Métodos para corregir los sesgos cognitivos

Debes partir de la premisa de que estás equivocado. Tu objetivo es equivocarte menos.

—Elon Musk

Tal vez al leer sobre estos sesgos aceptaste tendencias irracionales consistentes que todos compartimos. O quizá pensaste: «Bueno, me doy cuenta de que la mayoría de la gente tendría ese sesgo, pero no creo que yo lo tenga». Pues tengo otro para ti. **El punto ciego del sesgo** hace referencia a la tendencia a creer que uno es inmune a los mismos sesgos que afectan a los demás.

La pregunta que te estarás haciendo ahora es: ¿cómo podemos programar nuestros algoritmos cognitivos defectuosos? Eliminar los sesgos no es una tarea sencilla, pero hay algunos elementos que nos permiten interceptar y reprogramar estos algoritmos.

Si quieres vencer los algoritmos cognitivos distorsionados, el primer paso, y el más obvio, es familiarizarte con los sesgos más comunes en la raza humana. Este capítulo solo proporciona una introducción a los sesgos cognitivos, pero no es una lista exhaustiva. Puedes encontrar una lista más exhaustiva en la entrada de Wikipedia sobre sesgos cognitivos[11]. John Manoogian III y Buster Benson crearon un bonito diagrama en el que aparecen desglosados[12]. Pasar algún tiempo en el blog LessWrong te demostrará lo compleja que es la red de prejuicios humanos. Tendrás que estudiar los prejuicios que descubras en diversas fuentes, así como descubrirlos dentro de tu propia mente. Memorízalos hasta que puedas recitarlos de memoria y aprende qué tipo de situaciones pueden desencadenarlos. **Aun así, no des por sentado que ser consciente de un prejuicio te haga inmune a él.** En algunos casos, pero no en todos, ser consciente de que existe un determinado sesgo ha hecho que se pueda corregir[13, 14].

Para corregir un prejuicio, normalmente hay que darse cuenta de que se ha producido una situación que lo ha desencadenado. Hay que adquirir el hábito de darse cuenta de estas situaciones, lo que depende en gran medida de la conciencia metacognitiva que uno tenga. Se ha comprobado que la atención plena disminuye los sesgos cognitivos al prestar atención deliberada a patrones cognitivos que, de otro modo, serían habituales[15]. Ser consciente de los momentos en los que se es especialmente propenso a cometer errores, como cuando se está cansado, enfadado o incluso hambriento, también puede ayudar a contrarrestar los sesgos o, al menos, a posponer las decisiones hasta encontrarse en un estado más favorable.

> Antes de que puedas cuestionar tus intuiciones, tienes que darte cuenta de que lo que ves con el ojo de tu mente es una intuición —algún algoritmo cognitivo, visto desde dentro— en lugar de una percepción directa de cómo son realmente las cosas.
>
> —**Eliezer Yudkowsky**, *How an Algorithm Feels from Inside*

Una vez seas consciente de un sesgo o de una situación que lo desencadena, tu siguiente objetivo será diseñar un algoritmo alternativo mejor que el defectuoso. Veamos un ejemplo de algoritmo conocido como **falacia de planificación**, que nos lleva a subestimar (a menudo mucho) la cantidad de tiempo que tardaremos en completar ciertas tareas. Este algoritmo hará que durante toda tu vida tiendas a subestimar los plazos y te convertirá en alguien que siempre incumple los plazos. Sin embargo, es posible programar este sesgo y corregirlo para siempre. Imagina que alguien te pregunta: «¿Para cuándo crees que puedes tener esto hecho?».

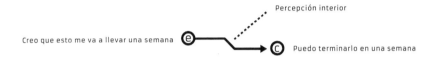

En circunstancias normales, se activaría la falacia de planificación: escucharías a tu intuición y llegarías a la conclusión de que «dentro de una semana». Llamaremos a este modo de razonamiento «percepción interior». Pero si tienes suficiente conciencia metacognitiva y familiaridad con este sesgo, tendrás ocasión de intervenir, diseñar un contraalgoritmo y *reconfigurar* el sesgo, lo que llamamos **revisión cognitiva.**

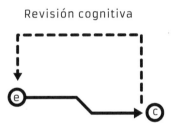

Daniel Kahneman, psicólogo y pionero en la investigación de sesgos cognitivos, sugiere una solución para este sesgo concreto:

> El uso de esta información sobre distribuciones procedente de otras operaciones similares a la que es objeto de predicción significa adoptar una «perspectiva exterior», y este es el remedio para la falacia de la planificación.

—**Daniel Kahneman**, *Pensar rápido, pensar despacio*

En otras palabras, si tienes que determinar cuánto tiempo te va a llevar un proyecto, no te fijes en lo que tú crees que te va a llevar. Fíjate en lo que suele llevar ese tipo de proyectos, en lo que tardan otras personas en hacer el mismo tipo de tarea y compáralo con tu intuición[16]. Si crees que terminarás en una semana, pero la experiencia te dice que en realidad tardarás tres, probablemente será una estimación mucho más aproximada. En este caso, estás sustituyendo el algoritmo «Si tengo la sensación de que tardaré una semana, entonces creo que tardaré una semana» por el algoritmo «Este tipo de proyecto suele llevarme tres veces más de lo que me dice mi intuición, entonces creo que tardaré tres semanas».

Con el tiempo, esta visión externa se convertirá en tu enfoque habitual para estimar los plazos, y el algoritmo original habrá sido oficialmente reprogramado.

Este ejemplo hace que el proceso parezca sencillo, pero cada sesgo es diferente y puede requerir que diseñes una solución creativa distinta. Aunque se ha investigado mucho sobre los sesgos cognitivos, el proceso de eliminarlos es un terreno bastante nuevo. Numerosos estudios han confirmado la eficacia de los métodos de eliminación de sesgos, pero ningún proceso ha demostrado ser universalmente eficaz[17-19].

Hay muchas herramientas que puedes añadir a tu arsenal de algoritmos alternativos. Al interiorizar modelos y principios para dominios específicos de razonamiento, puedes reemplazar viejos patrones de sesgo por otros mejores y más precisos. Hay muchos principios lógicos, estadísticos y económicos que puedes aprender para maximizar las creencias precisas y las buenas decisiones. Comprender principios como la teoría de la probabilidad, ideas que parecen ilógicas como el **interés compuesto** y herramientas cognitivas como el **pensamiento sistémico** puede transformar la calidad de tus juicios.

Se ha dicho que el **razonamiento bayesiano** es el patrón oro de la racionalidad. Aunque existe un teorema formal para calcular la regla de Bayes, cuando se dispone de números precisos, el tipo de razonamiento al que puede aplicarse más fácilmente es mucho menos formal. El origen de muchos sesgos es no tener en cuenta las probabilidades previas a la hora de formar creencias. Un ejemplo habitual es que, al intentar predecir la profesión de un individuo tímido y apocado, la gente asigna una probabilidad mucho mayor a la posibilidad de que sea bibliotecario que vendedor. El razonamiento es más o menos el siguiente:

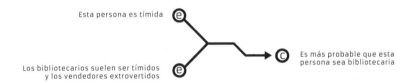

Este algoritmo por defecto está sesgado ya que no tiene en cuenta lo poco comunes que son los bibliotecarios en comparación con los vendedores. Resulta que hay setenta y cinco veces más vendedores en la población que bibliotecarios[20].

Si utilizas la regla de Bayes, puedes sustituir este tipo de algoritmo por otro más preciso. Para utilizar la **revisión o actualización bayesiana**, hay que asignar una probabilidad a una hipótesis o creencia existente, así como la probabilidad de que se vea reflejada esa probabilidad. Cuando encuentres nuevas pruebas, intenta determinar en qué medida esta nueva información debería alterar tu confianza.

Revisión bayesiana

En el caso anterior, primero calcularíamos la proporción entre bibliotecarios y vendedores y, a continuación, ajustaríamos esta estimación en función del carácter de la persona.

En cada caso, debes ser consciente del sesgo defectuoso relevante, hacer una pausa y darte cuenta de que estás en un escenario desencadenante de sesgos, y diseñar e implementar un algoritmo alternativo mejor. Tienes que hacer que el *mismo* tipo de estímulo active un algoritmo *diferente* en el futuro. Una vez hayas programado un determinado tipo de sesgo en unos cuantos escenarios diferentes, el algoritmo más racional puede convertirse en tu respuesta habitual. Puedes interiorizar las mejores vías de razonamiento y reestructurar poco a poco tu visión del mundo para que se parezca cada vez más a la realidad.

Hay que trabajar para crear el hábito de darse cuenta de los indicadores de pensamientos y creencias erróneos. Los sentimientos de confusión, sorpresa y falta de claridad que rodean a algunos puntos de vista deberían hacer sonar las alarmas, haciendo que investigues más a fondo. Considera las razones por las que tus juicios iniciales pueden ser erróneos antes de formarte opiniones importantes. Se ha demostrado que la simple adición al algoritmo predeterminado de la indicación «**considera lo contrario**» corrige el anclaje, el exceso de confianza y el sesgo retrospectivo[21]. Algunos sesgos pueden mitigarse o eliminarse encontrando información objetiva externa, así que aprovecha cualquier oportunidad para distanciarte y someter tu razonamiento y tus creencias a pruebas objetivas para eliminar de la ecuación tantos sesgos humanos como sea posible.

Darse cuenta de que nuestro conocimiento es ignorancia es una noble comprensión interna. Considerar nuestra ignorancia como conocimiento es enfermedad mental.

—**Lao Tse,** *Tao Te Ching*

Entender los sesgos motivados

> Los seres humanos no fueron seleccionados directamente
> para procesar información, ni para almacenarla, apren-
> derla, o prestarle atención... ni siquiera, de hecho, para
> pensar.
>
> —*Diccionario de psicología evolutiva*

Las personas que han aprendido a conocer estos prejuicios y los métodos para contrarrestarlos suelen autodenominarse pensadores críticos, librepensadores o racionalistas. Estas personas suelen recurrir a los métodos que hemos descrito para intentar ver el mundo con más claridad, y estos métodos pueden ser eficaces en las circunstancias adecuadas. Sin embargo, una verdad que parece ir en contra de la lógica es que **las habilidades de pensamiento crítico no bastan para evitar ser profundamente parcial**.

La mayoría de la gente reconoce la necesidad del pensamiento crítico. Incluso la mayoría de las escuelas y universidades intentan enseñar estas habilidades, pero no lo consiguen. Aprender habilidades de pensamiento crítico no tiene más probabilidades de hacer que alguien piense de forma crítica que de proporcionarle munición para argumentar en contra de cualquier idea que no quiera aceptar. **Las herramientas de la racionalidad son idénticas a las herramientas de la racionalización**.

Si quieres reprogramar tus algoritmos sesgados, debes comprender los principios más profundos que subyacen a ellos. Muchos de nuestros sesgos, incluidos algunos de los mencionados anteriormente, parecen ser consecuencia de la simple verdad de que nuestras mentes no fueron construidas para comprender, recordar y predecir fenómenos complejos y modernos con una precisión perfecta. Todos estos objetivos son biológicamente irrelevantes. Pero algunos de nuestros sesgos pueden vincularse directamente a presiones biológicas, lo que significa que, de algún modo, **nuestros genes se beneficiaron de que percibiéramos la realidad de forma sistemáticamente errónea**[22]. Los sesgos más perniciosos tienen esto en común: proceden del deseo. Me refiero a ellos como **sesgos motivados**. Puede que queramos desarrollar una visión precisa de la realidad, pero **esta voluntad de comprender de verdad se ve imperceptiblemente superada por otras motivaciones**.

En estos casos, podemos modificar nuestra representación del algoritmo cognitivo para incluir este papel que desempeñan nuestras motivaciones. Aquí, un deseo está desempeñando un papel directo importante en la distorsión cognitiva.

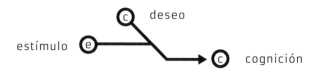

Los deseos siempre están presentes, pero no los mostramos en el diagrama cuando están alineados con nuestros objetivos explícitos, en este caso, razonar con claridad. Cuando se muestra en este tipo de diagrama, el deseo está desalineado con nuestro objetivo de pensar con claridad.

Muchos de nuestros deseos o impulsos están relacionados con el mundo y la forma en que lo vemos. Deseamos que el mundo tenga sentido para nosotros, así que lo desmenuzamos y tomamos decisiones basadas en simulaciones simplificadas que pueden parecerse poco a la realidad (**sustitución de atributos**)[23]. Queremos que el mundo sea justo y equitativo, así que suponemos que las víctimas de la injusticia merecen su destino (**hipótesis del mundo justo**)[24]. Y deseamos un futuro positivo, así que permitimos que las ilusiones determinen nuestras predicciones (**sesgo optimista**), a veces hasta el punto de ignorar por completo lo negativo (**efecto avestruz**).

Y como siempre, estos prejuicios pueden agravarse y tener efectos perjudiciales[25].

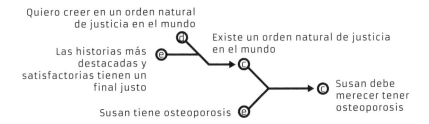

Otro conjunto de deseos que influye en nuestras percepciones es de naturaleza social. Hablamos de que los jóvenes son impresionables como si los adultos ya no lo fueran. No obstante, todos somos mucho más impresionables socialmente de lo que nos gustaría admitir. Al igual que nuestros cerebros están optimizados para encontrar patrones útiles en lugar de precisos, estamos hechos para buscar el compañerismo y la comunidad en lugar de la verdad[26]. El **efecto** *bandwagon* **o efecto de la moda** hace referencia a nuestra tendencia a sacar conclusiones y tomar decisiones basadas en lo que es popular, aunque a menudo encontramos formas de racionalizar estas decisiones para nosotros mismos. Nos dejamos llevar por la autoridad y la prueba social. Adquirimos nuestras creencias a través de la herencia dogmática y la imitación.

Como ser humano, estás inmerso en la malla colectiva de la sociedad. No estás hecho para desarrollar puntos de vista impecablemente claros, percepciones racionales y sabiduría. Estás hecho para heredar tus opiniones, valores y juicios de tu tribu, para fluir con la ola de tu cultura. Queremos pertenecer. Queremos ser aceptados, respetados y queridos, y este deseo somete nuestras creencias a su voluntad. El problema es que este deseo, si no se reconoce ni se controla, puede dar lugar a decisiones sin sentido y a la desviación de nuestros valores.

Algunas de las motivaciones más omnipresentes de nuestros prejuicios no proceden de cómo queremos ver el mundo o cómo queremos que nos vean los demás, sino de **cómo queremos vernos a nosotros mismos**. Los deseos relacionados con nuestro sentido de la identidad pueden ser los más difíciles de cambiar[27].

Nuestro deseo de ser especiales y de mantener una visión positiva de nosotros mismos da lugar a la exageración de nuestros propios rasgos positivos. El **error de atribución fundamental** y el **sesgo de autocomplacencia** hacen que atribuyamos nuestros propios comportamientos y éxitos positivos, así como el fracaso de los demás, al carácter individual. En consecuencia, achacamos nuestros comportamientos y fracasos negativos, así como los éxitos de los demás, a la suerte y a las circunstancias. La **superioridad ilusoria** es la sobrevaloración de las cualidades positivas propias y la infravaloración de las negativas[27].

Nuestro deseo de tener el control de nuestras vidas crea la **ilusión del control**. Un hallazgo interesante es que las personas con depresión clínica creen tener menos control sobre los acontecimientos externos, demostrando una percepción más precisa y menos sesgada que las personas sanas en este sentido. Sin embargo, esto puede ser el efecto del **sesgo de negatividad** característico de la depresión, que contrarresta el sesgo original.

El deseo que posiblemente más distorsiona nuestra visión también tiene que ver con nuestra identidad, pero este se hace pasar tan bien por el deseo de verdad genuina que es increíblemente difícil de detectar. Me refiero al **deseo de tener razón**. En cuanto nos formamos una creencia, empezamos a desarrollar apego a ella. A partir de ese momento, el comportamiento predeterminado de nuestra mente es acumular pruebas a su favor. Nuestro objetivo en una discusión casi nunca es determinar qué es lo correcto, sino demostrarnos a nosotros mismos y a nuestro oponente que teníamos razón todo el tiempo[28].

El **sesgo de confirmación** es responsable del hecho de que tendamos a buscar únicamente información que confirme nuestras teorías, creencias y visión del mundo existentes a expensas de las que entren en conflicto con ellas. Nos apegamos tanto a estas opiniones, que incluso cuando se nos imponen pruebas contradictorias, a menudo solo consiguen ponernos a la defensiva, reforzando nuestra creencia original (**efecto contraproducente**). En última instancia, esta tendencia da lugar a que los grupos enfrentados sobre una cuestión se alejen cada vez más, lo que se conoce como **polarización de actitudes**.

Peor aún, el mundo moderno refuerza los prejuicios estructurando los incentivos de forma que confirmen nuestras creencias. Los motores de búsqueda, las plataformas de entretenimiento y los sitios web de las redes sociales son recompensados por conseguir clics y visitas, por lo que les interesa satisfacer los deseos de sus lectores en lugar de determinar la verdad. Los algoritmos digitales que distribuyen la información distorsionan aún más nuestros algoritmos cognitivos **canalizándonos hacia túneles de realidad y cámaras de eco**[29].

Métodos para corregir los sesgos motivados

> La verdad puede ser desconcertante. Puede que haya que esforzarse para comprenderla. Puede ser ilógica. Puede contradecir prejuicios profundamente arraigados. Puede no estar en consonancia con lo que desesperadamente queremos que sea verdad. Pero nuestras preferencias no determinan la verdad.
>
> —**Carl Sagan**, *Wonder and Skepticism*

La segunda capa, más profunda, de la psiquitectura cognitiva es la motivacional. Los sesgos motivados no son pequeños fallos del sistema. Son el funcionamiento previsto del sistema. No me refiero solo a teóricos de la conspiración, fanáticos religiosos o ideólogos políticos. **Todo el mundo tiene creencias muy arraigadas**. Y no podemos simplemente hacerlas desaparecer. **Tenemos que desconectar los deseos que las perpetúan**.

Para ello, necesitas desarrollar la costumbre no solo de darte cuenta de los desencadenantes de los prejuicios habituales, sino también de hacer balance de tus deseos de mantener determinadas creencias y de la intensidad de esos deseos. Observa a qué ideas te apegas y a cuáles te resistes. Las áreas de las que tiendes a apartar tu curiosidad, que te ponen a la defensiva cuando se cuestionan. Quizá te resistas mucho a cuestionar una determinada creencia porque formas parte de un grupo que se basa en ella. O puede que pienses que una creencia te proporciona un mecanismo de supervivencia fundamental, sin el cual estarías perdido. Anota estas observaciones.

A continuación, puedes utilizar el método conocido como **cuestionamiento socrático** para identificar posibles fallas en tus creencias. Trata tus creencias como si fueran las creencias de otra persona contra las que estuvieras discutiendo. Construye el mejor argumento que puedas contra ellas e identifica los supuestos y los puntos débiles de tus puntos de vista. ¿Qué pruebas tengo de esta creencia? ¿Podría estar malinterpretando las pruebas? ¿Se me ocurre alguna prueba en contra? Sigue haciendo estas preguntas de sondeo y señala las creencias que puedan no estar plenamente respaldadas[30].

Un enfoque relacionado con la lucha contra los deseos se denomina **neutralización**. Esta táctica consiste en intentar cultivar un deseo igual y opuesto para equilibrar el primero. Cuando tengas el mismo deseo por dos posibilidades opuestas, podrás evaluarlas objetivamente de acuerdo con las pruebas, porque cualquiera de las dos posibilidades te convendrá.

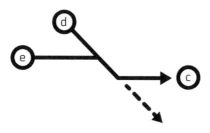

Neutralización

Si crees que el mundo es fundamentalmente justo y notas que deseas firmemente mantener esta creencia, considera las posibles ventajas de creer que no existe tal justicia innata. Aunque esta creencia nos obliga a enfrentarnos a nuestra propia vulnerabilidad, también abre nuestra capacidad para comprender y empatizar con las víctimas de la desgracia en lugar de culparlas. Puede proporcionarnos un propósito al darnos algo por lo que trabajar en lugar de adormecernos con la impresión de que es imposible que las cosas vayan mejor.

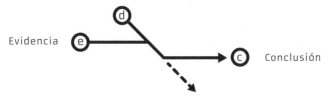

Quiero creer en un orden natural de justicia
en el mundo

Evidencia ⓔ → ⓒ Conclusión

Quiero creer que no existe un orden de justicia
natural en el mundo

El objetivo no es cambiar a la creencia alternativa, sino enfrentarse a ella y darse cuenta de que no sería tan horrible, e incluso podría ser buena si fuera cierta. Entonces podrás decidir sobre las creencias basándote en lo que las pruebas sugieren que es más probable. No estoy aquí para decirte qué creencias concretas son verdaderas o falsas. Mi objetivo es animarte, en nombre de los muchos grandes pensadores de la psiquitectura, a buscar la verdad dondequiera que esta te lleve.

Evidencia ⓔ → ⓒ Conclusión

Existe la idea generalizada de que puede merecer la pena creer en algunas creencias falsas. Puede ser divertido consultar los horóscopos de vez en cuando, incluso creerlos, pero la capacidad de pensar por uno mismo y diferenciar entre lo que es realidad y ficción tiene consecuencias mucho más allá del entretenimiento. La irracionalidad, el dogmatismo y la ignorancia son la causa de gran parte de los problemas mundiales[31].

Todos los años mueren personas porque creen que una medicina no probada les curará, o que una medicina probada tiene más probabilidades de perjudicarles que de ayudarles[31]. La razón por la que no se han resuelto nuestros problemas medioambientales es que la gente ha sido alimentada con la mentira, y se la ha tragado, de que estos problemas no existen o no suponen una amenaza para nosotros[33]. Se toman decisiones importantes para millones de personas basándose en ideas profundamente erróneas y en engaños deliberados. Y demasiadas atrocidades han sido causadas por actores con intenciones perfectamente buenas e ideologías incuestionables[34].

> Los peligros de no pensar con claridad son mucho mayores ahora que nunca. No es que haya algo nuevo en nuestra forma de pensar, es que el pensamiento crédulo y confuso puede ser mucho más letal que nunca.
>
> —Carl Sagan (1996)

A medida que la tecnología se vuelve exponencialmente más poderosa, las consecuencias del pensamiento erróneo y el dogmatismo aumentarán exponencialmente junto con ella. Las armas nucleares, la bioingeniería, la nanotecnología y la inteligencia artificial avanzan rápidamente. Todas se volverán más poderosas, menos costosas de crear y más fáciles de manejar. Y todas supondrán una amenaza para la existencia misma de la humanidad. Si no somos capaces de vencer las tendencias humanas a creer y actuar según nuestros dogmas y deseos, **las mismas fuerzas que hoy causan destrucción y guerra causarán mañana la extinción total**[35].

No obstante, incluso el sociópata más egoísta tiene muchas razones para ver el mundo con la mayor claridad posible. La racionalidad es un componente básico de la sabiduría. Las buenas decisiones en tu vida, tus relaciones y tu carrera o negocio dependen de la capacidad de pensar con claridad y aprender adecuadamente. En su excelente blog, Wait But Why, Tim Urban ofrece un análisis de Elon Musk, el multimillonario fundador de Tesla y SpaceX[36]. Urban sugiere que un factor clave del éxito del empresario es su esfuerzo continuo por optimizar su propia mente:

> Musk ve a las personas como ordenadores, y considera que su *software* cerebral es el producto más importante que posee, y como no hay empresas que diseñen *software* cerebral, él diseñó el suyo propio, lo prueba todos los días y lo actualiza constantemente. Por eso es tan escandalosamente eficaz, por eso puede trastornar varias industrias enormes a la vez, por eso puede aprender tan rápido, elaborar estrategias tan astutamente y visualizar el futuro con tanta claridad.

En esta mentalidad vemos la esencia del psiquitecto. La mayoría de la gente se esfuerza por preservar sus creencias a toda costa, para protegerlas de las constantes amenazas que tratan de socavarlas. Pero para un psiquitecto, todas las creencias no son más que experimentos temporales. Cada día es una prueba beta mental, una oportunidad para iterar, ampliar y mejorar el *software* cognitivo. Para descubrir y cuestionar supuestos, probar nuevos modelos conceptuales y desechar los obsoletos. Ninguna creencia está a salvo.

> La fortaleza de un espíritu se mediría justamente por la cantidad de «verdad» que soportase o, dicho con más claridad, por el grado en que necesitase que la verdad quedase diluida, encubierta, edulcorada, amortiguada, falseada.
>
> —**Friedrich Nietzsche**, *Más allá del bien y del mal*

Si tu felicidad depende de falsas creencias, significa que te has vuelto dependiente de estructuras de afrontamiento que han sido construidas sobre una mala base, y tan pronto como llegue la tormenta y la realidad se estrelle contra tus modelos chapuceros sobre ella, serás golpeado por el dolor y la confusión. Cualquier cosa que contradiga tus creencias, bien sean las experiencias del mundo real o los argumentos de los demás, supondrá una amenaza para tu identidad y dañará tu equilibrio mental[37].

No obstante, puedes optar por emprender un proceso lento y gradual de reconstrucción de tus creencias fundacionales y de sustitución de tus estructuras de afrontamiento actuales por otras más parecidas a la realidad. Tu mente no es un delicado jardín que necesita protegerse de todas las amenazas, sino un potente y nada frágil sistema inmunológico. Y al cuestionar todas tus creencias y suposiciones, **puedes vacunarte contra el dolor y la confusión de enfrentarte a los hechos, y tu visión del mundo puede volverse cada vez más sólida**[38].

Las conclusiones que saques pueden ser inquietantes al principio, pero una vez hayas tomado las píldoras difíciles de tragar, podrás disfrutar de sus efectos vigorizantes. Llegarás a encontrar belleza, consuelo y alegría en la comprensión, que algunos consideran insoportable. No solo aprenderás a vivir con la verdad, sino a asimilarla. A hacerla parte de ti y a sentir una inmensa gratitud y asombro por ella.

La clave para superar tus prejuicios se encuentra en lo más profundo de tus intenciones. Superarte y optimizarte debe estar más profundamente arraigado en tus deseos, en tu identidad, que los deseos que amenazan con socavarla. Los deseos de ser competente, de ser único, e incluso de tener razón, deben quedarse cortos ante el deseo de autodominio. **Debes llegar a enorgullecerte no de la exactitud de tus creencias actuales, sino de tu voluntad de abandonar tus creencias por otras nuevas y más exactas**. Cuando insistas en encontrar la verdad real en primer lugar y aprendas a amarla en segundo lugar, podrás convertirte en el maestro de tu propia cognición.

Principales conclusiones

- La mente humana está plagada de suposiciones, percepciones y creencias falsas, y esto afecta no solo a nuestro razonamiento y sabiduría, sino también a nuestras acciones y a nuestro bienestar emocional.

- Los algoritmos cognitivos pueden llamarse inferencias, y pueden estar perpetuamente distorsionados por sesgos cognitivos. Los sistemas de creencias son esencialmente cadenas complejas de algoritmos cognitivos, y cuando esos algoritmos están muy sesgados, conforman visiones del mundo enormemente deformadas.

- La revisión cognitiva consiste en sustituir una respuesta cognitiva habitual por una conclusión o pensamiento mejor y menos distorsionado. Herramientas de pensamiento como el razonamiento bayesiano pueden utilizarse para revisar determinados conjuntos de algoritmos sesgados.

- Las habilidades de pensamiento crítico no bastan para evitar ser profundamente tendenciosos, porque algunos de nuestros sesgos se perpetúan por nuestros deseos. Si deseamos firmemente creer algo, simplemente utilizaremos nuestras herramientas de pensamiento para racionalizar estas creencias. Para reprogramar los sesgos motivados, debes adquirir el hábito de hacer balance de tus deseos de mantener determinadas creencias, y de la intensidad de esos deseos.

- Como psiquitecto, deberías estar constantemente probando tu sistema de creencias, aprovechando cualquier oportunidad para iterar, ampliar y actualizar tu *software* cognitivo. Si llegas a enorgullecerte no de la exactitud de tus creencias actuales, sino de tu disposición a abandonarlas por otras nuevas y más exactas, no solo aprenderás a vivir con la verdad, sino a sentir una inmensa gratitud y asombro por ella.

3

Valores y métodos de introspección

¿Quieres lo que quieres?

> No es normal saber lo que queremos. Es un extraño y difícil logro psicológico.
>
> —**Abraham Maslow**, *Motivación y personalidad*

Es posible que nuestras ideas sobre el mundo que nos rodea no sean perfectas, pero si hay algo que sabemos es qué es lo mejor para nosotros, ¿no? Tendemos a dar por sentado que sabemos lo que queremos. Al igual que las creencias que examinamos en el capítulo anterior, a todos nos gusta pensar que dirigimos bien nuestra vida. Sin embargo, las pruebas sugieren que es sorprendentemente fácil hacerse ilusiones sobre nuestro propio interés.

Aunque se ha investigado menos sobre ellos, pensadores antiguos y modernos han sacado a la luz muchos errores que todos compartimos y que limitan nuestra adquisición de sabiduría. **Los algoritmos que con más**

e estímulo

c cognición

frecuencia llevan a las personas por el mal camino no son simples distorsiones de la memoria, la predicción o el reconocimiento de patrones en el mundo exterior, sino distorsiones de la introspección. Y ahora que hemos sentado las bases de los mecanismos que sesgan nuestras creencias sobre el universo exterior, nos basaremos en ellas para revelar los sesgos del universo interior.

En el capítulo anterior vimos que la **ilusión de control** nos hace creer que tenemos más control sobre nuestras circunstancias del que realmente tenemos, así como atribuir a nuestras propias acciones resultados que no están relacionados con ellas[1]. Sin embargo, también estamos programados para creer falsamente que sabemos qué resultados nos harían felices. Cualquiera que haya visto una película en la que los deseos más anhelados de un protagonista son concedidos por un genio o por David Bowie puede explicarte el problema de esta falsa confianza. Nuestra tendencia a reducir situaciones complejas a simulaciones excesivamente simplificadas se manifiesta en nuestra búsqueda de la felicidad, donde nos da una falsa sensación de seguridad en nuestra predicción de resultados deseados o no deseados.

Conforme al **efecto mariposa**, hay ciertos sistemas que son tan complejos y sensibles a los datos iniciales que resulta imposible predecir con precisión los resultados. Esta teoría explica por qué nuestra capacidad para predecir el tiempo sigue siendo tan mediocre, a pesar de los avances logrados en otras áreas. Se ha dicho que «el aleteo de una mariposa en Brasil puede provocar un tornado en Texas»[2], pero esta dificultad para la predicción compleja es aplicable también a nuestra felicidad, y el sesgo en este caso radica en nuestra tendencia a simplificar enormemente la complejidad de estos acontecimientos del mundo real. El filósofo Alan Watts cuenta una parábola china sobre esta cuestión, que resulta muy oportuna:

> Érase una vez un granjero chino cuyo caballo se escapó. Aquella noche, todos sus vecinos se acercaron para ofrecerle sus condolencias. «Lamentamos mucho que su caballo se haya escapado. Es una desgracia». A lo que el granjero respondió: «Tal vez». Al día siguiente, el caballo regresó trayendo consigo siete caballos salvajes, y por la noche todos regresaron y dijeron: «Oh, qué suerte. Qué gran giro de los acontecimientos. Ahora tienes ocho caballos». El granjero volvió a decir: «Tal vez».

Al día siguiente, su hijo intentó domar uno de los caballos y, mientras lo montaba, salió despedido y se rompió una pierna. Los vecinos dijeron: «¡Qué lástima!», y el granjero respondió: «Tal vez». Al día siguiente vinieron los oficiales de reclutamiento para alistar a la gente en el ejército, y rechazaron a su hijo porque tenía una pierna rota. De nuevo todos los vecinos se acercaron y dijeron: «¡Qué bien!». Y él volvió a decir: «Tal vez»[3].

A menudo recordamos acontecimientos pasados y los vemos con la misma perspectiva sabia que podemos observar en el granjero chino. Vemos que las cosas que nos parecieron tan terribles en su momento acabaron siendo buenas para nosotros a largo plazo. Sin embargo, casi nadie habla de su vida en el momento en que suceden con tan perspicaz ambigüedad. Siempre estamos seguros de lo que es deseable o indeseable en ese momento. Insistimos en perseguir lo que queremos, simplificando hasta el absurdo la compleja mecánica del mundo. Confiar en nuestro simulador de vida interno para que nos guíe por la vida es como confiar en un mapa hecho con lápices de colores por un niño para que nos guíe por Nueva York.

Watts añade:

> Todo el proceso de la naturaleza es un proceso integrado de inmensa complejidad, y **es realmente imposible saber si algo de lo que ocurre en él es bueno o malo**, pues nunca se sabe cuáles serán las consecuencias de la mala fortuna, ni tampoco cuáles serán las consecuencias de la buena fortuna.

El estudio psicológico de la predicción afectiva demuestra que no solo simplificamos el mundo en exceso, sino también nuestra predicción sobre nuestro propio estado emocional. Daniel Gilbert, uno de los principales psicólogos que estudian la previsión afectiva, descubrió que los seres humanos compartimos un algoritmo que él denominó **sesgo de impacto**, el cual hace que preveamos equivocadamente cómo nos sentiremos ante un determinado acontecimiento o decisión, con qué intensidad será ese sentimiento y cuánto durará. En otras palabras, **nuestro simulador interno de emociones es tan defectuoso como nuestro simulador de vida**[4].

En su libro *Tropezar con la felicidad*, Gilbert nombra varios principios que hay detrás de nuestras deficiencias. El principio del **realismo** es «la creencia de que las cosas son en realidad como parecen ser en la mente». Nuestros cerebros entretejen constantemente sus prejuicios y fabricaciones con la realidad, rellenando los huecos con tanta rapidez y eficacia que ni siquiera nos damos cuenta de que algo falla. Si intentas decidir entre ir a una universidad en San Francisco o en Seattle, tu cerebro empezará a evocar imágenes mentales de ambas experiencias. La imagen de playas soleadas y felicidad en California puede ser tan realista, que no te des cuenta de que la temperatura no es el único factor determinante de tu bienestar[5].

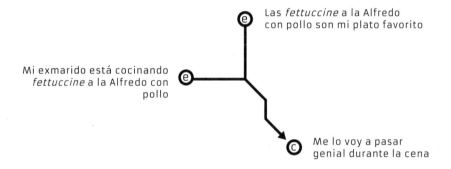

El principio que él denomina **«presentismo»** es «la tendencia a que la experiencia actual influya en la visión que uno tiene del pasado y del futuro». Después de habernos comido una enorme pila de tortitas, no pensamos que podamos volver a tener hambre. Cuando estamos contentos, nos cuesta mucho imaginar cómo sería estar tristes, y viceversa. Así que cuando te lo estés pasando en grande subido en tu limusina Hummer, te costará identificarte con tu yo futuro, cuya casa está bajo el agua[6].

La **racionalización** es «el acto de hacer que algo sea o parezca razonable». Experimentamos ansiedad y pavor ante la adversidad y la pérdida, y creemos que nos harán sentir peor y durante más tiempo del que realmente lo harán. Nuestras predicciones emocionales no tienen en cuenta las defensas psicológicas que nos permiten razonar las circunstancias ineludibles. Gilbert ofrece numerosos ejemplos de individuos desafortunados, desde gemelos unidos por la cabeza hasta prisioneros, pasando por personas paralizadas de cuello para abajo. Y señala que, a pesar de lo terribles que nos parecen todos estos destinos, todas estas personas que enumera afirman sentirse profundamente satisfechas.

Los estudios han demostrado que un año después de sus respectivos incidentes, los ganadores de lotería y los parapléjicos tienen aproximadamente los mismos niveles de satisfacción vital a pesar de nuestras intuiciones profundamente contrarias[7].

Todas estas conclusiones nos dicen que somos malos a la hora de conseguir los resultados deseados, malos para tener en cuenta la complejidad de esos resultados y malos cuando se trata de predecir nuestras reacciones emocionales ante ellos. La condición humana empieza a tener sentido. Simplemente se nos dan muy mal las cosas.

La forma correcta de practicar la introspección

¿Cuál es la moraleja de esta historia? ¿Que no comprendemos nuestro propio bienestar y nunca lo haremos? Resulta momentáneamente tentador dejar de esforzarnos en todos nuestros empeños después de enfrentarnos a todos estos prejuicios agravados. Podemos plantearnos por un breve instante convertirnos en un monje tibetano antes de darnos cuenta de que tenemos hambre y tenemos que hacer algo al respecto. Pero yo no creo que esta historia termine aquí. Estoy de acuerdo en que la mayoría de la gente solo tropieza con la felicidad; sin embargo, pienso que hay herramientas y prácticas que pueden llevarnos no solo a ser conscientes de este engaño, sino a superarlo y revertir sus efectos.

La introspección ha tenido mala fama en los últimos años. Se ha llegado a considerar un acto de ombliguismo ensimismado, y algunos han señalado que a menudo resulta ineficaz. En su libro sobre la autoconciencia, *Intuición*, Tasha Eurich señala algunos hallazgos que resultan contrarios al sentido común. En general, la introspección parece estar relacionada con un menor bienestar, una mayor ansiedad, una menor actitud hacia uno mismo y, lo que es más sorprendente, una menor conciencia de uno mismo[8].

> La verdad es que puede oscurecer y confundir nuestra percepción de nosotros mismos, desencadenando una miríada de consecuencias involuntarias. En ocasiones, puede hacer aflorar emociones improductivas que nos entristecen y que nos impiden seguir adelante de una forma saludable. La introspección también puede llevarnos a la falsa seguri-

dad de que hemos identificado el problema real. El budista Tarthang Tulku lo describe con una analogía muy acertada: cuando somos introspectivos, nuestra respuesta es similar a la de un gato hambriento que observa a los ratones. En otras palabras, nos lanzaremos encima de cualquier «auto-descubrimiento» que percibamos sin plantearnos su validez o valor[8].

Pero este problema de «abalanzarse» no es exclusivo de la introspección. Recuerda mucho a los «filósofos naturales» que se «abalanzaron» sobre la creencia de que la Tierra era plana y estaba formada solo por cuatro elementos. Hay que enseñar a los científicos a no dar por ciertas sus hipótesis iniciales hasta que las pruebas las corroboren, aunque la mayoría de nosotros no somos científicos. No nos enseñan a no tomar nuestras hipótesis introspectivas como hechos fiables sin una buena razón. Recurrimos a los mismos tipos de historias excesivamente simplistas para comprender nuestra propia mente que cuando intentamos comprender el mundo. Formulamos conclusiones y explicaciones sobre nosotros mismos y nuestras vidas basándonos en corazonadas y narraciones intuitivas, sin descomponer nuestros fenómenos mentales en sus unidades algorítmicas básicas ni tener en cuenta nuestros prejuicios.

Eurich afirma que quienes hacen introspección planteándose preguntas del tipo «qué» son mucho más eficaces que quienes se plantean preguntas del tipo «por qué». Sin embargo, no es difícil cambiar una pregunta para que empiece con una palabra diferente sin cambiar realmente la pregunta en sí. La clave es que las preguntas que buscan el «qué» suelen ser más objetivas que aquellas que buscan el «por qué». Aunque nuestras autorreflexiones son necesariamente subjetivas, podemos trabajar para hacerlas mucho más objetivas.

De hecho, se ha descubierto que la meditación ayuda a predecir la precisión de la introspección al proporcionarnos la distancia y la objetividad necesarias para ver nuestra propia mente con mayor claridad[9]. Y al igual que los sesgos del capítulo anterior, podemos estudiar los errores más comunes de la introspección que llevan a la gente por mal camino.

Al igual que la racionalidad, la introspección puede ser problemática cuando se hace de manera incorrecta. Sin embargo, no hacerlo no es una opción. No puedes llevar una vida coherente sin investigar tus propias variables internas y tenerlas en cuenta a la hora de tomar tus decisiones. Así que, al igual que la racionalidad, debemos aprender a utilizar correctamente la herramienta de la introspección. Debemos aplicar a la introspección los mismos métodos y principios que nos ayudaron a superar los prejuicios en el capítulo anterior.

> Solo los pensamientos adquiridos a fuerza de andar tienen valor.
>
> —**Friedrich Nietzsche**, *El crepúsculo de los ídolos*

Si la mejor postura para meditar es sentarse en una postura erguida, la mejor postura para reflexionar es caminar. Caminar no solo proporciona un ejercicio valioso y vitamina D. También proporciona la cantidad perfecta de estimulación al tiempo que permite reflexionar en silencio. Es difícil sentarse y reflexionar durante más de unos minutos sin abrir una pestaña del ordenador o sacar el *smartphone*. Caminar elimina la tentación, a menudo irresistible, de llenar constantemente tu atención con algo[10]. Lleva contigo un bloc de notas, una aplicación o alguna otra forma de anotar tus pensamientos. El mejor método de introspección que yo he utilizado está muy relacionado con una técnica, desarrollada por el filósofo Eugene Gendlin, conocida como ***focusing***. A través de su trabajo con el psicólogo humanista Carl Rogers, Gendlin se convenció de que la razón principal por la que algunas personas parecían no beneficiarse de la terapia era que no se centraban en las sensaciones corporales poco claras[11].

Para practicarlo, empieza tu paseo escuchando a tu mente sin plantearte ninguna pregunta o tema. Relájate y observa si se te ocurre algo de forma automática. Si no es así, puedes empezar a hacerte algunas preguntas básicas sobre tu estado actual. Gendlin sugiere algunas como, por ejemplo: «¿Cómo va mi vida?» o «¿Qué es lo más importante para mí en este momento?». Plantearse estas preguntas en voz alta es una buena forma de asegurarte de que no te molestarán extraños demasiado amables. En lugar de apresurarte a responder a estas preguntas, deja que se desarrolle alguna sensación en tu cuerpo.

Permite que tu atención se dirija a un problema o área concretos de tu vida. Tal vez te sientas atraído por la inquietud que te produce algún cambio inminente en tu vida, o tal vez por la irritación hacia una persona en particular. Asimila todas las sensaciones que surjan en tu cuerpo. Intenta generar palabras o imágenes que describan la sensación, y sigue haciéndolo hasta que encuentres una que capte intuitivamente la sensación. Pregúntate qué hay en ese cambio, persona o idea que hace que la frase o imagen elegida resuene tan intensamente. Gendlin dice: «Permanece con la sensación sentida hasta que se produzca un cambio, una ligera "cesión" o liberación». Este cambio debe sentirse como un momento de «¡ajá!», y es una señal de un avance introspectivo. Repitiendo este proceso a lo largo de tus paseos, puedes desarrollar un sentido mucho más claro de tu intuición.

Puedes preguntarte qué cualidades admiras, el equilibrio actual de tu estilo de vida o tus aspiraciones futuras. Entra en contacto con la «sensación que sientes» en respuesta a estas preguntas, y asegúrate de tomar nota cuando te des cuenta de algo. Puedes desarrollar la suficiente claridad en ti mismo como para elaborar mapas conceptuales de tu sentido de la identidad, tus pasiones o tus ambiciones. Cualquier cosa que pueda ayudarte a escapar de tus pensamientos y conclusiones habituales puede ayudarte a alcanzar una mayor comprensión. Alterar tu propio estado de conciencia mediante prácticas como la meditación, sustancias químicas como las drogas psicodélicas o incluso cambios en tu rutina, como viajar, puede desbloquear áreas de tu mente que hasta entonces han permanecido ocultas en las profundidades.

> No hay luz sin sombras, ni plenitud mental sin imperfecciones.
>
> —Carl Jung, *Sueños*

Estas profundidades pueden ser perturbadoras cuando salen a la luz por primera vez, y esto hace que algunas personas eviten quedarse a solas con sus propios pensamientos siempre que les es posible. Sin embargo, debes explorar incluso los lugares oscuros de tu mente y convertirte en tu propio amigo. No comprenderte a ti mismo, tus defectos y vicios, o tus puntos fuertes y tu potencial, puede suponer un enorme freno en tu vida. Pasar tiempo a solas no es solo cosa de introvertidos; es una de las partes más esenciales y de las que menos se habla de cualquier vida sana[12]. **La relación más importante de tu vida es la relación contigo mismo.** Y como cualquier relación, si nunca le dedicas tiempo de calidad irá degradándose.

La mejor forma de frenar tu crecimiento personal es decidir que ya lo has conseguido, que tus creencias sobre ti mismo ya son correctas y que no necesitas actualizarlas más. **Esta decisión te desconectará del ciclo continuo de ensayo y error, aprendizaje y adaptación, que inicia tu propia evolución personal.**

Creer que no eres una persona creativa te impedirá emprender proyectos creativos y demostrarte que estabas equivocado[13]. Si piensas que el dinero es un recurso escaso, tus decisiones reacias al riesgo harán que pierdas las abundantes oportunidades que tienes ante ti[14]. La creencia de que no eres atractivo te hará mucho menos seguro y confiado y, por tanto, mucho menos atractivo[15]. **Las creencias que te autolimitan pueden ser el factor que más separe la mejor y la peor versión de ti mismo.**

El sistema de valores

> Los impulsos y tendencias que apuntan hacia la autoplenitud, aunque instintivos, son de naturaleza muy débil, de tal forma que, inversamente a los demás animales, que se hallan en posesión de poderosos instintos, son fácilmente ahogados por los hábitos, por actitudes culturales erróneas hacia ellos, por episodios traumáticos o por una educación equivocada.
>
> —Abraham Maslow, *El hombre autorrealizado: hacia una psicología del ser*

Hay un área de nuestra mente que debemos comprender en profundidad para poder vivir una gran vida, o incluso para saber lo que eso significa. Uno de los grandes guías de la psiquitectura, Abraham Maslow, pensaba que cada persona tenía un núcleo interno biológicamente inscrito en su mente, que le guiaba del mismo modo que una bellota es guiada para convertirse en un roble. Este núcleo interno era en parte exclusivo del individuo y en parte compartido por todos los seres humanos. Y el núcleo interno era la clave para alcanzar la satisfacción profunda y el estado que él denominaba autorrealización. A diferencia de las fuerzas del deseo, mucho más ruidosas, el individuo podía ignorar o descuidar fácilmente este núcleo interno en su propio detrimento[16].

Utilizaré el término **intuiciones de valor** para referirme a los impulsos evaluativos que nos llevan a atribuir «bondad» o «maldad» a determinadas acciones o resultados. Entrar en estrecho contacto con nuestro sentido de estas intuiciones desempeñará un papel fundamental en la manera en que enfocamos por defecto nuestra vida. Cuando identificamos patrones en nuestras intuiciones de valores y los organizamos en conceptos etiquetados como «honestidad», «compasión» o «disciplina», se convierten en **valores** o ideales. Y la suma de estos valores es nuestro **sistema de valores**, un mapa conceptual completo de aquello que nos importa.

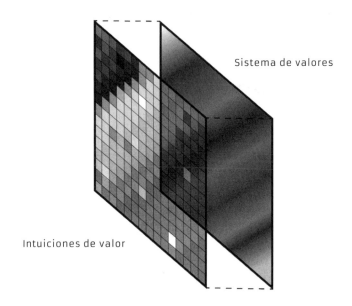

Sistema de valores

Intuiciones de valor

En el capítulo anterior vimos que el objetivo de nuestro sistema de creencias era construir un mapa de la realidad que se correspondiera con la realidad de la forma más fiel y útil posible. Cuando se trata de nuestro sistema de valores, el objetivo es construir un mapa de nuestras intuiciones de valor que se corresponda con esas intuiciones de valor de la forma más fiel y útil posible. Al igual que ocurre con nuestro sistema de creencias, nuestros valores pueden estar más o menos pixelados y ser más o menos precisos. Y es fácil que quienes nos rodean nos engañen sobre nuestros propios valores fundamentales.

Si nunca has realizado una introspección deliberada, un autoexamen o una indagación filosófica, se puede decir que ninguno de los valores con los que te identificas es realmente tuyo. Inicialmente heredaste tu marco moral y tu dirección en la vida de quienes te rodean. Los seres humanos aprenden por imitación durante la infancia, y no desarrollan la capacidad cognitiva para cuestionar realmente lo que se les ha enseñado hasta la adolescencia[17].

Sin embargo, incluso después de ese momento, no hay garantías de que una persona inicie realmente este proceso de cuestionamiento. Puede que en esa época rechazaras las ideas políticas de tus padres o las acciones moralmente dudosas de tus amigos. Pero es posible que simplemente te hayas convertido de un dogma a otro. Para poder afirmar que tus valores realmente te pertenecen, debes pasar por un largo proceso de desarraigo de las reliquias de tu adoctrinamiento inicial y examinarlas con rigor crítico.

Una vida sin examen no merece la pena ser vivida.

—**Platón**, *Apología de Sócrates*

Resulta extraño que la cita anterior sea la más asociada al campo de la filosofía, el cual hoy en día consiste principalmente en el análisis teórico y lingüístico. Sin embargo, la palabra filosofía significa literalmente «amor a la sabiduría». Originalmente, los filósofos se preocupaban sobre todo por vivir una buena vida, y estudiar las ideas de estos pensadores puede aumentar enormemente tu capacidad para hacerlo. Si piensas que la filosofía es aburrida o irrelevante para tu vida, es probable que tus primeros encuentros con ella fueran exactamente así.

No obstante, el estudio de la filosofía es una herramienta indispensable para cualquiera que intente vivir lo mejor posible. Puede parecer que estudiar las ideas y los valores de otros pensadores solo nos adoctrinará en sus formas de pensar, pero los pensamientos de los demás pueden darnos una gran visión de nuestra propia mente. Aunque todos tenemos nuestras diferencias, hay muchos aspectos de nuestra mente que son más o menos ciertos para todas las personas[18]. Podemos estudiar los valores aclamados por los pensadores más reflexivos de la historia para orientarnos en los nuestros. **La clave para descubrir cuáles de tus valores son verdaderamente tuyos es lanzar una bola de demolición filosófica contra ellos y ver qué queda en pie**[19].

La filosofía, aunque incapaz de decirnos con certeza cuál es la verdadera respuesta a las dudas que suscita, es capaz de sugerir diversas posibilidades que amplían nuestros pensamientos y nos liberan de la tiranía de la costumbre. Así, el disminuir nuestro sentimiento de certeza sobre lo que las cosas son aumenta en alto grado nuestro conocimiento de lo que pueden ser; rechaza el dogmatismo algo arrogante de los que no se han introducido jamás en la región de la duda liberadora y guarda vivaz nuestro sentido de la admiración, presentando los objetos familiares en un aspecto no familiar.

—**Bertrand Russell**, *Los problemas de la filosofía*

El proceso de explorar aquello que es verdaderamente importante para ti puede resultar una experiencia increíblemente gratificante y puede evitar que te pases la vida persiguiendo cosas que no importan. Este proceso de autoexamen nunca se completa, pero es posible construir un camino muy coherente para tu vida sin la confusión y el conflicto de los que la mayoría de la gente nunca escapa.

Cultivar la percepción de valores

Puede que te sorprenda lo que descubras cuando sometas a rigor crítico lo que creías que eran tus valores. Nuestra capacidad de autoengaño no se detiene ante nuestros valores. Cuando deseamos o disfrutamos de algo lo suficiente, buscamos frenéticamente resquicios racionalizados para justificarlo. Albert Speer, arquitecto del Tercer Reich y principal asesor de Adolf Hitler, describe su propio proceso gradual de corrupción en sus memorias:

> Ahora bien, mientras que en circunstancias normales esto se ve compensado por el entorno, por las burlas, las críticas y la pérdida de credibilidad, en el Tercer Reich no se daban tales correctivos, sobre todo entre la clase dirigente. Al contrario: igual que en una sala de espejos, cada autoengaño se multiplicaba en la imagen, confirmada una y otra vez, de un mundo quimérico que no tenía nada que ver con la sombría realidad exterior. En estos espejos solo podía ver reflejada repetidamente mi propia imagen; ninguna mirada extraña perturbaba la uniformidad de cien rostros siempre iguales y que siempre eran el mío[20].

Debes preguntarte a qué atrocidades históricas estás contribuyendo hoy. ¿Cuáles de tus acciones te han engatusado para que creas que son buenas?

¿Qué te ha convencido la opinión popular o tus propios argumentos retorcidos que es aceptable, o incluso positivo? Por opinión popular no me refiero a la de aquellos que no piensan como tú, sino a la de tu círculo. ¿Cuáles son los «campos de concentración» socialmente aceptables en la actualidad? Si no eres capaz de encontrar verdades incómodas sobre tus valores, es que no has ido lo suficientemente lejos. **Si tú o tu círculo consideráis que un tema es obvio, éticamente sencillo e incuestionable, cuestionarlo es exactamente lo que debéis hacer.** El conformismo no solo te llevará a tomar malas decisiones en la vida. Los espectadores sonrientes del Coliseo romano, la mayoría solidaria de la Alemania nazi y los temerosos de Dios y despiadados propietarios de esclavos del sur de los Estados Unidos eran todos conformistas. Y si tú hubieras vivido en esos periodos y regiones, probablemente habrías encontrado una forma de justificar esas atrocidades[21].

La influencia social puede hacer que impongas pseudovalores por encima de tus valores intrínsecos más profundos[22]. Puede provocar comportamientos horripilantes, y el individuo irreflexivo ignorará la fuente de su odio resultante. Convencerte de que algo no viola tus valores no cambia el contenido de esos valores. Te alejarás de tus ideales, por muy intrincadas o elocuentes que sean tus justificaciones.

Algunas de nuestras intuiciones de valor tienen que ver con la forma en que tratamos a los demás, pero la mayoría de nuestros valores no entran realmente en la categoría que a veces llamamos «moral». Tienen que ver con la belleza, la verdad, la originalidad, la competencia, la discreción, etc[23]. Cuando observas a otra persona realizar una acción, puedes experimentar un impulso emocional positivo de admiración, o puedes tener un impulso emocional negativo que te haga saber que algo ha violado tus valores.

Tras una experiencia vital adecuada, acumulas suficientes intuiciones de valor como para ser capaz de encontrar patrones en ellas. Cada persona debe observar sus intuiciones de valores y sintetizar sus propios valores en un sistema coherente. Para crear un sistema de valores refinado, tendrá que sentarse y trazar un mapa de sus intuiciones. Elabora un documento; lo ideal es que sea fácil de editar para que puedas reorganizar lo que anotes. Haz una lista de personas a las que admires profundamente. Pueden ser personas de tu vida, figuras históricas, o incluso desconocidos a los que solo has observado brevemente. No es necesario que admires todo de estas personas[24].

No las etiquetes todavía; simplemente anota las tendencias particulares o las situaciones que te sirvan de ejemplo con la mayor precisión posible. Puedes escribir que admiras la tendencia de una persona a gestionar situaciones difíciles con facilidad, o la capacidad de otra para cautivar la atención de todos los presentes. Al principio, la lista puede ser un torrente de ideas, pero con el tiempo querrás colocar ejemplos similares en grupos organizados. No te detengas hasta que hayas cubierto todo el territorio de lo que es importante para ti. Crea tus propios títulos para cada categoría, tratando de evitar virtudes vagas como «bondad» u «honor»[25].

Al final, tendrás una lista organizada de tus valores individuales más importantes. A menudo, las palabras sueltas no logran captar plenamente tus valores. Puede ser beneficioso expresarlos en forma de declaración, a través de frases clave como «actuar siempre como si todo el mundo estuviera mirando, pero contar la historia como si yo fuera el único que escucha» o «aceptar, abrazar y adaptarse a todos los retos de la vida, y convertirlos en oportunidades».

Si se hace en paralelo con una investigación filosófica, se puede averiguar cuáles de estos valores representan dogmas culturales y cuáles se basan en intuiciones de valor genuinas. Creo que deberías actualizar el mapa de tu sistema de valores cada tres años aproximadamente. Con el tiempo, tus experiencias se acumulan y arrojan más luz sobre tus intuiciones, lo que permite matizar y afinar mejor tus categorías.

Nunca debes confiar totalmente en el sistema de valores que has construido. Este mapa representa un borrador en constante evolución y mejora. Siempre tienes que seguir indagando y sintetizando para acercarte a tus auténticas intuiciones de valor. Observa cosas que admiras o desapruebas, intenta extraer los aspectos precisos que admiras y sintetiza estas observaciones en principios integrados.

Los sistemas de valores son toscos al principio, pero desarrollarás una mayor capacidad de matización a medida que acumules observaciones. Tal vez descubras que admiras la perseverancia de Tiger Woods pero no su promiscuidad, en lugar de idealizar o demonizar al hombre en su conjunto. Con el tiempo, estas observaciones aisladas confluirán en una comprensión unificada.

Para sacar el máximo partido de este sistema de valores, puedes antropomorfizarlo como tu **yo ideal**. Tu yo ideal es un conglomerado de tus intuiciones más valiosas y de tus cualidades más admiradas[26]. Y este ideal es la estrella que te guiará en tu viaje a través de la psiquitectura. Tu objetivo final, por supuesto, será reducir al máximo la distancia entre tu yo actual y tu yo ideal. Para ello, tienes que desarrollar una visión más coherente y completa de tu yo real e integrar tus experiencias, rasgos de carácter, valores e impulsos en un todo unificado. Y este ideal te servirá de guía para fijar correctamente sus objetivos.

Principales conclusiones

- Al igual que nuestras creencias sobre el universo exterior, nuestras creencias sobre nuestro universo interior —nuestros deseos, objetivos y valores— pueden estar distorsionadas, lo cual puede llevarnos por el mal camino en nuestra vida. Aunque creemos saber aquello que nos hará felices, a menudo acabamos tropezando con la felicidad en lugar de alcanzarla mediante esfuerzos deliberados.

- Mediante una **introspección** eficaz, es posible tomar conciencia de estos sesgos internos y reprogramarlos, y vivir una vida más plena. Lleva un registro de tus pensamientos, sentimientos y comportamientos, así como de los acontecimientos del mundo real que parecen desencadenarlos. Intenta fijarte en las relaciones y vínculos que existen entre ellos.

- La clave para descubrir cuáles de tus valores son verdaderamente tuyos es lanzar contra ellos una bola de demolición filosófica y ver cuáles permanecen en pie. Atrévete a cuestionar los valores que defienden tu cultura y tus círculos sociales.

- Un ejercicio para tener más claros tus valores consiste en crear un documento y hacer una lista de las personas y cualidades que admiras. Agrupa las entradas similares y, con el tiempo, aplica etiquetas o afirmaciones que engloben a cada grupo.

- Tu **yo ideal** es un conglomerado de tus intuiciones más valiosas y de las cualidades que más admiras, y este ideal es la estrella que te guiará en tu viaje a través de la psiquitectura. El objetivo último de la psiquitectura es reducir al máximo la distancia entre tu yo real y tu yo ideal.

4

Autodominio cognitivo y sabiduría

Señuelos hacia el bienestar

> Tal vez los objetivos que te has propuesto son los que te vende la cultura en general (ganar dinero, comprarte una casa, ser atractivo) y, aunque no hay nada de malo en esforzarte por conseguirlos, no dejan ver otras cosas que tienen más probabilidades de ofrecer una felicidad auténtica y duradera.

—**Sonja Lyubomirsky**, *La ciencia de la felicidad*

En los dos capítulos anteriores hemos visto los métodos para desarrollar la racionalidad y la autoconciencia. En este capítulo hablaremos de cómo estas dos cualidades se unen para formar la sabiduría. La sabiduría es el pináculo del autodominio cognitivo, el primer pilar en la tríada del autodominio. A pesar de la sequedad con la que se suele describir, la sabiduría no es un premio de consolación por envejecer. **Cuanto antes empieces a esforzarte por adquirir sabiduría**, mayor será tu capacidad de aumentar tu satisfacción en la vida.

La palabra «sabiduría» ha sido utilizada para hacer referencia a muchas cosas, entre ellas la aceptación de dogmas espirituales, la comprensión teórica de la realidad e incluso la tendencia a hablar en forma de enigmáticos acertijos. Aquí, utilizamos el término de una manera muy concreta.

> Sabiduría: capacidad de juzgar apropiadamente en asuntos relacionados con la vida y la conducta; sensatez de juicio en la elección de medios y fines.

—*Oxford English Dictionary*

La sabiduría es perspicacia práctica; saber lo que te conviene, el interés propio estratégico. La sabiduría consiste en adoptar las creencias más racionales y perspicaces y establecer objetivos basados en ellas. Nuestra cultura está muy orientada a los objetivos, en el sentido de que aboga por fijarlos y perseguirlos con la mayor eficacia posible. Sin embargo, pone mucho menos énfasis en asegurarse de que se están fijando los *objetivos correctos*.

Adquirimos de forma natural creencias sobre los objetivos por los que merece la pena esforzarse a partir de nuestra cultura, del mismo modo que adquirimos creencias sobre el mundo, y cada cultura tiene su propia narrativa del «éxito»[1]. Esta narrativa asigna logros arbitrarios que hacen que se considere que una persona ha tenido «éxito» cuando los alcanza. Y todos hemos oído mil veces la narrativa del éxito de nuestra cultura.

Naces, te ponen un nombre y también te ponen un nombre de vaca y otro de cabra. Te dan masajes en la cabeza para estirarte el cráneo y que parezcas un guerrero fuerte. Desde pequeño, la cultura te dice que pastorees cabras. Te dicen que ares los campos, que aprendas a criar colmenas o que robes el ganado de otras comunidades.

Si eres hombre, te dicen que para tener «éxito» tienes que afeitarte parcialmente la cabeza, frotarte con arena para lavar tus pecados y embadurnarte con estiércol de vaca. Te dicen que te desnudes, saltes sobre el lomo de una vaca y luego saltes sobre el lomo de una fila de quince vacas, que también han sido untadas con estiércol. Debes hacerlo cuatro veces sin caerte, y te dicen que si te caes te tendrán por un fracasado y serás una vergüenza para tu familia. El éxito te permitirá casarte con una mujer que no conoces, pero no antes de que acumules 30 cabras y 20 reses para comprar el matrimonio a su familia. Cuantas más esposas acumules, más «exitoso» te considerará tu cultura.

Si eres mujer, se espera que conozcas a hombres que han pasado por este proceso y que les ruegues que te azoten brutalmente, sin mostrar dolor en ningún momento. La narrativa cultural dicta que te cases con un hombre que te dobla la edad y que te ha sido asignado sin pedir tu opinión. Si tu familia no te encuentra marido, tienes que ver cómo todas tus amigas reciben collares con forma fálica, indicando su «éxito», mientras tú solo llevas una placa metálica ovalada en la cabeza. Si te quedas embarazada fuera del matrimonio, tu hijo será considerado maldito, y tus compañeras te animarán a abandonarlo. Si te casas, tu marido te pegará sistemáticamente sin motivo aparente hasta que hayas tenido dos o tres hijos. Cuantas más cicatrices recibas, más «exitosa» te considerará tu tribu.

¿No es la historia que esperaba? ¡Ah!, entonces no debes de ser miembro de la comunidad hamar, del suroeste de Etiopía. Supongo que lo daba por hecho. Efectivamente, todas estas prácticas son muy habituales en la comunidad hamar, y ni siquiera son de las tradiciones más extrañas que podemos encontrar en culturas de todo el mundo[2]. Lo que resulta verdaderamente difícil de entender es el hecho de que los hamar probablemente considerarían las definiciones de éxito de nuestra cultura tan extrañas y arbitrarias como nosotros encontramos las suyas.

Lo especial de la narrativa occidental es que todos los sectores que pueden hacerse vagamente relevantes luchan por ello. Al igual que nuestra cultura se basa en nuestros genes y crea nuevos señuelos hacia el bienestar, nuestro sistema económico está basado en la cultura e introduce aún más distracciones. Las empresas sacan provecho de los grandes señuelos de la vida: cosas que la cultura y la industria presentan como muy deseables, pero que no son necesariamente buenas. Y para vender estas fantasías, tienen que encontrar la manera de moldear la cultura para que nos diga lo que significa tener «éxito»[3].

Con esto no pretendo sugerir que casarse, comprarse un coche bonito o escalar posiciones en la empresa sean malas decisiones, ni tampoco ofrecer una crítica manida del capitalismo, el consumismo o la cultura popular. Ninguna de estas decisiones es inválida en sí misma, y si te dijera que lo son, estoy seguro de que no me harías caso.

No me arrepiento de mi decisión de ir a la universidad. No me arrepiento de haber dedicado tiempo a trabajar para ganar dinero, de haber gastado dinero en vacaciones, de haber mantenido una relación, ni de ninguna de las otras decisiones que he tomado y que casualmente encajan con las narrativas de éxito de mi cultura. Y eso es porque no he hecho estas cosas por conformidad ciega a un guion social. **Ser un inconformista incondicional no es una medalla de honor.** Lo que importa en última instancia es la base sobre la que se asientan tus aspiraciones.

La jerarquía de objetivos

Intentamos por primera vez ser sabios cuando advertimos que no nacemos sabiendo cómo vivir, sino que la vida es una habilidad que es preciso adquirir.

—**Alain de Botton**, *Ensayos en el amor*

Esto es un objetivo:

Los objetivos son bastante sencillos por sí solos. Sin embargo, los objetivos tienden a encadenarse así:

Algunos de nuestros objetivos son metas finales, y otros sirven como medios instrumentales para alcanzarlas. La jerarquía de objetivos es una estructura de motivaciones con objetivos abstractos como «criar hijos económicamente responsables», que se sitúan en lo más alto, estrategias como «hablarles a los niños acerca de las cuentas Roth IRA», situadas en el medio, y acciones concretas como «averiguar qué es una cuenta Roth IRA» en la base[4]. Como puedes imaginar, las interacciones de nuestros objetivos pueden formar jerarquías mucho más complejas de lo que podríamos visualizar, pero podemos captar la idea básica.

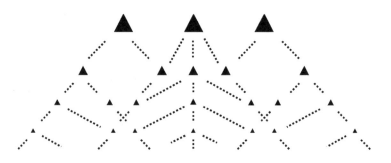

«¿Por qué estoy haciendo esto?». Cuando te haces esta pregunta, estás examinando tu jerarquía de objetivos[5]. Y cuando no obtienes una respuesta convincente, estás examinando una jerarquía de objetivos en la que necesitas trabajar.

La jerarquía de objetivos de la mayoría de los animales apenas supone una jerarquía. Todas las acciones se llevan a cabo porque los impulsos inmediatos obligan al organismo a realizarlas[6]:

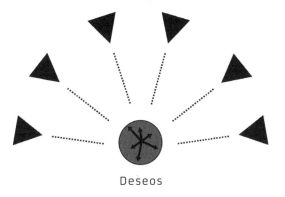

Deseos

Ese símbolo de la parte inferior representa un conglomerado de los impulsos del organismo. Debido a la increíble capacidad del ser humano para orquestar estratégicamente la satisfacción de sus deseos, la **jerarquía de objetivos por defecto** de los seres humanos es mucho más compleja.

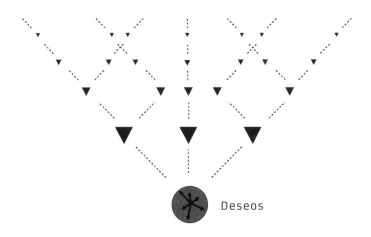

Deseos

Los impulsos básicos determinan qué objetivos hay que perseguir, pero empleamos la razón para determinar cuáles son los métodos más eficaces para alcanzarlos. Las pulsiones fijan automáticamente los objetivos por defecto. Por defecto, nuestros objetivos se establecen para servir a fines genéticos, desde comer para no morir hasta hacer favores a los demás para aumentar nuestro estatus social. La jerarquía de objetivos por defecto no da lugar a una vida especialmente coherente, sino a un mosaico de deseos modulados por la biología y las opiniones populares de nuestra cultura y círculos sociales[7]. El escritor Ted Chu cita una historia relevante en este sentido:

> Hay una historia sobre un periodista que fue a un pueblo remoto y entrevistó a un joven pastor sobre el sentido de la vida. «¿Por qué pastorea un rebaño de ovejas?», le preguntó el periodista. «Porque quiero acumular riqueza», le respondió el pastor. Entonces el periodista le preguntó: «¿Y por qué quieres acumular riqueza?». Su respuesta: «Para poder casarme». «¿Por qué quieres casarte?». «Para tener un hijo». «¿Y para qué necesitas un hijo?». El pastor se quedó pensativo y respondió: «Para que siga pastoreando las ovejas»[8].

A ninguno de nosotros nos gusta la idea de tener objetivos incoherentes, de pasarnos la vida trabajando para conseguir cosas que no nos importan, ni siquiera a nosotros mismos. Preferiríamos tener objetivos que tuvieran sentido y estuvieran conectados entre sí de forma coherente. Afortunadamente, la construcción de objetivos es como respirar: se produce automáticamente por defecto, pero también puede hacerse de forma reflexiva y coherente[9]. Entonces, ¿cómo podemos establecer buenos objetivos?

Hace tiempo que se debate la relación entre la razón y las pasiones, término que generalmente combina emociones y deseos. Platón sostenía que la razón era como un auriga, y los impulsos irracionales y las emociones eran los caballos que tiraban en distintas direcciones, a menudo contradictorias. El deseo de riqueza puede tirar de un individuo en una dirección, y el deseo de estatus social, en otra. Los impulsos físicos por la comida y el sexo pueden seguir tirando en otras direcciones. El papel de la razón era mantenerlos bajo control y guiarlos en la dirección correcta[10]. Se ha descubierto que aquellos que son capaces de resistir la tentación del deseo y retrasar la gratificación en favor de una elección más racional tienen más éxito y son más felices en la vida, lo cual sugiere que Platón puede tener razón[11].

Pero también hubo quienes discreparon. David Hume sostenía que la razón no podía ser un motivo para la acción, y que todo acto está motivado en última instancia por la emoción. Es famosa su afirmación de que «la razón es, y solo debe ser, esclava de las pasiones»[12]. Lo que Hume quería decir con esto es que la razón puede utilizarse para determinar los mejores medios para alcanzar un fin deseado, pero no puede generar un fin o motivar a una persona a la acción por sí misma. Otros filósofos posteriores, como Nietzsche, se han posicionado con Hume en este debate.

Los estudios de personas con trastornos neurológicos, como un famoso paciente llamado Elliot, que había sufrido daños en la corteza prefrontal ventromedial, arrojan luz sobre una vida desmotivada por la emoción y el deseo. Estas personas no son capaces de procesar las emociones en sus decisiones, lo cual se traduce en una incapacidad total para tomar decisiones, incluso las más simples, como a qué restaurante ir a cenar[13]. El neurocientífico António Damásio llegó a la conclusión de que «una emoción bien afinada y desplega-

da… es necesaria para que el edificio de la razón no colapse»[14]. Estos hallazgos sugieren que el bando de Hume tiene razón.

Entonces, ¿cuál es? ¿Debemos seguir a nuestra cabeza o a nuestro corazón?

El sesgo dukkha

> Durante incontables generaciones, nuestro sistema bioquímico se adaptó para aumentar nuestras probabilidades de supervivencia y reproducción, no nuestra felicidad. El sistema bioquímico recompensa los actos que conducen a la supervivencia y a la reproducción con sensaciones placenteras. Pero estas no son más que un truco efímero para vender.
>
> —**Yuval Noah Harari**, *Homo deus*

Durante un viaje a Sudamérica, una vez me llamó la atención la frecuencia con la que aparece la palabra «quiero» en la música española, y supongo que la palabra «quiero» no es menos común en la música estadounidense. La televisión, el cine y la música refuerzan la idea de que debemos conseguir lo que queremos; que nuestros deseos son válidos y que algo va mal si no los satisfacemos; que nuestras únicas oportunidades de alcanzar la verdadera plenitud residen en el placer inmediato, la pasión romántica, la posesión material, el poder y el prestigio. Y todos sabemos que sería casi imposible hacer una gran película en la que todo sea como debe ser y a todo el mundo le parezca bien.

Nuestro *software* se programó con fines genéticos específicos, y para ellos era muy importante que siguiéramos nuestros deseos sin cuestionarlos demasiado[15]. Estos impulsos tienen la ingeniosa característica de fijar automáticamente nuestros objetivos por nosotros, y los algoritmos cognitivos sesgados nos convencen de que su consecución nos hará felices. Sin embargo, el principal problema de enfocar la vida de esta manera es el siguiente: **los deseos no apuntan a la felicidad, y su consecución no tiene más probabilidades de conseguirla que su negación**. Puede parecer extraño que los deseos no sean indicadores de deseabilidad, pero veremos que es cierto.

Nos parece incomprensible que los ganadores de la lotería y los parapléjicos tengan los mismos niveles de satisfacción porque queremos ganar la lotería y no queremos perder el uso de nuestras piernas. A nuestros deseos se les da muy bien hacerse pasar por guías de la satisfacción genuina. Estamos programados para vincular estos fenómenos separados. Estamos hechos para no darnos cuenta de lo poco que nuestra verdadera satisfacción emocional se corresponde con los objetos de nuestros deseos.

Es posible que hayas oído hablar de la dopamina, un neurotransmisor que está estrechamente relacionado con el deseo y el placer. La dopamina es una parte importante del sistema de recompensa del cerebro, por lo que es comprensible suponer que es la recompensa. Al fin y al cabo, se la conoce popularmente como la sustancia química del placer. Sin embargo, este punto de vista es incorrecto. La dopamina es la principal sustancia química responsable del deseo y la anticipación, pero no es la sustancia química del placer, sino la sustancia química de la promesa[16].

La dopamina es responsable de la anticipación del placer que nos obliga a actuar. La sensación que solemos llamar «placer» está causada principalmente por los opioides endógenos y las endorfinas. La dopamina es el ansia y la compulsión que nos hace darnos otro golpe o probar suerte en las tragaperras una vez más. No tiene ninguna obligación de cumplir su promesa, y muy a menudo no lo hace.

Los ratones suelen tener muchas ganas de beber agua azucarada, pero los que han sido modificados para ser incapaces de producir dopamina no parecen ansiar o buscar activamente esta deliciosa bebida. Curiosamente, cuando se los alimenta con agua azucarada, experimentan la misma cantidad de placer y disfrute que un ratón normal, pero no les importa que se la quiten[17]. Los implantes de estimulación cerebral profunda han permitido a las personas darse un chute de dopamina con solo pulsar un botón. Aunque estas personas pulsan el botón muchas veces al día, informan de que la sensación no es tanto de placer como de compulsión incontrolable[18]. Estos hallazgos nos llevan a la conclusión de que desear y disfrutar son dos fenómenos completamente distintos[19].

El deseo puede ser programado por el placer, pero al igual que en el adiestramiento de un perro, son los placeres inmediatos los que refuerzan estos deseos[20]. Aunque salgamos del casino sintiéndonos profundamente decepcionados, los rápidos e inmediatos picos de placer que sentimos cada vez que hacemos girar la máquina tragaperras condicionan nuestro deseo de querer volver a hacerlo. Todo ello sirve como ejemplo de que nuestros antojos, a corto plazo o no, son señuelos para el bienestar.

Alrededor del siglo VI a. C., un hombre conocido como Siddhārtha Gautama abandonó una vida de lujo para buscar la iluminación. Tras un aparente éxito, El Buda, como se lo conoció a partir de entonces, comenzó a enseñar y a difundir su camino hacia la liberación[21]. Siddhārtha enseñaba que la vida humana ordinaria se caracteriza intrínsecamente por algo llamado **dukkha,** o «insatisfacción». Se refería con ello en parte a las «cosas malas» de la vida: el sufrimiento inevitable al que todos nos enfrentamos en algún momento a causa de unas condiciones de vida desagradables, enfermedades o pérdidas. Perder o no conseguir lo que deseamos nos provoca un dolor innegable[22].

También se refería a la **impermanencia** incluso de las «cosas buenas» de nuestra vida. Todas las cosas que parecen hacernos felices son impermanentes. En cuanto conseguimos algo que nos produce alegría, nos volvemos dependientes de ello. Y cuando las mareas cambian inevitablemente, nos volvemos vulnerables al sufrimiento que conlleva la pérdida. Cuando anhelamos cosas que no tenemos, o anhelamos no perder las cosas que tenemos, estamos ansiando el control y la permanencia en un mundo en el que estas cosas nunca pueden alcanzarse[23].

Buda sostenía que la insatisfacción estaba incorporada a la propia estructura del deseo. Cuando se trata de satisfacer nuestras ansias, el placer que experimentamos y el dolor que viene después están inextricablemente unidos. No solo muchas de las cosas que anhelamos son impermanentes, sino que ni siquiera los logros permanentes producen una satisfacción permanente[24].

Estamos dotados de un mecanismo muy inteligente que hace que nos sintamos rápidamente insatisfechos con nuestros logros y posesiones y empecemos a buscar formas de conseguir aún más (**adaptación hedónica**)[25]. En algún momento, es inevitable que incluso la persona más afortunada no tenga otro lugar al que ir que hacia abajo en relación con sus propias expectativas. En *Por qué el budismo es verdad*, Robert Wright esboza un principio básico del budismo:

> Los seres humanos tendemos a anticipar más satisfacción duradera por la consecución de objetivos de la que en realidad se producirá. Esta ilusión, y la mentalidad resultante de aspiración perpetua, tiene sentido como producto de la selección natural, pero no es exactamente una receta para la felicidad de por vida.

—**Robert Wright**, *Por qué el budismo es verdad*

De modo que sí, la pérdida o el fracaso en la consecución de los resultados deseados provoca picos de dolor muy reales. Y el éxito en la consecución de los resultados deseados se traduce en breves picos de placer, pero este placer se convierte rápidamente en dolor cuando perdemos lo que habíamos ganado anteriormente. E incluso cuando conseguimos logros semipermanentes, nos adaptamos rápidamente a nuestro éxito y el fracaso a la hora de estar a la altura de nuestras nuevas expectativas se traduce en más dolor. Sin embargo, la verdadera esencia de dukkha no es que la vida sea sufrimiento, como se ha interpretado antes. No estamos hechos para obtener satisfacción real del logro de nuestros objetivos deseados, sino que estamos hechos para no darnos cuenta de este hecho.

La mayoría de nosotros no consideramos que nuestra vida sea toda dolor. Muchos nos sentimos relativamente satisfechos con nuestras vidas. De ahí el título del libro de Gilbert, *Tropezar con la felicidad*. Tenemos que tropezar con la felicidad porque nuestro bienestar fluctúa independientemente de la gratificación del deseo. No solo somos malos pronosticadores; actuamos dentro de un marco defectuoso, una teoría falsa de cómo funciona el bienestar psicológico.

Para alcanzar una auténtica plenitud, **tenemos que aprender a dejar de confiar en nuestros deseos como indicadores válidos de lo que realmente nos satisfará.** Si aprendiéramos a ignorar nuestros deseos, o mejor aún, a utilizarlos, y comprendiéramos la verdadera mecánica de la satisfacción, podríamos sacar nuestro bienestar de las manos del azar y sacarle el máximo provecho.

Establecer objetivos definidos

> A quien no haya dirigido el conjunto de su vida hacia un objetivo cierto, le resulta imposible disponer bien las acciones particulares. Le resulta imposible poner las piezas en orden a quien no tiene una forma del conjunto en la cabeza. [...] El arquero debe saber primero adónde apunta, y después ajustar mano, arco, cuerda, flecha y movimientos. Nuestros planes se extravían porque carecen de dirección y de objetivo. No hay viento propicio para quien no se dirige a ningún puerto.

—**Michel de Montaigne**, *Ensayos completos*

El segundo tipo de arquetipo de objetivo se denomina la **jerarquía de objetivos definida**.

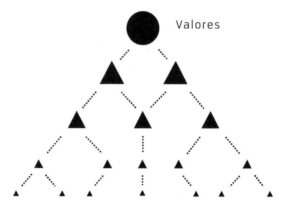

Valores

La jerarquía de objetivos definida se construye mediante una determinación descendente en la que nuestra mente reflexiva lleva la voz cantante. Se desarrolla conscientemente y se le da forma para que sea coherente, unificada y con propósito. El símbolo de la parte superior representa la preponderancia de tus valores y, en este caso, esos ideales son los que determinan todos los demás objetivos. Es probable que tu jerarquía de objetivos no esté adecuadamente representada por ninguno de estos arquetipos. Probablemente se parezca más a esto:

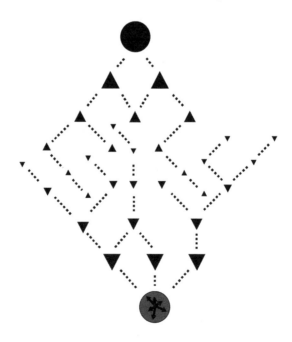

Nuestros objetivos suelen ser variados; algunos se han fijado de forma reflexiva y otros de forma refleja. Pero cuando te preguntas «¿Por qué hago esto?», estás dando un paso para construir una mejor jerarquía de objetivos. Cuando te das cuenta de que persigues algo arbitrario, los fines que tus impulsos o tus compañeros o tus padres te dijeron que merecían la pena, tienes la oportunidad de tomar medidas para corregirlo.

El problema del debate Platón-Hume es que simplifica demasiado las pasiones. Está bien saber distinguir entre las pulsiones, las fuerzas motivacionales «calientes» que nos obligan a actuar, y los valores, los ideales intuitivos que nos dicen lo que realmente es importante para nosotros. Ambos podrían denominarse «pasiones», pero es importante separar los dos qualia.

Las intuiciones de valor y los deseos pueden confundirse fácilmente. Ambos podrían describirse como preferencias de naturaleza afectiva, pero son diferentes en aspectos significativos. Cuando reflexionas sobre tus valores, no sientes un ansia, una fuerza motivadora que te empuje hacia ellos. Siempre están ahí, pero a diferencia de los deseos, te permiten desatenderlos si así lo decides. Los deseos son los gritos que no puedes ignorar, **pero los valores son los susurros que a menudo cuesta percibir**[26].

En la mente ideal, los deseos se modulan; se doblegan a nuestra voluntad para que sirvan a nuestros valores (aprenderemos a hacerlo en unos capítulos). Los valores se descubren, se trabajan y se encarnan.

Al reintroducir la razón en este punto, podemos reconciliar los dos puntos de vista aparentemente correctos defendidos por los filósofos. Nuestros valores están arriba. La razón está en medio y se utiliza para determinar qué objetivos servirán más eficazmente a esos valores, y nuestros impulsos, en la parte inferior, se utilizan para alcanzarlos.

Valores

Razón

Deseos

Los deseos son como la gasolina de un coche. Es lo que nos impulsa, pero siempre deben estar subordinados a la razón. La razón es el volante que coordina el mar sin rumbo y a menudo conflictivo de los impulsos en una dirección estratégica y coherente, pero la razón debe estar siempre subordinada a nuestros valores. Tenemos que usar la razón para fijar objetivos racionales, pero esos objetivos tienen que estar guiados por nuestros valores emocionales para ser fines dignos. Nuestros valores son la brújula, o quizá las coordenadas del GPS de nuestra dirección. Nuestros ideales determinan la dirección ideal, y nuestra mente racional y nuestros deseos trabajan juntos para llevarnos hasta allí.

Mezclar cualquiera de estas relaciones puede resultar catastrófico. Los valores son estupendos para decidir qué es importante, pero no te llevarán hasta allí. Puedes pasarte la vida soñando con tus ideales sin acercarte nunca a ellos. Del mismo modo, intentar utilizar la razón pura para determinar tus objetivos o motivarte para alcanzarlos es como sentarse en un coche aparcado y girar el volante. Permanecerías impotente desde el punto de vista motivacional y perfectamente estático en tu vida, igual que Elliot.

Y todos podemos ver que pisar el acelerador sin utilizar el volante solo te guiará hacia la farola más cercana. Utilizar nuestros impulsos como guía de nuestra dirección en la vida, o para determinar la estrategia más eficaz para llegar a ella, es una receta hacia una vida llena de errores impulsivos.

Los deseos fuertes pueden ser algo estupendo[27]. Tener un coche con un motor potente solo es algo malo si no se tiene la habilidad y el control para manejar esa potencia sin destrozarlo.

Aunque todos recurrimos a nuestras emociones para determinar los objetivos y las evaluaciones deseables, tomar decisiones con las emociones y sin razonar se conoce como **heurística del afecto**, y da lugar a algunos de los errores más profundos que cometemos los seres humanos[28]. Algunas personas argumentarán que hay algunas decisiones que se deben tomar con la cabeza y otras con el corazón. No obstante, esta dicotomía es problemática. Todas las decisiones deben tomarse con la cabeza y con el «corazón», pero cada uno tiene un lugar muy específico[29]. En contra de lo que te haya dicho tu test del eneagrama, en realidad no hay personas racionales y personas emocionales. Hay personas a las que se les da mejor pensar con claridad y coordinar sus deseos en la dirección de sus valores, y otras a las que se les da peor.

Nuestros objetivos se basan tanto en nuestros valores como en nuestra racionalidad cognitiva. Determinamos los mejores fines de nuestra vida mediante la introspección y la consulta de nuestros valores. Y determinamos los mejores medios desarrollando los puntos de vista más precisos posibles sobre el mundo y utilizando la razón para elaborar estrategias. Estas dos capacidades se unen para formar la sabiduría. Lo que significa que si albergas prejuicios que distorsionan tu comprensión racional o tu indagación introspectiva, tus objetivos también estarán distorsionados. Esto hace que el proceso de eliminar objetivos arbitrarios y construir otros sabios en su lugar sea una tarea de psiquitectura compleja, pero esencial.

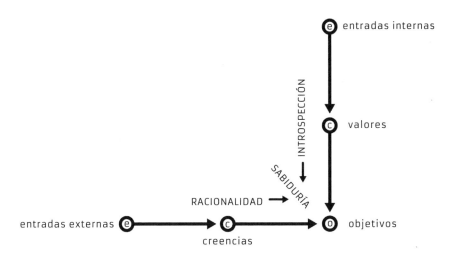

Pocos son los que mediante la reflexión ponen orden en sí mismos y en sus cosas; los demás, al igual que los despojos flotantes en el río, no avanzan, sino que son impulsados.

—**Séneca**, *Cartas de un estoico*

Cuando reflexiones sobre tu vida, **pregúntate si realmente la has elegido.** Si la estás viviendo porque realmente te permite alcanzar tus ideales, o porque la industria inmobiliaria ha querido que pienses que así es. Si realmente quieres hacer esa prestigiosa carrera de notario, o si tus padres simplemente te convencieron para que la hicieras. Si tu vida es realmente el producto de una estrategia de objetivos de arriba a abajo en la que tus decisiones se dirigen hacia tus ideales, aquí no recibirás ninguna crítica, pero si miras a tu alrededor y ves una vida que parece un molde para hacer galletas —que a la comunidad hamar le parecería una conformidad ciega con hitos arbitrarios de «éxito»—, puede que sea el momento de hacer una pausa, reflexionar y hacer uso de la sabiduría.

> La frontera entre lo negativo y lo positivo de un deseo o acción no viene determinada por la satisfacción inmediata, sino por los resultados finales, por las consecuencias positivas o negativas.
>
> —**Dalai Lama XIV**, *El arte de la felicidad*

La sabiduría te permite comprender que invertir en tu educación es probablemente un medio mejor para hacerte multimillonario que invertir en billetes de lotería. Pero, lo que es aún más importante, la sabiduría te permite cuestionarte si llegar a ser multimillonario es, en primer lugar, un fin que merezca la pena. Lo verdaderamente importante de la búsqueda de la sabiduría es que puedes engañarte fácilmente sobre tu propio bienestar.

Ganar la lotería me haría enormemente feliz durante mucho tiempo

Debería comprar un montón de boletos de lotería

Mis posibilidades de ganar la lotería son considerables

La sabiduría consiste en tener un árbol jerárquico coherente de razones para todas tus acciones, no un conjunto fragmentado de reglas. A la mayoría de la gente le han enseñado que hay cosas que están bien y cosas que están mal, independientemente del contexto; que estas preocupaciones morales representan una consideración separada de las preocupaciones prácticas. Pero lo cierto es que las normas morales son como los ruedines de una bicicleta para esas personas que aún no han desarrollado la sabiduría adecuada[30].

Si has cultivado la sabiduría, puede que evites mentir, no porque esté «mal», sino porque has aprendido que decir una mentira casi siempre conlleva más complicaciones, relaciones dañadas y peores resultados[31]. Intentas no herir a los demás, no porque eso esté «mal», sino porque has hecho la observación introspectiva de que esas acciones te hacen sentir peor contigo mismo.

Cuando emprendes cualquier acción, debes observar atentamente la satisfacción que te produce y cuánto dura esta. Del mismo modo que la sensación de confusión cognitiva debería alertarte, la disonancia entre las consecuencias emocionales esperadas y las reales debería llamar tu atención. Si esperas que tu nuevo Segway te produzca una satisfacción poderosa y duradera, pero solo te emociona durante unos días y luego hace que te arrepientas de haber vendido el coche y perdido amigos, debes darte cuenta y reflexionar. Tienes que **recordar esta experiencia inesperada la próxima vez que te plantees hacer una compra importante.**

Quizá el deseo de venganza te lleva a reaccionar ante un acto de agresión con venganza, y eso solo te causa culpa. Quizá una aventura apasionada no te deja sentirte más satisfecho con tu vida después de que haya seguido su curso. **Lo que hace sabias a las personas sabias es que se dan cuenta de esto, y cambian sus objetivos en el futuro.** No puedes seguir viviendo tu vida sin ajustar los algoritmos que te llevaron a tomar decisiones erróneas. Debes revisar tus creencias sobre tu propio bienestar para evitar cometer siempre los mismos errores[32].

Los sabios han observado cuidadosamente y aprendido de las trampas de la predicción emocional. Han desarrollado una comprensión de su propia trayectoria de bienestar. Han aprendido, por experiencia propia, ajena o por reflexión, que lo que parece la mejor idea puede ser una mera ilusión. Son perceptivos de su propio bienestar, y no solo son capaces de observar estas intuiciones, sino de sintetizarlas en «reglas» que guíen su comportamiento cuando surjan patrones similares en el futuro. Han identificado verdades prácticas que parecen contrarias al sentido común y, lo que es crucial, toman la decisión de escucharlas en lugar de cometer los mismos errores cuando saben que no es así.

A medida que ajustas y perfeccionas tus algoritmos cognitivos, elevas tu grado de autodominio cognitivo. Te liberas de la vida confusa que tu cultura te receta y pones rumbo a una vida verdaderamente satisfactoria e intrínsecamente gratificante, alineada con la visión de tu yo ideal.

Principales conclusiones

- **La sabiduría** es la capacidad de juzgar acertadamente en cuestiones relacionadas con la vida y la conducta, la solidez de juicio en la elección de medios y fines.

- Los deseos no conducen a la felicidad, y su satisfacción no tiene más probabilidades de conseguirla que su negación, pero estamos hechos para no darnos cuenta de este hecho. Para alcanzar la verdadera plenitud, tenemos que aprender a dejar de confiar en nuestros deseos como indicadores válidos de lo que realmente nos satisfará.

- La clave para establecer y perseguir **objetivos** buenos y **definidos** es utilizar nuestros valores para determinar nuestros fines, la razón para determinar los mejores medios para conseguirlos y los deseos para impulsarnos hacia ellos. Una vida sabia y coherente es el producto de una estrategia de objetivos descendente en la que tus decisiones se dirigen hacia tus ideales.

- Cuando emprendas cualquier acción, debes observar detenidamente la satisfacción que te produce y cuánto dura esta, y tienes que recordar tus observaciones cuando tomes decisiones similares en el futuro.

- Los sabios han observado cuidadosamente y aprendido de las trampas de la predicción emocional. Han desarrollado una comprensión de su propia trayectoria de bienestar y han aprendido, por experiencia propia, ajena o por reflexión, que lo que parece la mejor idea puede ser una mera ilusión.

5

Algoritmos emocionales y el arte de la reestructuración

Controlar los sentimientos

> No son las cosas las que turban a los hombres, sino la opinión que de ellas forman.

> —**Epicteto**, *Enquiridión*

El segundo ámbito de la psicopedagogía es el emocional. Este capítulo tiende un puente entre lo cognitivo y lo emocional, mostrando la relación entre ambos. El autodominio emocional es justo lo que parece: **la capacidad de controlar la propia experiencia emocional.**

A algunas personas, el autodominio emocional les sonará a ciencia ficción. La idea de que no podemos controlar nuestras emociones se ha puesto muy de moda en la cultura popular. La música nos dice que no podemos evitar lo que sentimos. La psicología popular y la autoayuda nos dicen que intentar controlar las emociones es lo mismo que huir de ellas. El conocido autor de libros de autoayuda Mark Manson afirma: «Las personas que creen que las emociones son lo más importante en la vida a menudo buscan formas de "controlar" sus emociones. No puedes; tan solo puedes reaccionar ante ellas»[1].

El argumento típico es que las emociones están destinadas a enseñarnos algo. Así es, cada sesión de autocompasión en la que te tomas un helado está tratando de guiarte a un lugar muy especial de tu vida. Al parecer, intentar no sentir una determinada emoción que estás «destinado» a sentir es como huir del destino y cegarte ante todas las valiosas lecciones que te esperan. Y si prefieres aprender las lecciones de la vida sin la ansiedad, la ira y la desesperación que las acompañan, debes de ser un cobarde.

Todos los argumentos son muy sólidos y razonables. Solo hay un problema con ellos. **Están totalmente equivocados.** Que puedes controlar tus emociones es un hecho psicológico bien establecido[2]. No solo aprendes a manejar, canalizar o reaccionar ante tus emociones; las cambias, las modulas y las controlas. Si no hubieras aprendido a controlar tus emociones desde la infancia hasta la edad adulta, seguramente padecerías un trastorno grave del desarrollo[3].

Hay algunas cosas que podemos conceder a quienes se oponen a este punto de vista. En primer lugar, es cierto que nuestras emociones naturales a veces, incluso a menudo, pueden servir a nuestros objetivos, por ejemplo, para intentar socializar y entablar relaciones. Sin la ayuda de nuestras emociones sería totalmente imposible[4]. Pero como nuestras emociones se desarrollaron para beneficiar a nuestros genes, no a nosotros, en el mundo de nuestros antepasados, no en el mundo en el que vivimos, no hay garantía de que siempre sean lo mejor para nosotros[5]. **Las emociones a menudo nos llevan en la dirección opuesta a nuestros objetivos más elevados, nos hacen actuar de formas de las que luego nos arrepentimos y nos obligan a sufrir cuando no hay absolutamente ningún beneficio en hacerlo.** Por eso, no solo *podemos* aprender a controlar nuestras emociones, sino que, si queremos vivir una gran vida, *debemos hacerlo.*

> El problema que plantean las emociones no es que sean fuerzas no domeñadas o vestigios de nuestro pasado animal, sino que estuvieron tramadas para propagar copias de genes que las construyeron y no para fomentar la felicidad, la sabiduría o los valores morales.
>
> —Steven Pinker, *Cómo funciona la mente*

Los críticos también tendrían razón al afirmar que la supresión, la fuerza bruta para «alejar» las emociones, es ineficaz y a menudo contraproducente[6]. Tampoco recomendaría negar los malos sentimientos o intentar ocultarlos a los demás en todo momento. Pero estos no son ni mucho menos los únicos métodos de este arte expansivo. A la ciencia de la autorregulación emocional le gustaría decir unas palabras a aquellos que no estén de acuerdo.

> La regulación de las emociones consiste en determinar qué emociones se tienen, cuándo se tienen y cómo uno las experimenta o expresa.
>
> —**James Gross**, *Handbook of Emotional Regulation*

Según James Gross, uno de los principales investigadores de la regulación de las emociones, hay cinco formas de controlar eficazmente los sentimientos. Las tres primeras son bastante obvias: podemos elegir las situaciones en las que nos encontramos (**selección de situaciones**), cambiar esas situaciones una vez que estamos en ellas (**modificación de situaciones**) o elegir solo prestar atención a aquellas cosas que nos hacen sentir como queremos sentirnos (**despliegue atencional**). La quinta también es bastante sencilla: podemos intentar cambiar nuestra respuesta emocional escuchando música, emborrachándonos o simplemente durmiendo un poco (**modulación de la respuesta**). El cuarto método, y el que más nos interesa aquí, se llama **cambio cognitivo**. En otras palabras, podemos hacer cambios en nuestra mente, cambios perfectamente saludables, si puedo añadir, que nos permiten determinar nuestra experiencia emocional desde dentro[7].

Practicar este arte te permitirá dejar gradualmente de alterarte por los contratiempos. Dominarlo pondrá tu experiencia emocional casi por completo en tus manos. Cuando lo adoptes, empezarás a darte cuenta de lo tranquilo y sereno que te mantienes en situaciones difíciles. No obstante, esta interpretación no hace justicia a los hábitos psicotécnicos que desarrollarás. Aprenderás a reconfigurar tus emociones en tiempo real, y aumentará la velocidad a la que puedes neutralizar o revertir las emociones negativas.

Aun así, nunca tendrás un control perfecto al cien por cien sobre tus emociones[8]. Sin embargo, puedes desarrollar un control cada vez mayor y realmente sorprendente dominando unas cuantas poderosas psicotecnologías. No se trata de un arte esotérico y oscuro que requiera toda una vida de aprendizaje, ni tampoco tiene nada de místico o espiritual. **Puedes aprender a hacer ciertos cambios en tu mente que te permitirán tomar el control de tus emociones y sentirte de la manera en que te gustaría sentirte la mayor parte del tiempo.**

El principio de mediación cognitiva

> [...] veía que todo lo que para mí era causa u objeto de temor
> no contenía en sí nada bueno ni malo, fuera del efecto que
> excitaba en mi alma.

—**Baruch Spinoza**, *Tratado de la reforma del entendimiento*

Veamos el algoritmo emocional. Podemos tener la tentación de presentarlo como un simple «Si X, entonces Y», como: «Si me pilla un corte de tráfico, entonces experimento ira».

estímulo

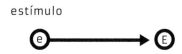

Dada esta representación, el enfoque por defecto para tratar las emociones tiene mucho sentido. ¿Cómo podríamos controlar nuestro estado emocional de otro modo que no fuera intentando cambiar nuestras circunstancias externas? Al estudiar el funcionamiento interno de tu mente y la sabiduría de algunos de los más grandes visionarios de la psicología, creo que descubrirás que la estructura real de los algoritmos emocionales no es tan sencilla.

Como ya hemos mencionado anteriormente, nuestra atención desempeña un papel fundamental en nuestras respuestas emocionales. En algunos casos, la mejor manera de deshacerse de una emoción negativa es dejar de pensar en el problema y desviar la atención hacia otra actividad. Practicar algún *hobby* o hablar con un amigo pueden ser formas rápidas de cortar una espiral de pensamiento antes de que tome el control de nuestro estado de ánimo[9].

Uno de los beneficios más aclamados del *mindfulness* (atención plena) es su capacidad para sacar a una persona de emociones indeseables. Una persona que ha cultivado un alto grado de *mindfulness* puede centrarse profundamente en las sensaciones que constituyen las experiencias emocionales, quitándoles gran parte de su impacto[10]. Sin embargo, aunque útil, el *mindfulness* no es la solución más completa para las emociones no deseadas. Cuando se elude una emoción mediante el *mindfulness*, el algoritmo emocional original permanece inalterado, y situaciones similares seguirán desencadenándolo. Para entender cómo cambiar estos algoritmos para siempre, tenemos que profundizar.

Cuando detectamos un palo que parece una serpiente, puede hacernos saltar de miedo antes incluso de saber por qué. Esto se debe a que al cerebro le resultó ventajoso construir una ruta neural directa desde nuestro córtex visual, que se encarga de procesar los estímulos visuales, hasta nuestra amígdala, que activa respuestas emocionales como el miedo[11]. Pero para casi todas las emociones dañinas que nos desafían hoy en día, nuestra percepción de los acontecimientos pasa por nuestro córtex prefrontal racional antes de llegar al sistema límbico emocional[12]. La interpretación cognitiva que la mente se forma de este estímulo se denomina **valoración**, y nuestra valoración de una situación determina nuestra respuesta emocional[13].

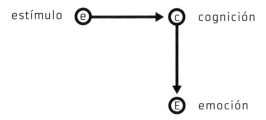

Los algoritmos emocionales pueden ilustrarse a partir de algoritmos cognitivos. Las emociones surgen de una discrepancia entre un objetivo deseado y nuestra percepción de nuestra situación actual en relación con él. Sufrimos cuando percibimos que la realidad se aleja de nuestra realidad deseada, y experimentamos una emoción positiva cuando la realidad se acerca a nuestra realidad deseada[14]. Comprender este modelo nos proporciona dos importantes puntos de apoyo para controlar nuestras emociones: **cambiar nuestras percepciones** y **cambiar nuestros deseos**. Este capítulo se centra en cambiar nuestras percepciones.

La antigua filosofía griega del estoicismo fue fundada por Zenón de Citio en el siglo III a. C., y sus ideas fueron desarrolladas por filósofos posteriores, como el esclavo griego Epicteto, Séneca el Joven, así como el emperador romano Marco Aurelio[15]. El estoicismo abogaba por buscar la satisfacción en la vida, no a través de la satisfacción de los apetitos, sino renunciando a ellos. A diferencia de los epicúreos, los estoicos rechazaban por completo el placer y pensaban que las emociones y los deseos eran patológicos. Esta escuela de pensamiento hacía especial hincapié en la clara distinción entre las circunstancias que están bajo el control del individuo y las que están fuera de él[16].

> Todo lo que hay en la naturaleza o depende de nosotros, o no depende. Lo que depende de nosotros son nuestras opiniones, nuestras inclinaciones, nuestros deseos, nuestras repugnancias; en una palabra, todas nuestras acciones. Lo que no depende son los cuerpos, los bienes, la reputación, las dignidades; en fin, todo aquello que no es obra nuestra. Las cosas que dependen de nosotros son libres por su naturaleza; nada puede forzarlas, ni servirlas de obstáculo. Las que no dependen son débiles, esclavas, inciertas y extranjeras.
>
> —**Epicteto**, *Enquiridión*

El estoico ideal se abstendría de emitir cualquier juicio cualitativo sobre un acontecimiento o circunstancia y lo contemplaría con total objetividad. Todo, desde la buena fortuna hasta el insulto, pasando por nuestras relaciones más cercanas, debería contemplarse con indiferencia[17]. Aunque parecen muy severos, hay algunos aspectos de la filosofía estoica que han demostrado ser poderosos antídotos contra el sufrimiento, y que incluso han influido en la terapia moderna[18]. Los estoicos fueron algunos de los primeros en señalar que nuestros estímulos ambientales no parecen tener un control directo sobre nuestra experiencia emocional, y que **nuestros pensamientos deben ser cómplices de cualquier reacción emocional.** Epicteto dijo:

> No olvides que la ofensa no está ni en el insulto ni en los golpes que recibes, sino en tu opinión. Luego, pues, que alguno exalte tu cólera, sabe que ese hombre no es quien te irrita, sino la opinión que has formado de él.
>
> —**Epicteto**, *Enquiridión*

Esta perspectiva se reexaminó a finales del siglo xx y ha llegado a representar un principio básico de nuestra comprensión psicológica actual. La idea de que nuestras cogniciones juegan un papel en nuestras emociones es fundamental para explicar la variación de las respuestas emocionales que observamos entre los individuos. Este modelo cognitivo es la premisa fundamental que subyace en el método terapéutico más eficaz jamás ideado, la terapia cognitivo-conductual (TCC)[19].

Aaron Beck es conocido como el padre de la terapia cognitiva que, en conjunción con la terapia racional emotiva conductual de Albert Ellis, condujo al desarrollo de la TCC moderna. Beck observó que todos los principales métodos psicoterapéuticos de su época, desde el psicoanalítico hasta el conductual, compartían el supuesto de que las neurosis surgen a través de fuerzas impenetrables fuera de la conciencia o el control del individuo. Tanto si estas fuerzas eran de origen químico como histórico, requerían de un sanador profesional para resolverlas. Beck propuso una idea que no era en absoluto nueva, pero que resultaba ajena a la psicoterapia de la época:

> Conjeturemos por un momento que la conciencia de una persona contiene elementos que son responsables de los trastornos emocionales y del pensamiento confuso que la llevan a buscar ayuda. Además, supongamos que el paciente tiene a su disposición varias técnicas racionales que puede utilizar, con la debida formación, para tratar esos elementos perturbadores de su conciencia.
>
> —**Aaron Beck**, *Cognitive Therapy and the Emotional Disorders*

Es muy probable que experimentes habitualmente ciertas emociones negativas en respuesta a ciertos acontecimientos de tu vida. No obstante, si haces introspección, descubrirás que estos sentimientos repetitivos siempre van precedidos o acompañados de pensamientos. Un pensamiento que interpreta un acontecimiento como bueno dará lugar a una emoción positiva, y uno que lo interpreta como malo dará lugar a una negativa. En otras palabras, cuando nuestras cogniciones (acertadas o no) entran en conflicto con nuestros deseos, nos sentimos infelices, y viceversa.

Dependiendo de si alguien valora un estímulo como beneficioso o perjudicial para su ámbito personal, experimenta una reacción «positiva» o «negativa».

—**Aaron Beck**, *Cognitive Therapy and the Emotional Disorders*

De lo que quizás no te hayas percatado es de **la cantidad de poder que tienes para elegir la interpretación de estos acontecimientos**. La terapia cognitiva sostiene que los catalizadores cognitivos de nuestras reacciones emocionales se llaman pensamientos automáticos negativos[20]. Estas cogniciones son interpretaciones habituales de patrones de nuestra experiencia. ¿Te recuerda a algo esta descripción? Estos pensamientos automáticos, al igual que los sesgos del apartado anterior, son los algoritmos dañinos que se interponen en el camino hacia nuestros objetivos. En este caso, nuestra felicidad.

Las cogniciones pueden desencadenarse por acontecimientos del mundo real, pero en última instancia son producto de nuestras creencias y deseos. El algoritmo emocional lo desencadenan los hábitos cognitivos, que pueden ser o no representaciones exactas de la realidad. Y muy a menudo, según Beck, **no lo son en absoluto**.

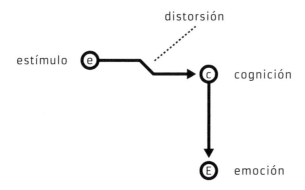

Beck observó que todas las personas de sus estudios con depresión y ansiedad experimentaban distorsiones cognitivas predecibles. Los neuróticos leves tenían percepciones erróneas sutiles; los neuróticos graves tenían visiones del mundo muy distorsionadas. Todos estos errores pueden corregirse, independientemente de su gravedad.

Hoy en día, la TCC se utiliza para tratar la depresión, así como varios tipos de ansiedad, el TOC, el TEPT y casi cualquier otro trastorno emocional.

Además, la **TCC es el método terapéutico más eficaz jamás ideado desde el punto de vista empírico,** superando incluso a los mejores antidepresivos para algunos trastornos. Y lo que es aún más impresionante, los estudios han descubierto que la mera lectura de *Sentirse bien*, un manual de autoayuda de David Burns que destila los conceptos de la TCC, por parte de los pacientes resulta tan eficaz en el tratamiento de la depresión como un tratamiento completo de medicación antidepresiva[21]. Un estudio descubrió que tras la simple lectura de *Sentirse bien* y la realización de algunos de sus ejercicios, el **setenta y cinco por ciento de los pacientes con depresión estudiados ya no entraban dentro de los parámetros del trastorno**[22].

> Nuestra investigación revela lo inesperado: ¡la depresión no es en absoluto un trastorno emocional! El cambio repentino en la manera en que usted *se siente* no tiene mayor importancia *causal* que la que tiene una nariz congestionada cuando está acatarrado. Cada sentimiento doloroso que usted experimenta es el resultado de un pensamiento negativo distorsionado. Las actitudes pesimistas ilógicas son las que desempeñan la función principal en la aparición y el mantenimiento de sus síntomas.
>
> En cualquier episodio depresivo y en toda emoción dolorosa, siempre se halla presente un pensamiento negativo intenso.
>
> —**David Burns**, *Sentirse bien*

Aunque no todos los casos de depresión se ajusten a este modelo simplista, el Dr. Burns tiene razón al señalar el papel central que suele desempeñar el pensamiento distorsionado en el trastorno. El mayor problema que veo en la TCC es la terapia. La gran mayoría de las personas no consideran que necesiten terapia. Aunque algunas de estas personas no acuden a ella por orgullo o miedo, muchas de ellas tienen razón al pensar que son individuos relativamente sanos y normales.

Sin embargo, ya hemos visto en capítulos anteriores que los individuos sanos y normales sufren innumerables prejuicios. Algunos de estos prejuicios se manifiestan en la vida emocional en forma de pensamientos automáticos negativos. Esto explica por qué está tan extendida la idea de que no podemos controlar nuestras emociones. No aprendemos los métodos para superar nuestra falta de control emocional, porque **la incapacidad de controlar las propias emociones se considera normal.**

> No hay una línea clara que separe curar de mejorar. La medicina casi siempre empieza salvando a las personas de caer por debajo de la norma, pero las mismas herramientas y conocimientos pueden usarse entonces para sobrepasar la norma.
>
> —**Yuval Noah Harari**, *Homo Deus*

Puede que pienses que, dado que no te han diagnosticado depresión, los procedimientos de un método terapéutico son irrelevantes para ti. Pero déjame preguntarte lo siguiente y trata de ser sincero en tu respuesta: ¿cuándo fue la última vez que experimentaste una emoción no deseada? ¿En la última semana? ¿El último día? ¿La última hora? Lo más probable es que experimentes emociones que preferirías no experimentar con regularidad. **¿Y si pudieras identificar las raíces de estas emociones y desconectarlas para siempre?** La terapia cognitiva ofrece un conjunto de herramientas básicas para afrontar las emociones a aquellas personas que carecen de ellas. Además, es totalmente posible llevar estos métodos a un nivel avanzado y dominarlos.

Alquimia emocional

> De hecho, en los humanos, el aparato cognitivo puede acortar, prolongar o modificar en gran medida las tendencias emocionales más «arraigadas» que compartimos con los demás animales.
>
> —**Jaak Panksepp**, *Affective Neuroscience*

Inmediatamente después de una respuesta emocional, nuestra mente racional tiene la oportunidad de reflexionar y reinterpretar la información antes de que vuelva a alimentar nuestras emociones. La **reevaluación**, también llamada reencuadre, es el acto de reinterpretar el significado de un estímulo emocional, alterando la trayectoria emocional resultante. En otras palabras, **cada vez que experimentamos una emoción negativa, se nos concede el don de la reinterpretación**, y esta reinterpretación es una herramienta fundamental a la hora de controlar nuestras emociones[23].

Tanto las autoevaluaciones como los estudios de envejecimiento funcional han demostrado que la reevaluación aumenta de manera fiable las emociones positivas y disminuye las negativas, aunque también se puede utilizar para hacer lo contrario si se desea[24]. Su uso también está relacionado con una mejora de la memoria, relaciones interpersonales más estrechas y la salud mental en general. Hay que subrayar que la reevaluación no es lo mismo que el pensamiento positivo, un término muy popular hoy en día en la sección de autoayuda. Pensar en positivo no hará que desaparezcan los pensamientos negativos, como tampoco lo hará la supresión por la fuerza bruta de la que hablábamos antes, la cual se ha demostrado que aumenta la emoción dolorosa y los síntomas depresivos[25].

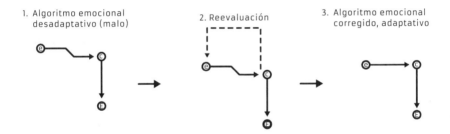

1. Algoritmo emocional desadaptativo (malo)
2. Reevaluación
3. Algoritmo emocional corregido, adaptativo

La reevaluación es un proceso activo de sustitución de viejas vías de razonamiento por otras nuevas y más precisas. A menudo se pasa por alto el reencuadre como antídoto contra el dolor emocional, y, sin embargo, la habilidad de reevaluar puede desarrollarse hasta un nivel experto. He descubierto que, a medida que se practica esta habilidad, se es cada vez más rápido a la hora de encontrar interpretaciones adaptativas de las situaciones.

De hecho, puedes ser tan rápido reevaluando una situación, que **pases por alto la emoción negativa**[26]. Te paras y te recuerdas a ti mismo que la persona que te ha cortado el paso no estaba intentando que te estrellaras, y que solo está haciendo lo que puede. Que la pérdida de tu trabajo no te convierte en un fracasado total y que, en última instancia, puede conducirte a un resultado mejor. Puedes eliminar gradualmente categorías emocionales enteras, como los celos[27] o la autoculpabilidad[28], impidiendo que vuelvan a hacerte daño.

La reevaluación es una estrategia que podemos utilizar en cualquier momento en que nos enfrentemos a una emoción no deseada. No obstante, para construir una mente verdaderamente mejor, vamos a tener que profundizar un poco más en el núcleo de la psicología emocional. No queremos simplemente darnos cuenta de nuestras reacciones emocionales dañinas o cambiarlas cuando nos enfrentamos a ellas. Queremos eliminarlas a un nivel sistémico. **Queremos reprogramar los algoritmos cognitivos que las originaron.**

Cómo reestructurar tus emociones

> Mis alumnos y yo hemos descubierto que las personas verdaderamente felices interpretan los acontecimientos de la vida y las situaciones cotidianas de un modo que parece mantener su felicidad, mientras que las personas infelices interpretan las experiencias de un modo que parece reforzar su infelicidad.
>
> —Sonja Lyubomirsky[29]

¿No estaría bien que eligiéramos automáticamente la interpretación adaptativa de los acontecimientos en cuanto suceden? Para reprogramar los malos algoritmos emocionales, tenemos que examinar las creencias en su raíz, identificar las distorsiones y practicar su refutación racional hasta que se haya interiorizado. Este método para eliminar los malos algoritmos emocionales y sustituirlos por otros adaptativos se conoce como **reestructuración cognitiva.**

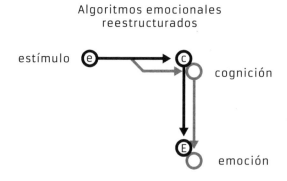

Algoritmos emocionales reestructurados

estímulo — e → c cognición

E emoción

La reestructuración cognitiva es la herramienta fundamental de la psiquitectura emocional, y la investigación psicológica ha descubierto que resulta muy eficaz a la hora de eliminar las respuestas emocionales negativas[30]. El primer paso es llevar un registro ya sea en un bloc de notas o en una aplicación del *smartphone*[31]. Intenta tomar nota de cada emoción indeseable que percibas, desde una pequeña molestia hasta una ansiedad grave. El simple hecho de llevar un registro debería hacerte notar muchas más de estas emociones de lo que lo harías normalmente. Cada vez que registres una emoción, anota la situación que la desencadenó y, si es posible, la cadena de pensamientos que la precedió inmediatamente.

Con el tiempo, empezarás a identificar patrones y tendencias. Descubrirás que ciertas líneas de razonamiento dominan tu experiencia emocional. Puede que descubras que cierto tipo de razonamiento erróneo es responsable de un gran porcentaje de tus luchas diarias. **Al corregir el razonamiento erróneo, puedes reprogramar permanentemente el algoritmo y eliminar la emoción no deseada.**

Al igual que en el apartado cognitivo, para reprogramar los algoritmos defectuosos hay que memorizar las distorsiones cognitivas más comunes. He aquí las diez más frecuentes encontradas en pacientes de terapia cognitiva:

1. **Pensamiento «todo o nada»**: la tendencia a pensar en categorías extremas como «siempre» o «nunca», sin tener en cuenta los matices intermedios.
   «Mi novio rompió conmigo; siempre arruino mis relaciones».
2. **Generalización excesiva**: tendencia a hacer suposiciones generales basadas en datos concretos limitados.
   «Si una persona piensa que soy estúpido, todos lo harán».
3. **Filtro mental**: la tendencia a centrarse en pequeños detalles negativos excluyendo la visión de conjunto.
   «Mi media de sobresaliente no importa; he sacado un aprobado en un trabajo».
4. **Descalificar lo positivo**: tendencia a descartar los aspectos positivos de una experiencia por motivos irracionales.
   «Si mi amiga me hace un cumplido, probablemente lo dice por lástima».
5. **Sacar conclusiones apresuradas**: la tendencia a hacer suposiciones infundadas y negativas, a menudo en forma de predicción sin fundamento o de intento de anticipar lo que piensan los demás.
   «Si la persona que me gusta no me manda un mensaje hoy, es que no debe de estar interesada».

6. **Magnificación y minimización**: la tendencia a magnificar o minimizar ciertos detalles de una experiencia, pintándola como peor o más grave de lo que realmente es.

«Si mi mujer me deja, nunca podré recuperarme».

7. **Razonamiento emocional**: la tendencia a tomar las propias emociones como prueba de la verdad objetiva.

«Si me siento ofendido por el comentario de otra persona, entonces debe de haberme agraviado».

8. **Enunciaciones «debería»**: la tendencia a aplicar reglas rígidas sobre cómo uno «debería» o «debe» comportarse.

«Mi amigo criticó mi actitud, y eso es algo que los amigos nunca deben hacer».

9. **Etiquetación**: la tendencia a describirse a uno mismo en forma de etiquetas absolutas.

«Si cometo un error de cálculo, eso me convierte en un completo idiota».

10. **Personalización**: la tendencia a atribuir resultados para uno mismo sin pruebas.

«Si mi mujer está de mal humor, algo habré hecho para disgustarla»[32].

Intenta identificar cuál de estos patrones caracteriza una cognición concreta y añádelo a tu registro. El siguiente paso consiste en utilizar el método denominado «cuestionamiento socrático» para cuestionar estas cogniciones distorsionadas. La investigadora en psicología positiva Courtney Ackerman ofrece algunas preguntas básicas para formular:

- ¿Es realista este pensamiento?
- ¿Me baso en hechos o en sentimientos? ¿Cuáles son las pruebas de este pensamiento?
- ¿Podría estar malinterpretando las pruebas?
- ¿Estoy viendo una situación como en blanco y negro, cuando en realidad es más complicada?
- ¿Estoy pensando esto por costumbre o hay hechos que lo confirman?[33].

Analiza las pruebas que apoyan o cuestionan el pensamiento automático y decide si este es racional o no. Por ejemplo, imagina que te pones triste y ansioso porque tienes el pensamiento «soy un completo incompetente», desencadenado por no acordarte de una cita que tenías programada. Busca pruebas que apoyen la afirmación de que eres totalmente incompetente y busca pruebas contradictorias que demuestren que eres competente.

Puede que tengas la tentación de argumentar que, para empezar, nunca creíste realmente en ese pensamiento. **Pero el hecho de que el pensamiento llegara tan lejos como para entrar en tu conciencia es señal de que una parte de ti no estaba convencida de su irracionalidad**[34].

Veamos un ejemplo. Supongamos que consigues una entrevista para el trabajo de tus sueños. Dedicas incontables horas a preparártela, superas la entrevista y empiezas a fantasear con tu nuevo papel de ayudante del director regional del videoclub de tu barrio (es un trabajo de ensueño un tanto raro, pero no estoy aquí para juzgarlo). Pasan días y semanas hasta que recibes un correo electrónico diciendo que el puesto se lo han dado a otra persona.

Llegados a este punto, puedes reaccionar de dos maneras distintas:

1. Podrías pasarte semanas enfurruñado, especulando sobre por qué no has conseguido el trabajo, castigándote por tus fallos y convenciéndote de que nunca conseguirás un buen trabajo y de que no sirves para nada.
2. Podrías pedirles opinión a tus entrevistadores, trabajar para introducir las mejoras necesarias en tus habilidades, y pasar al siguiente empleo sin perder un momento en sufrir.

Todos preferiríamos ser la persona que toma la opción 2, pero no todo el mundo lo hace, o ni siquiera puede hacerlo fácilmente. Tendemos a pensar que actuar de forma correcta es simplemente una cuestión de madurez y responsabilidad. No obstante, la diferencia entre tomar la opción 1 y la opción 2 se reduce fundamentalmente a complejas cadenas de algoritmos psicológicos, y estas cadenas deben comprenderse antes de poder reprogramarlas.

Después de leer el correo de rechazo, llegas a la conclusión de que no has conseguido el trabajo. Luego llegas a la conclusión distorsionada de que este rechazo es señal de que existe un problema mucho mayor y permanente. Si me rechazan para este puesto, nunca conseguiré un buen trabajo. Tras enfrentarte a este hecho, piensas que no sirves para nada, lo que desencadena una oleada de desesperanza. Cuando lo ves escrito, lo absurdo de la deducción se hace evidente. Sin embargo, estos pensamientos suelen introducirse en nuestro sistema de creencias sin que seamos plenamente conscientes de ello.

Repasemos algunos métodos de autorregulación. Podrías haber recurrido a la selección de situaciones y no haber solicitado nunca un trabajo para eliminar el riesgo de rechazo. Podrías dejar a un lado el correo, desviar tu atención del rechazo e intentar no volver a pensar en ello. Yo, en este caso, no recomendaría ninguna de estas estrategias. Como alternativa, puedes practicar el *mindfulness* para hacer una pausa en las emociones negativas y observarlas por lo que son, o puedes emprender una reestructuración cognitiva (mejor aún, combinar las dos).

Una vez que comprendes que tu emoción dolorosa es el resultado de un pensamiento distorsionado, puedes empezar a reestructurar el algoritmo. En este caso, podrías identificar la distorsión conocida como maximización, que te lleva a creer que nunca conseguirás un buen trabajo, o que esto signifique que no sirves para nada. Reestructura la creencia central de que X significa Y, y una vez hecho esto, tu cerebro aprenderá que líneas de razonamiento similares no son válidas la próxima vez que se presente una situación parecida.

Al aprender a reconocer y refutar rápidamente este sesgo, puedes adquirir el hábito de saltarte esta tendencia automáticamente, programándola para que desaparezca para siempre. Tras identificar y reevaluar la distorsión de tu cognición, habrás eliminado la emoción negativa y podrás centrar tus esfuerzos en establecer nuevos objetivos y pasar a la acción.

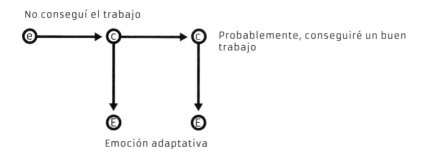

A medida que practicas el arte de la reestructuración, empiezas a regañarle a tu cerebro por las tonterías que te lanza. La disciplina con esta práctica entrenará gradualmente a tu cerebro para que, en primer lugar, no piense esas cosas. Te aseguro que el arte de la reestructuración cognitiva se puede dominar. Tanto si tienes un monólogo interior implacable como si solo te molesta de vez en cuando, puedes controlar la narración de tu vida y diseñar tu propia experiencia de forma proactiva, en lugar de limitarte a ser un mero espectador.

Tal vez te preguntes por qué el cerebro piensa cosas tan ridículas. Seguramente nunca pensarías que otra persona es un incompetente porque se haya olvidado de una sola cita. ¿Por qué cometemos estos errores absurdos con nosotros mismos? Seamos o no plenamente conscientes de ello, **elegimos interpretaciones irracionales.** Y de manera ilógica, **lo hacemos porque nos sentimos bien**[35].

No solo somos víctimas de nuestras emociones dolorosas. Las consentimos. Elegimos maximizar o minimizar porque, por perverso que parezca, la autocompasión nos proporciona una especie de subidón a corto plazo, aunque habitualmente nos encierre en bajones más profundos. Cuando permitimos que la mente se salga con la suya con pensamientos distorsionados y autocríticos, nuestro sistema de recompensa la entrena para seguir haciéndolo[36]. Para elegir el bienestar a largo plazo, **tenemos que resistir el impulso de recrearnos en nuestro propio dolor.**

> Es posible no hacer suposiciones sobre esto y no irritar así al alma, pues las cosas no tienen por naturaleza la capacidad de hacernos generar juicios.
>
> —**Marco Aurelio**, *Meditaciones*

Imagínate lo divertido que sería ser físicamente invencible. Entrar desarmado en un combate a espada y salir sin un rasguño, dejando a tu oponente frustrado y exhausto. Cuando te vuelves emocionalmente invencible, tu oponente puede ser otra persona que te suelta insultos, tu propio crítico interior o simplemente los golpes inesperados que la vida nos da a todos.

Una vez que aprendas su juego, estos insignificantes intentos por doblegarte empezarán a divertirte más de lo que te afligen. Cuando un borracho golpea la pared de un castillo con un palo, no lo consideras un ataque, ¡lo llamas diversión! Cuando una persona te insulta, está introduciendo una narrativa en tu mente. Que te veas obligado a aceptar esta sugestión o seas capaz de resistirte a ella depende de lo desarrollado que esté tu conjunto de herramientas cognitivas.

Con la suficiente práctica, podrás aprender a identificar al instante los pensamientos irracionales que te harán sufrir. Puedes desarrollar el conocimiento y la disciplina necesarios para tomar el control de la historia que tu cerebro está tejiendo. No obstante, para hacerlo tienes que adquirir el hábito de darte cuenta de cada distorsión que entra en tu conciencia, resistir el impulso de complacerla y derribarla antes de que se lleve por delante tu trayectoria emocional.

Principales conclusiones

- El segundo ámbito de la psiquitectura es el emocional, y su principal objetivo de autodominio emocional es la capacidad de controlar la propia experiencia emocional.

- A pesar de la creencia popular de que las emociones son guías omniscientes de nuestras vidas, las emociones no existen para nuestro beneficio a largo plazo y no se crearon para hacer frente a la vida moderna.

- Podemos diseñar nuestras emociones a través de al menos cinco métodos, conocidos como selección de la situación, modificación de la situación, despliegue atencional, cambio cognitivo y modulación de la respuesta. El cambio cognitivo es uno de los métodos más eficaces y el más relevante para la psicoconstrucción emocional.

- Una verdad esencial sobre las emociones que destacaba la filosofía del estoicismo es que rara vez las desencadenan directamente los acontecimientos de nuestra vida, y casi siempre son reacciones a nuestra interpretación cognitiva de esos acontecimientos. La terapia cognitivo-conductual se basa en el hecho de que podemos intervenir en estas interpretaciones, o **valoraciones**, modificando nuestras creencias sobre el mundo y sobre nosotros mismos.

- **La reestructuración cognitiva** lleva la reevaluación a un nivel más profundo al alterar de forma permanente las creencias que nos hacen sufrir repetidamente. Para practicarla, lleva un registro en un bloc de notas o en una aplicación para tu *smartphone*, e intenta tomar nota de cada emoción indeseable que percibas, la situación que la desencadenó y la cadena de pensamientos que la precedieron inmediatamente.

6

Los deseos y las claves para modularlos

Consigue siempre lo que quieres

> Si quieres hacer feliz a un hombre, no añadas a sus riquezas,
> sino quita de sus deseos.
>
> —**Epicuro**, *Doctrinas principales*

Como hemos visto, vivir para servir y satisfacer nuestros deseos dista mucho de ser la clave del bienestar duradero. No obstante, nuestros deseos hacen algo más que servir de señuelo a la felicidad: nos hacen sufrir activamente. Puesto que los deseos nos causan dolor y frustración cuando no se satisfacen, **cada deseo que albergamos es una amenaza potencial para nuestra satisfacción y estabilidad**[1].

La definición de objetivos no nos libra de nuestros deseos. Incluso después de rechazar la seductora oferta de nuestros deseos de fijar nuestras metas por nosotros, estos siguen estando presentes, ya sea para tirar de nosotros hacia nuestras metas o para alejarnos de ellas. Los deseos que nos alejan de nuestras metas se llaman tentaciones. Los deseos que nos empujan hacia nuestras metas son combustible, y nos ocuparemos de todos ellos en capítulos posteriores. Algunos deseos pueden ser altamente beneficiosos, y nos esforzaremos por mantenerlos en su lugar, incluso amplificarlos y apilarlos.

Esta tendencia de nuestros deseos a impulsarnos hacia nuestras metas se vuelve problemática cuando no logramos alcanzarlas y los deseos de realidades inexistentes siguen haciéndonos sufrir[2]. En estos casos, los deseos antes provechosos se convierten en una desventaja, ya que el sufrimiento rara vez favorece nuestras metas.

La sabiduría popular ofrece una solución: no fracases. Esfuérzate al máximo por alcanzar tus objetivos y quizá no sufras tanto. Sin embargo, algunos sabios pensadores a lo largo de la historia han sugerido un enfoque alternativo. Estos pensadores indican que podría ser posible controlar nuestros deseos directamente en lugar de simplemente intentar controlar nuestras circunstancias. Argumentaban que las emociones negativas que provocan nuestros deseos pueden ser secuestradas. Aprendiendo a modular nuestros deseos, no solo podemos reducir las tentaciones y aumentar el combustible que nos impulsa hacia nuestros objetivos, sino que **podemos eliminar una importante fuente de sufrimiento**.

En el capítulo anterior, vimos cómo podemos modificar nuestras percepciones para cambiar nuestras emociones. No obstante, si nuestras emociones no deseadas no están causadas por una distorsión cognitiva, tenemos que seguir un camino diferente para controlar nuestras emociones. El algoritmo que produce las emociones tiene en cuenta las cogniciones y los deseos. Y si nuestras percepciones no son el problema, entonces tendremos que cambiar nuestros deseos.

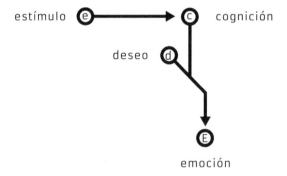

Aunque no parece que se haya investigado mucho sobre el acto de cambiar las emociones propias mediante la modulación del deseo, esta práctica se ha iniciado y utilizado con éxito durante milenios. Ha sido un punto central en casi todas las filosofías prácticas hasta la fecha.

La mayoría de la gente conoce la solución budista al problema del ansia. Según la interpretación predominante de las enseñanzas de Siddhārtha Gautama, la liberación del círculo vicioso del ansia podía lograrse mediante una combinación de atención plena, vida ética y sabiduría[3]. Si se seguía correctamente, este camino podía dar lugar a un estado psicológico lo suficientemente potente como para popularizar la música *grunge* durante casi media década. El **nirvana** era un estado trascendente caracterizado por la extinción del fuego del ansia y el deseo. Un desapego total de la preferencia y el resultado[4].

Otro sabio pensador que opinó sobre el deseo fue Epicuro, quien sostenía que necesitamos muy poco para ser felices y deberíamos esforzarnos por reducir nuestros deseos al máximo. Creía que debemos satisfacer nuestros deseos naturales y necesarios, como la comida y el agua. Pero no deberíamos esforzarnos por satisfacer aquellos que son antinaturales o innecesarios, como las comidas extravagantes, el sexo, el poder o los seguidores de Instagram (sus palabras, no las mías)[5]. Es menos extremo que la sugerencia de Buda, y puede parecernos más realista, y vemos este enfoque minimalista del deseo en innumerables pensadores.

> El sabio desea carecer de deseos, no codicia los bienes de difícil alcance.
>
> —Lao Tse, *Tao Te Ching*

> Mi tercera máxima fue procurar siempre vencerme a mí mismo antes que a la fortuna, y alterar mis deseos antes que el orden del mundo.
>
> —**René Descartes**, *Discurso del método*

> Que la libertad no se consigue con la saciedad de lo deseado, sino con la supresión del deseo.
>
> —**Epicteto**, *Disertaciones*

La noción estoica de que no debemos desear lo que no podemos controlar también resulta pertinente en este caso. Las situaciones sobre las que no tenemos control son ejemplos obvios de momentos en los que no se debe desear que las cosas sean diferentes, ya que estos deseos causan un sufrimiento innecesario. A menudo anhelamos otras cosas que están fuera de nuestro alcance, a pesar de que en ese momento no estén bajo nuestro control. Estos anhelos fuera de lugar suelen ser el resultado de la confusión sobre el grado de control que tenemos[6]. Ningún adulto sufre por el hecho de que no pueda simplemente extender los brazos y volar, ya que esto está inequívocamente fuera de su alcance.

Existe una enfermedad conocida como síndrome de enclaustramiento, en la que el paciente es plenamente consciente, pero está completamente paralizado, y es incapaz de hablar y se ve obligado a comunicar respuestas simples de sí o no a través de un ordenador. La mayoría de las personas afirman que preferirían morir a tener que vivir así. Lo curioso es que no solo la calidad de vida media de estos pacientes es muy alta, sino que sus cerebros aprenden rápidamente a dejar de luchar contra su estado, a menudo en cuestión de horas. Cesan todos los deseos y tensiones porque la imposibilidad de controlar el mundo exterior se hace rápidamente patente de forma inequívoca[7].

> Acuérdate de que el fin de todo deseo es el de obtener lo que se apetece, [...] y que el hombre es igualmente desgraciado, sea que el suceso realice sus temores, sea que no corresponda a sus deseos [...]. Cercena desde luego todos tus deseos. Porque si no tienen por objeto lo que está en tu mano, tus esperanzas quedarán necesariamente frustradas. En cuanto a las cosas mismas que dependen de ti, tú no te hallas todavía en estado de conocer las que es bien visto desear: conténtate solamente con no buscar nada, ni huir nada, sino con moderación, con discreción y con reserva.
>
> —**Epicteto**, *Enquiridión*

Así pues, la solución del budismo es eliminar todo deseo, la del epicureísmo reducir los deseos a lo absolutamente esencial y la del estoicismo no desear aquello que no podemos controlar. Veremos que cada una de estas perspectivas encierra claves para el dominio del deseo.

Es posible que regulemos nuestros deseos de tal forma que cortemos nuestro sufrimiento cuando la situación lo requiera. Además, es totalmente posible hacerlo y seguir utilizándolos para motivarnos poderosamente hacia objetivos racionales. **No hace falta que renunciemos por completo a los deseos; basta con que nos convirtamos en hábiles manipuladores de los deseos**[8].

Si somos capaces de controlar nuestros deseos y desarrollar la agilidad para modularlos de modo que deseemos las cosas adecuadas en cada momento, podremos aprovecharlos para que nos impulsen hacia nuestros objetivos con la mayor eficacia posible. Los capítulos siguientes se centrarán en el uso de nuestros deseos como combustible. No obstante, para ello antes debemos aprender y practicar los métodos que estos pensadores idearon para utilizar el deseo con la finalidad de promover nuestra propia paz emocional.

La modulación del deseo

Aunque es posible que enfocasen el objetivo de manera diferente, hay una serie de grandes pensadores de la psicología que han ideado ejercicios para fortalecer el músculo modulador del deseo, de modo que nuestros deseos puedan plegarse para adaptarse a nuestras circunstancias. Muchos de estos ejercicios han sido validados por la investigación moderna. Cada uno de estos ejercicios es un contraalgoritmo que puede interiorizarse para sofocar la fricción emocional basada en el deseo.

Modulación

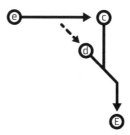

La primera y más básica habilidad que debemos practicar es la capacidad de **regular al alza**, o aumentar, y **regular a la baja**, o reducir, la intensidad de un deseo concreto. Como se ha descrito en el capítulo anterior, nuestras cogniciones están profundamente implicadas en las emociones, y también están entrelazadas con nuestros deseos. Los sentimientos intensos de deseo suelen ir acompañados o precedidos de simulaciones y fantasías cognitivas[9].

> El procesamiento relacionado con el deseo puede estar sujeto a un círculo vicioso de reprocesamiento y rumiación que, a su vez, aumenta la sensación de querer y el poder motivacional del deseo.
>
> —**William Hofmann**, *The Psychology of Desire*

Los participantes en experimentos a los que se les asignan tareas cognitivamente exigentes tienen menos probabilidades de responder al estímulo con deseo[10]. En otras palabras, si nuestra mente está preocupada o centrada en otra cosa, es incapaz de iniciar los ciclos de pensamiento que aumentan el deseo. Así pues, la clave de la modulación básica del deseo tiene que ver con nuestra cercanía o lejanía mental del estímulo.

Esta comprensión nos brinda la oportunidad de subir o bajar la intensidad del deseo según nos convenga. Para aumentar un deseo, concéntrate puramente en el estímulo deseado y en todos sus aspectos más positivos y detalles agradables. Esto puede hacerse para aumentar la intensidad del deseo de una clase, de un largo viaje en coche o de una hamburguesa vegetariana.

1. Deseo original	2. Regulación al alza	3. Deseo actualizado

También podemos regular a la baja un deseo. Para ello, aléjate del estímulo deseado, concéntrate en él de un modo puramente objetivo, incluso alienante, y cultiva una conciencia desapegada de los sentimientos asociados al deseo.

1. Deseo original	2. Regulación a la baja	3. Deseo actualizado

Marco Aurelio ofrece algunos ejemplos de regulación a la baja:

> Es muy importante la impresión que tenemos sobre comidas sabrosas y demás alimentos: porque esto es un cadáver de pez, esto un cadáver de ave o de cerdo; asimismo, que el falerno es el jugo de la uva; la púrpura, pelos de oveja empapados en sangre de molusco; las relaciones sexuales

son fricción del bajo vientre y secreción de un moquillo entre espasmos. Son muy importantes esas impresiones que llegan a las cosas mismas y entran en ellas hasta el punto de hacernos ver cómo son. Así hay que hacer durante toda la vida, también en aquellos casos en que las cosas parezcan completamente auténticas: desnudarlas y examinarlas en su sencillez, quitarles la palabrería que las envanece. Es terrible la vanidad, y mentirosa; cuando más crees encontrarte entre cosas serias, más te embauca.

—Marco Aurelio, *Meditaciones*

El budismo ofrece un ejercicio similar para quienes se encuentran bajo el hechizo del deseo sexual no deseado, en el que se medita sobre los aspectos más repulsivos del cuerpo humano, como los órganos, los tejidos y los fluidos, con el fin de «...extinguir el fuego de la lujuria eliminando su combustible»[11]. La práctica budista de la meditación *mindfulness* puede ser un método útil para eliminar la subjetividad y la pasión de nuestras percepciones y contemplar los objetos de nuestro deseo con una aceptación desapasionada.

No pienses en las cosas que se han ido como si estuvieran aún aquí, sino que selecciona las más favorables de las que están aquí y sírvete de ellas para traerte a la mente cómo las buscarías si no estuvieran aquí. Pero ten cuidado: no te acostumbres a tomarles mucho aprecio porque te hagan sentir satisfecho, de modo que el hecho de no tenerlas te provoque turbación.

—Marco Aurelio, *Meditaciones*

Hay muchos métodos para regular el exceso de deseos. Por ejemplo, la sencilla práctica de la gratitud. Nuestras mentes están programadas para aclimatarse a nuestras circunstancias y magnificar lo negativo hasta llenar por completo nuestro campo de visión. Esta tendencia puede ser biológicamente útil, ya que nos impulsa a buscar más continuamente, pero puede destruir nuestra satisfacción y hacer que la vida parezca una gran serie de obstáculos y dificultades.

La gratitud puede utilizarse como método para aumentar los deseos por lo que ya se tiene y reducir los deseos por lo que falta. Es una estrategia excelente para contrarrestar la decepción por el fracaso, ya que desvía la inversión emocional de los nuevos logros hacia las cosas que ya se tienen, como los seres queridos, los logros o las condiciones de vida afortunadas. A menudo, el mayor obstáculo para la serenidad es el exceso de deseos por lo que no poseemos y la escasez por lo que sí. Numerosos estudios han descubierto que las personas que experimentan gratitud de forma constante están más satisfechas con su vida y experimentan emociones positivas con más frecuencia. También se sienten menos deprimidas, ansiosas, solitarias y neuróticas[12]. Es probable que la gratitud sea tan eficaz porque hace que las personas saboreen sus experiencias vitales positivas, reinterpreten las negativas, establezcan vínculos interpersonales más fuertes y eviten la envidia constante y el ansia[13].

Gratitud

Deseos de lo que tienes   Deseos de lo que no tienes

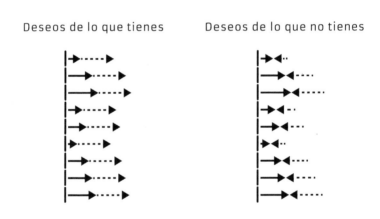

Los estoicos tenían una práctica relacionada que se ha denominado visualización negativa, o *premortem*. Está estrechamente relacionada con la reflexión budista sobre la impermanencia, y el Dalai Lama la ha denominado «seguro contra el dolor». Cuando inicias esta práctica, reflexionas sobre la posibilidad de perder las cosas que tienes. Consideras la posibilidad de que todos tus planes fracasen, de que todas tus posesiones se pierdan y de que todos tus seres queridos, incluido tú mismo, pueden morir y acaben muriendo.

Visualización negativa

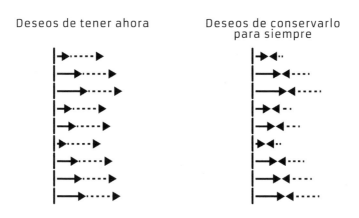

Deseos de tener ahora

Deseos de conservarlo para siempre

Puede parecer deprimente, pero en realidad esta práctica está unida a la gratitud. Cuando reducimos nuestro deseo de poseer y conservar algo permanentemente, aumentamos nuestro deseo y agradecimiento por lo que tenemos en el momento presente. Esta técnica de visualización puede ayudarnos a afrontar la pérdida y reducir o eliminar el golpe emocional que tenemos que soportar cuando las cosas no salen según lo previsto.

Se ha demostrado que anticiparse a los acontecimientos desagradables minimiza su impacto emocional. En un estudio, se administró a los participantes una serie de descargas eléctricas de intensidad variable. Los que conocían de antemano la intensidad de las descargas experimentaron menos dolor y miedo que los que recibieron descargas menos intensas de intensidad impredecible[14]. Podemos aplicar esta idea calibrando nuestras expectativas para que las descargas imprevistas nunca nos pillen por sorpresa.

La creencia budista llamada anatta, o **no-yo,** afirma que el concepto del yo es totalmente una ilusión, y que la persona que crees que eres hoy es una entidad diferente de la que eras hace diez años, o incluso hace diez segundos. Eres un proceso continuo y en constante evolución, un conjunto de percepciones y cogniciones incontroladas. El no-yo sirve como recordatorio de que no somos egos unificados, sino partes de un proceso continuo y en constante evolución; un cúmulo de percepciones y cogniciones incontroladas. No somos seres separados de los demás, sino que estamos inextricablemente ligados al colectivo de todos los seres sensibles.

Gran parte del dolor que experimentamos no está causado por aconte-cimientos que deseamos evitar, sino por la identidad que deseamos tener. Los deseos que nos hacen sufrir cuando recibimos un insulto doloroso son los deseos de ser un individuo digno de confianza, querido y valorado. Sin embargo, al contemplar el no-yo, podemos regular a la baja todos los deseos basados en la identidad recordándonos a nosotros mismos los defectos de toda la construcción del yo cuando las circunstancias chocan con estos deseos de ser queridos o respetados.

Se ha demostrado que reflexionar menos sobre las narrativas personales de nuestra vida y más sobre el yo expandido mejora el bienestar. Se ha observado que una disminución de los pensamientos sobre el yo narrativo produce un mayor bienestar al reducir las emociones negativas y las emo-ciones mixtas negativas-positivas[15]. Esta disminución de la atención sobre el yo se consigue a menudo y se estudia mediante la práctica de la meditación *mindfulness*[16]. Se cree que el *mindfulness* tiene este efecto, ya que disminuye la actividad en las estructuras cerebrales conocidas colectivamente como la red de modo por defecto, las cuales están asociadas con la reflexión sobre el yo narrativo[17].

No-yo

Deseos basados en la identidad

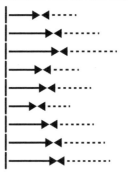

Los estoicos también utilizaban un método conocido como la **visión desde arriba,** que consiste en contemplar la inmensidad del cosmos y contrastarla con la pequeñez de todas las preocupaciones insignificantes de uno. Este méto-do puede utilizarse para regular a la baja los deseos cuando se está demasiado implicado en general, sobre todo cuando la vida se vuelve volátil.

Contempla desde arriba los miles de rebaños y los miles de ceremoniales, todos esos barcos que navegan entre tempestades y calma, lo distintos que son los que existen, los que conviven, los que dejan de existir. Piensa también en la vida que vivieron otros anteriores, en la que vivirán los que vengan después de ti, en la que viven ahora los pueblos bárbaros; cuántos no conocen tu nombre, cuántos se olvidarán de él pronto, cuántos te elogian ahora y al momento te cubrirán de reproches: cómo ni la memoria merece consideración, ni la gloria ni ninguna otra cosa.

—Marco Aurelio, *Meditaciones*

Es difícil leer esta cita sin sentir siquiera un humilde alivio ante la trivialidad de nuestras preocupaciones. Los estoicos pensaban que la principal razón por la que sufrimos es porque somos incapaces de comprender y amar la naturaleza en su totalidad. Cuando comprendemos que todo lo que sucede está determinado causalmente, nos liberamos de la culpa y el resentimiento hacia nosotros mismos y hacia los demás y de la ansiedad por intentar controlar el destino. Cuando nos damos cuenta de que lo que naturalmente vemos como malo deriva de nuestra perspectiva limitada, podemos poner un límite a nuestra tristeza. Y cuando comprendemos que la permanencia de nuestras posesiones, relaciones y almas que anhelamos es inalcanzable, podemos aprender a amar nuestra siempre fluctuante realidad.

Visión desde arriba

Todos los deseos

Viktor Frankl, psiquiatra del siglo xx famoso por el análisis de sus propias experiencias como prisionero en los campos de exterminio nazis durante el holocausto, señala la utilidad de la táctica del distanciamiento:

> Al delimitar científicamente los hechos, lo que me oprimía cobraba relieve y una cierta perspectiva. Con ese método conseguía distanciarme de la situación y superar de algún modo el sufrimiento, contemplándolo como si ya hubiera sucedido. Mis problemas se transformaban en el objeto de un estudio psicocientífico que yo mismo estaba realizando[18].

—**Viktor Frankl**, *El hombre en busca de sentido*

En su libro *The Philosophy of Cognitive Behavioural*, Donald Robertson señala que este experimento mental también tiene cabida en la terapia moderna[19]. Aaron Beck se refiere a la tendencia de los pacientes deprimidos a magnificar sus problemas y a adoptar una «visión de gusano» de sus situaciones. Para contrarrestarlo, anima a los pacientes a adoptar una «perspectiva ampliada» en la que se distancien de sus circunstancias actuales, las vean con mayor objetividad y las contemplen desde una escala y un horizonte temporal mayores[20].

Volvamos a nuestro ejemplo anterior en el que no conseguías el trabajo en el videoclub. Supongamos que dominas el arte de la reestructuración cognitiva y no tienes distorsiones en el razonamiento en torno a este rechazo. Aun así, de algún modo, el rechazo sigue haciéndote sufrir.

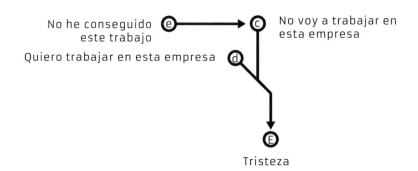

El conflicto entre esta realidad y tu deseo del trabajo te produce tristeza. Sabes que este trabajo ya está descartado para ti. No obstante, un deseo rebelde dentro de ti te está haciendo experimentar emociones que no te sirven. Sería mucho mejor si tus deseos estuvieran totalmente adaptados a esta realidad para que pudieran empezar a impulsarte hacia un resultado mejor en lugar de causarte un dolor innecesario.

Así que vamos a deshacernos de ese deseo inútil. Puedes utilizar la modulación del deseo para ajustar la intensidad del deseo y calibrarlo con la realidad. Puedes trabajar la gratitud para aumentar tu deseo por todas las cosas buenas que tienes, aunque este trabajo en concreto no sea una de ellas. También podrías regular a la baja el deseo específico que causa tu sufrimiento recordándote a ti mismo que el trayecto al trabajo dura una hora y media, o que el alquiler de películas probablemente no sea un buen sector para desarrollar una carrera profesional en este momento, o que tienes un máster en análisis de datos. Sinceramente, no tengo ni idea de lo que viste en ese trabajo.

1. Deseo desalineado   2. Modulación   3. Deseo alineado

Una vez hayas aprendido y fortalecido tu capacidad para utilizar estas tácticas, podrás ajustar tus deseos a voluntad, eliminando en gran medida la tendencia a sufrir por anhelos no satisfechos.

La neutralización del deseo

Codicia y aversión afloran en forma de pensamientos y, por tanto, pueden erosionarse mediante un proceso de «sustitución de pensamientos», sustituyéndolos por los pensamientos opuestos a ellos.

—**Bhikkhu Bodhi**, *El noble óctuple sendero*

Una táctica poderosa que utiliza y se basa en las habilidades básicas de la regulación al alza y a la baja es un método que yo llamo neutralización. La **neutralización,** que se trató brevemente en el capítulo 2, consiste en equilibrar un deseo mediante la regulación al alza o a la baja de un deseo igual y opuesto, de modo que se «anulen» mutuamente.

1. Deseo desalineado   2. Neutralización   3. Deseo alineado

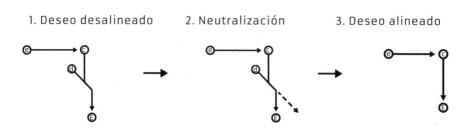

¿Alguna vez te has visto parado ante un semáforo en rojo lleno de rabia porque tarda demasiado en cambiar? Claro que sí. ¿Te ha frustrado alguna vez que un semáforo en rojo cambiara a verde demasiado rápido, quizá porque interrumpía tu intento de comerte un sándwich o querías depilarte las piernas de camino al trabajo? En este conflicto, hay una oportunidad para trabajar la neutralización. La próxima vez que te sientas impaciente ante un semáforo en rojo intenta cultivar el deseo de que el semáforo permanezca en rojo el mayor tiempo posible. Utiliza las técnicas de regulación al alza enumeradas anteriormente para desear lo contrario de lo que te está molestando.

Deseos   Deseos
neutralizadores   existentes

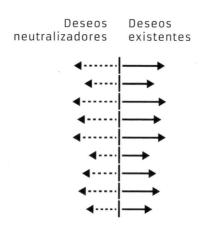

Al generar deseos, cubres tus apuestas contra resultados no deseados y conviertes cada resultado en uno deseado. En el momento en que un resultado se hace realidad, puedes abandonar el deseo que lo contrarresta. Si desarrollas la capacidad de neutralizar todos tus deseos, podrás aumentarlos y reducirlos con precisión para alcanzar los objetivos que se alinean con tus ideales. Puedes aumentar cuidadosamente un deseo y disminuir el deseo conflictivo como si echaras combustible al coche. Con el tiempo empezarás a aplicar técnicas de neutralización de forma automática. **Empezarás a notar inmediatamente la fricción en tu mente y generarás el deseo neutralizante automáticamente.**

Como veremos en la sección dedicada al comportamiento, los deseos también funcionan de forma algorítmica, es decir, se basan en hábitos y pueden programarse o desprogramarse[21]. Comer helado después de cada comida provocará un fuerte deseo de comer postre después de cada comida. Ver la televisión todos los días después del trabajo hará que necesites ver la televisión todos los días después del trabajo. Y luchar contra cada contratiempo en tu vida, deseando que la realidad sea de otra manera, hará que sigas luchando.

Algunos de nuestros deseos no se refieren a objetos aislados, sino que representan dependencias continuas de las que podemos aspirar a liberarnos. Como somos criaturas de hábitos, nuestros comportamientos influyen mucho en lo que llegamos a ser. Por eso, aunque no haya ninguna razón biológica para que los trozos de papel verde y los números de nuestra cuenta bancaria capten nuestros deseos, podemos ser entrenados para ansiar dinero. Por extraño que parezca, a menudo aprendemos sobre nosotros mismos observando nuestros propios comportamientos, de modo que, si todos nuestros comportamientos nos sugieren que el dinero, por ejemplo, es el bien supremo, es muy posible que empecemos a creerlo[22].

Uno de los filósofos griegos menos conocidos y más fascinantes fue Diógenes de Sinope. Se cree que vivía medio desnudo en un barril de vino en Atenas y que con frecuencia se aliviaba y daba placer en público. Según una reveladora historia, Alejandro Magno se sintió consternado porque Diógenes no había ido a visitarlo, mientras que muchos otros habían ido a colmarlo de elogios. Así que Alejandro decidió hacerle una visita a Diógenes acompañado de una gran multitud y trompetas que anunciaban su llegada. Alejandro saludó y elogió a Diógenes, y le dijo: «Pídeme lo que tú quieras». Tras inclinarse un poco y ver la multitud de gente, Diógenes dijo al líder del mundo civilizado que tan solo «se apartara un poco para no taparle el sol»[23].

Diógenes puede parecer un vagabundo senil, pero en realidad era un filósofo muy respetado y fundador de la escuela del cinismo. Era admirado por su ingenio y su inconformismo radical. Y aunque excéntrico, tenía razones sorprendentemente coherentes para sus comportamientos. Realizaba actos inapropiados en público porque creía que todo lo que era natural y aceptable hacer en privado debía considerarse aceptable en público. Eligió vivir en la pobreza y rechazó elogios y favores porque despreciaba la riqueza, el estatus social y todos los valores culturales[24].

Fue un precursor del minimalismo moderno, que rechaza todo lo innecesario. Su desvergüenza pretendía servir de demostración de que la naturaleza y la razón eran superiores a las convenciones y que, en muchos sentidos, la vida sencilla de los animales era mejor que la vida excesivamente complicada que exige la sociedad civilizada. Predicaba las virtudes del autocontrol y la autosuficiencia y afirmaba que la virtud del carácter era todo lo que se necesitaba para vivir una buena vida. Una vez tiró su única posesión, un cuenco de madera, tras ver a un niño que ahuecaba las manos para beber del río, anunciando: «Este niño ha descubierto la sencillez de la vida mejor que yo»[25].

Probablemente Diógenes no sea un modelo de vida, y el hecho de que fuera un gran filósofo no justifica que despreciemos la higiene o la cortesía social. No obstante, su vida es un recordatorio de que muchas de las cosas que uno puede considerar esenciales para una vida feliz pueden descartarse sin perder el sentido de la paz o el propósito. Al desterrar de su vida todas las formas innecesarias de satisfacción, redujo el número de cosas que necesitaba tener para ser feliz, y el número de cosas que podía perder y que le arruinarían el día.

Cuando nos damos cuenta de que ciertas dependencias basadas en el deseo son desadaptativas o nos hacen actuar en contra de nuestros valores, podemos recurrir a la práctica del **ascetismo**, o incomodidad voluntaria, para privarnos intencionadamente de algún objeto deseado y alcanzable. Algunos han utilizado esta práctica a modo de autocastigo, lo que ha llevado a otros a descartarla rápidamente.

Sin embargo, el propósito útil del ascetismo es regular a la baja un deseo perpetuo de cualquier cosa extrínseca. Utilizando esta práctica, puedes romper dependencias y hacerte más sólido emocionalmente.

Simplemente elige algo de lo que sientas que dependes demasiado y limita o sacrifica intencionadamente la satisfacción del deseo asociado. Aunque pueda parecer un autocastigo, los actos menores y temporales de abnegación pueden estar plenamente basados en la autocompasión[26].

Si eres incapaz de soportar un vuelo en clase turista, disfrutar de una acampada o no estás contento cuando el termostato no está a la temperatura perfecta, significa que te has vuelto demasiado dependiente de la comodidad. **Esta dependencia limitará tu capacidad de estar contento en todos los escenarios, salvo en el raro escenario perfecto.** En este caso, puedes obligarte periódicamente a soportar el dolor o la incomodidad para reducir el deseo de comodidad. Contrarresta tu dependencia durmiendo en el suelo durante una noche o caminando descalzo por una carretera de grava[27]. Si llevas esto al extremo y recorres la Senda de los Apalaches, tu relación con la comodidad cambiará por completo.

Si lo que anhelas es placer, puede privarte temporalmente de comida (ayuno), sexo o alguna droga para reducir el deseo. Pequeños actos de sacrificio social, como dejar pasar una oportunidad de señalar algo positivo sobre uno mismo, pueden disminuir el deseo de estatus, aprobación y validación. Y desprenderse de todas las posesiones, salvo las más necesarias, en un espíritu de minimalismo, puede reducir el deseo innato de acumular y acaparar. Incluso puedes llevar este espíritu ascético al extremo renunciando por completo a algunas formas de deseo. Puedes negarte a acumular juguetes nuevos. Rechaza todas las plataformas de medios sociales. Comprométete a regalar todo el dinero sobrante más allá de lo necesario para un estilo de vida sostenible. Por cada tipo de deseo perpetuo al que seas capaz de renunciar, eliminas complicaciones de tu vida[28].

La práctica frecuente del ascetismo moderado es una forma de introducir en tu mente el hecho de que tus deseos no son buenos indicadores de elecciones que merezcan la pena. Cuando actúes en contra de esos deseos, tu mente aprenderá de tus comportamientos y concluirá que, después de todo, esas cosas no son tan deseables. ¿Alguien que pensara que el placer es el bien supremo se pondría deliberadamente en una situación incómoda? ¿Alguien que pensara que el estatus social es el bien supremo descuidaría sus cuentas en las redes sociales? ¿Alguien que pensara que el dinero es el bien supremo rechazaría, o incluso regalaría, una gran suma de dinero? Tú mismo te enseñas lo que es importante para ti a través de tus comportamientos, así que compórtate sabiamente.

Aprender los caminos de tus deseos y fortalecer la habilidad de modularlos requerirá de paciencia por tu parte, pero una vez que lo hayas hecho, podrás utilizar este arte en tiempo real. Cuando un obstáculo se interponga en tu camino, dispondrás instantáneamente tus deseos para evitar la fricción emocional y centrarás tu atención en responder al obstáculo.

Principios de modulación

En un nivel más amplio, hay principios que podemos seguir para relacionarnos con nuestros deseos y trabajar con ellos de forma más eficaz para evitar un dolor innecesario. Debes detectar cuándo deseas algo con mucha intensidad, si hay pocas alternativas a un objeto o resultado concreto. Pregúntate: «¿Qué me haría sufrir si no lo consiguiera o lo perdiera?». Tal vez fracasar en la universidad te destrozaría, o quizá la pérdida de tu mascota favorita. Aunque no estemos ansiosos por planificar estas desgracias, hacerlo puede evitar que nos veamos sorprendidos si ocurren y cuando ocurran.

Volvamos a la jerarquía de objetivos de antes. Hemos visto que los objetivos definidos son la clave para actualizar nuestros valores, pero también son la clave para reducir el sufrimiento. Cuando apuntamos a lo intrínseco, es mucho menos probable que suframos ya que nada puede eliminar nuestras metas finales[29]. El estoico moderno William Irvine ilustra esto observando los objetivos de un jugador de tenis:

> Así pues, su objetivo al jugar al tenis no será ganar el partido (algo externo, sobre lo que solo tiene un control parcial), sino jugar dando lo mejor de sí (algo interno, sobre lo que tiene un control absoluto). Al elegir este objetivo, se ahorrará la frustración o la decepción si pierde el partido. Como su objetivo no era ganar, no habrá fracasado en su objetivo, siempre y cuando haya dado lo mejor de sí. Su serenidad no se verá perturbada[30].
>
> —**William Irvine**, *El arte de la buena vida*

Los objetivos intrínsecos no provocan emociones negativas porque es imposible fracasar en ellos, y construir una vida llena de objetivos intrínsecos constituye una excelente forma de evitar el dolor emocional constante. No obstante, incluso cuando nuestras metas más elevadas y nuestros objetivos últimos son intrínsecos, es inevitable que tengamos ciertas metas secundarias extrínsecas que provocarán dolor cuando no se cumplan. Y para evitar este dolor, necesitamos estructurar estos objetivos adecuadamente. ¿En cuál de estas estructuras preferirías estar si te encontraras dentro de un tornado?

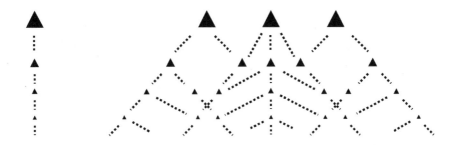

La estructura de la izquierda es increíblemente vulnerable. Una pequeña brisa bastaría para derribarla. En nuestro caso, la pequeña brisa sería el suceso cotidiano de una situación que no sale según lo previsto. En cuanto falla un eslabón de la cadena, toda la estructura se viene abajo, lo que provoca la autodestrucción emocional. La estructura de la derecha, sin embargo, es muy robusta, y una persona con una estructura de objetivos como esta será mucho más firme emocionalmente. En cuanto falla un objetivo, puede cambiar a otro. Y cuanto más rápido lo haga, menos tiempo tendrá para sufrir y antes podrá volver a perseguir sus fines.

Por eso tienes que desarrollar alternativas a tus objetivos. **Crea tantos caminos alternativos como puedas para alcanzar tus objetivos más elevados.**

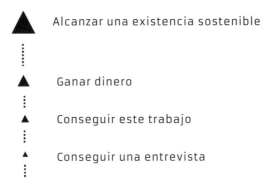

Si deseas desesperadamente un trabajo concreto en un momento determinado, te sentirás destrozado si no lo consigues. Intenta descubrir otras empresas y otros plazos como vías hacia un trabajo satisfactorio. En un nivel superior, añade el objetivo alternativo de crear una empresa como camino hacia los ingresos. ¿Por qué no llevarlo al extremo? Desarrolla el objetivo alternativo de vivir en un monasterio como camino hacia una existencia sostenible. Reflexiona sobre la posibilidad de construir una nueva vida con nuevas oportunidades de crecimiento tras una pérdida importante.

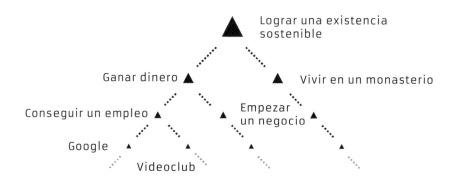

Nuestros deseos son esencialmente inversiones emocionales, y muchos de los principios de una buena inversión financiera son aplicables a una buena asignación de deseos. La **diversificación** es el acto de aumentar la variedad de inversiones para evitar depender excesivamente de una en particular[31]. Del mismo modo, invertir todo lo que tenemos en acciones de una sola empresa nos hace increíblemente vulnerables a sus fluctuaciones, depender totalmente de un objetivo o resultado específico nos hace emocionalmente vulnerables. Tanto si te sientes apegado a una creencia, a una idea en el trabajo, a una forma de pasar el sábado o a una persona con la que pasar el resto de tu vida, no cultivar alternativas positivas te dejará destrozado cuando las cosas no salgan según lo previsto. Debes establecer tus deseos de tal forma que te beneficies de todos los resultados posibles[32]. **Diseña tu camino hacia el éxito de tal forma que te sea imposible dar un paso sin ganar.**

Utiliza las tácticas que hemos comentado anteriormente para regular al alza o a la baja los deseos hasta que todos los resultados estén debidamente equilibrados. «Invierte» el deseo en los objetivos con mayor y más probable beneficio emocional. Cuando parezca probable que un determinado objetivo no se va a cumplir y que su resultado está fuera de tu control, regula a la baja tu deseo de ese resultado o neutralízalo con un deseo opuesto. Cuando sospeches que una persona de tu vida está ejerciendo un efecto negativo general sobre ti, reduce tu implicación y auméntala en otras relaciones más constructivas. Además, si crees que estás demasiado involucrado en las relaciones, o tienes una enfermedad como el autismo que las dificulta, invertir emocionalmente en otras cosas, como alguna actividad creativa, puede ser una buena idea.

El principio de inversión de la **liquidez** también es muy relevante para el diseño del deseo. Hay que ser capaz de mover rápidamente los fondos de una forma de inversión a otra para poder responder a las nuevas circunstancias con agilidad[33]. Además, también hay que ser capaz de modular los deseos rápidamente para no quedarse atascado deseando algo que ya ha salido del ámbito de lo posible. Al ejercitar el músculo de la regulación del deseo, incluso cuando parece innecesario, aumentas tu agilidad emocional. Intenta tomar un deseo relativamente débil y convertirlo en un fuerte anhelo. Intenta tomar un anhelo desesperado y reducirlo hasta la indiferencia.

Por último, elimina cuanto antes el deseo de cualquier cosa que esté fuera del ámbito de lo posible. De igual modo que no tendría sentido invertir en las acciones de una empresa que sabemos que va a quebrar, tampoco tiene sentido invertir emocionalmente en un callejón sin salida. El contraste estoico entre las circunstancias que podemos controlar y las que no es muy pertinente en este caso, y el más común de esos resultados, el que no podemos controlar en absoluto, es el que ha ocurrido en el pasado.

A medida que realizas cada vez más rápido la regulación del deseo, aumentas lo que podríamos llamar tu **tasa de actualización**, o la velocidad a la que puedes aceptar y adaptarte a las circunstancias. Adquieres la capacidad de ajustar la intensidad del deseo conforme te va ayudando a alcanzar tus objetivos, ya sean conductuales o emocionales. Al igual que sucede con los métodos de reevaluación del último capítulo, esto puede convertirse en un proceso instantáneo. Puedes adaptarte a las nuevas circunstancias tan pronto como surjan y saltarte las emociones negativas por completo.

Sabrás que controlas el deseo cuando seas capaz de desear cualquier cosa que se te presente. Que la batería de tu coche se agote se convierte en una aventura inesperada en un día por lo demás aburrido. Un cambio difícil en la vida se convierte en una oportunidad para aprender y crecer. A algunas personas les gusta señalar que, sin deseo, todos seríamos observadores apáticos y pasivos de la realidad, y nunca encontraríamos la motivación para alcanzar nuestros objetivos. Es cierto, y por eso en lugar de eliminar el deseo, necesitamos diseñar nuestras estructuras de deseo cuidadosamente. A base de práctica,

puedes aprender a desear que el presente sea exactamente como es mientras deseas que el futuro sea diferente.

No es casualidad que nos estemos ocupando de cómo utilizar la modulación del deseo para la serenidad antes de aprender a utilizarla para la motivación eficaz. Si careces de la capacidad para estabilizar tus emociones y sentirte en paz ante circunstancias difíciles, esas emociones secuestrarán tus planes para lograr cosas más grandes. Los fundadores de otras filosofías prácticas han elevado el control y la estabilidad emocional hasta hacer de ello la meta humana más elevada. Para nosotros, la capacidad de permanecer serenos y contentos, a pesar de las circunstancias, no es la meta más elevada de la vida, sino un instrumento esencial para alinearnos con nuestros valores y vivir una gran vida[34].

Principales conclusiones

- Al aprender a modular nuestros deseos, no solo podemos reducir las tentaciones y aumentar el combustible que nos impulsa hacia nuestros objetivos, sino que podemos eliminar una importante fuente de sufrimiento.

- Para estimular un deseo, concéntrate exclusivamente en el estímulo deseado y en todos sus aspectos más positivos y detalles más agradables. Para regular a la baja un deseo, desvía tu atención del estímulo deseado, concéntrate en él de forma puramente objetiva y cultiva una conciencia desapegada de los sentimientos asociados al deseo.

- La neutralización consiste en equilibrar un deseo regulando al alza o a la baja un deseo igual y opuesto para que se «anulen» mutuamente.

- Perseguir objetivos intrínsecos, como jugar al tenis lo mejor posible en lugar de ganar el partido, es una forma excelente de eliminar el sufrimiento por el fracaso.

- Aumenta la velocidad a la que aceptas la realidad para dejar de anhelar cosas que pertenecen al pasado o que ya están fuera del ámbito de lo posible. Puedes aprender a desear que el presente sea exactamente como es mientras deseas que el futuro sea diferente.

7

Autodominio emocional y ecuanimidad

Sobre las patologías de los filósofos

> Es propio de cualquiera y fácil el encolerizarse y el dar dinero
> y gastarlo, pero con quién, y en qué medida, y cuándo, y para
> qué, y cómo, ya no es propio de cualquiera ni tampoco fácil.
>
> —Aristóteles, *Ética a Nicómaco*

Una vez hemos aprendido a reestructurar nuestras percepciones y a modular nuestros deseos, ahora, al igual que la racionalidad y la introspección se unieron para formar los cimientos del autodominio cognitivo, estas herramientas se unen para formar los cimientos del autodominio emocional. Este tipo de dominio representa la cima de las habilidades de regulación de las emociones y tiende a caracterizarse por un estado de profunda tranquilidad. Ha sido elogiado a lo largo de los tiempos por muchas filosofías diferentes, algunas de las cuales afirman que es el bien supremo de la vida[1].

Se podría pensar que este tipo de serenidad sería alabada universalmente, pero siempre hay quien parece idealizar el sufrimiento. Aunque el filósofo del siglo XIX Friedrich Nietzsche ofrece una guía esencial para el autodominio emocional, también proporciona ejemplos de algunas de las perspectivas más autolimitantes de la emoción.

> Y es aquí donde los hombres se dividen: si lo que deseas es
> mantener la paz del alma y la felicidad, entonces cree; si lo
> que ansías es ser un discípulo de la verdad, entonces investiga.
>
> —**Friedrich Nietzsche**, *carta a su hermana Elisabeth*

Aunque esta cita es un llamamiento inspirador al valor intelectual, comete el desafortunado error de confundir bienestar psicológico con dogmatismo. La implicación es que la verdad debe ser dolorosa, y quienes la perciben con precisión deben ser infelices. Esto encaja con nuestros estereotipos del buscador de la verdad pesimista y del dogmático feliz que vive una vida que no examina. Y aun así, esto es lo que estos estereotipos representan en realidad: personas con un tipo de autodominio, pero deficientes en otro; en este caso, personas con autodominio cognitivo y falta de autodominio emocional, y viceversa.

No hay ninguna razón por la que no podamos tener nuestro pastel y entenderlo también. Un individuo con un autodominio bien formado sería capaz de aceptar verdades aparentemente duras y ser feliz a pesar de ellas, o mejor aún, gracias a ellas[2]. He conocido personalmente a personas (aunque reconozco que pocas) que demuestran que unas creencias incisivas no tienen por qué conllevar actitudes cínicas. Si te obligas a enfrentarte a las amargas verdades de este mundo y luego vas por la vida lleno de dolor y pesimismo, ten el valor de llamarlo como lo que realmente es: **fortaleza en un área y debilidad en otra**. Debemos esforzarnos por cultivar simultáneamente la madurez intelectual y la madurez emocional.

Aunque solo tenemos una palabra para designarlos, hay dos significados muy diferentes de «optimismo». El optimismo cognitivo es una distorsión de la verdad. Es la disposición a creer que un resultado o creencia deseados son más probables de lo que sugieren las pruebas. Sin embargo, el optimismo emocional no tiene nada que ver con verdades o resultados concretos en nuestra vida. Es la actitud altamente adaptativa de que todo irá bien independientemente del resultado. **Todos debemos aspirar a ser realistas cognitivos y optimistas emocionales**.

Otro elocuente fragmento de Nietzsche muestra un error similar:

La disciplina del sufrimiento, del gran sufrimiento; ¿no sabéis que solo esta disciplina es la que ha creado hasta ahora todas las elevaciones del hombre?

—**Friedrich Nietzsche**, *Más allá del bien y del mal*

Aquí podemos ver la suposición increíblemente popular de que el autodominio conductual (el tema central de los próximos capítulos) debe producirse a expensas del autodominio emocional. Es el viejo argumento de que la gente que está contenta no tiene motivos para levantarse del sofá o salir de su monasterio zen. Sin embargo, la idea de que solo el sufrimiento puede motivarnos a la grandeza comete el mismo tipo de error. El mito del artista neurótico pero brillante no es más que otro estereotipo que no se basa en la realidad[3]. No hay ninguna razón por la que no podamos perseguir simultáneamente el autodominio tanto emocional como conductual. Si estudiamos debidamente a las personas que no encuentran la motivación para salir de la cama por la mañana, **el estado mental que observamos no es tranquilidad, sino depresión**[4].

No hay nada en el hecho de tener emociones positivas o satisfacción vital que excluya la capacidad de ver oportunidades de mejora en el mundo. Al contrario, **se ha demostrado que las personas más felices, aunque no necesariamente las más acomodadas, son las más productivas y motivadas**[5], por lo que es mucho más probable que tengan un impacto positivo en el mundo que sus homólogos melancólicos[6]. Al igual que en el ejemplo del optimismo, al confundir los dos significados tan diferentes de la palabra «feliz», los críticos de la satisfacción argumentan que una persona feliz (emocional) debe estar «contenta» con cómo son las cosas (conductual), y no tiene motivos para actuar para intentar cambiarlas. **El deseo de que el presente sea diferente incita al dolor, pero el deseo de que el futuro sea diferente incita a la acción**[7]. Aunque Nietzsche elogiaba a menudo la perspectiva optimista, también afirmaba que los grandes individuos son más frágiles emocionalmente y deben sufrir más que los «hombres comunes». La filosofía de Nietzsche sostiene que ciertos sistemas éticos, que él llamó «moral de esclavos», se originan a través de grupos oprimidos que idealizan la debilidad para aumentar su poder[8]. Sin embargo, **¿podría ser que ni siquiera Nietzsche fuera capaz de enfrentarse a la verdad de que su propio sufrimiento involuntario era, de hecho, una forma de debilidad que aprendió a alabar como mecanismo de defensa?**

Muchos pensadores a lo largo de la historia han defendido el sufrimiento de formas similares, pero yo siempre digo: «Habla como un verdadero sufridor». A medida **que aprendas a ejercer un alto grado de control sobre tus emociones, los argumentos a favor de la infelicidad, el pesimismo y la impotencia emocional te resultarán cada vez más incomprensibles**.

Solo las personas fuertes saben organizar su sufrimiento
para soportar solo el dolor más necesario.

—**Emil Dorian**, *The Quality of Witness*

No cabe duda de que nuestras emociones desempeñan un papel esencial en una vida bien vivida, y tienen un gran impacto en nuestra alineación de valores. Las emociones positivas a menudo representan objetivos en sí mismas, aunque pocas personas incluyen el sufrimiento en su lista de tareas pendientes. Sin embargo, tanto las emociones negativas como las positivas a menudo se interponen en el camino hacia nuestros objetivos, e incluso a veces los sabotean.

Aristóteles tenía mucho que decir sobre nuestras emociones, pero su enfoque es diferente al de pensadores griegos posteriores. Según él, el bienestar consiste en experimentar las emociones adecuadas, ya sean positivas o negativas, y no simplemente las más positivas o pacíficas[10]. Las emociones pueden ser poderosos motivadores, y desempeñan un poderoso papel en la forma en que nos vemos a nosotros mismos.

Aristóteles propuso la noción de que debíamos esforzarnos no por extirpar toda emoción negativa, sino por experimentar emociones apropiadas en proporciones adecuadas. Los virtuosos debían aprender a dominar sus emociones y experimentarlas adecuadamente en su justo equilibrio. Este equilibrio se definía como una media entre dos extremos, y esta media variaba según las circunstancias. El valor era la media ideal entre la cobardía y la temeridad, y el orgullo entre la humildad y la vanidad. En este sentido, la ética podría compararse con la estética, que se esfuerza por alcanzar la belleza, la proporción y la armonía[11].

A diferencia de Aristóteles, yo considero que el árbitro de la emoción apropiada no es una media de oro universal, sino las intuiciones subjetivas de valor del individuo. Así que la cuestión de qué emociones deberíamos experimentar se convierte en una cuestión de «**¿qué sentiría mi yo ideal?**». ¿Mi yo ideal se enfadaría si le faltaran al respeto, o simplemente se reiría de ello y lo afrontaría como fuera necesario? ¿Mi yo ideal estaría perfectamente tranquilo en el funeral de sus padres, o se sentiría afligido durante un tiempo? ¿Qué reacción es la más adecuada para mis objetivos definidos? Cada una de estas preguntas debe ser respondida por cada persona. De hecho, hay pruebas que relacionan este enfoque aristotélico de la emoción con el bienestar general. Un estudio transcultural midió las emociones experimentadas, las emociones deseadas y los indicadores de bienestar y síntomas depresivos[12].

En todas las culturas, las personas más felices eran las que más a menudo experimentaban emociones que querían experimentar, ya fueran agradables (por ejemplo, amor) o desagradables (por ejemplo, odio). Este patrón se aplicaba incluso a las personas que deseaban sentir emociones menos agradables o más desagradables de las que realmente sentían. Si se controlaban las diferencias entre las emociones experimentadas y las deseadas, el patrón no cambiaba. Estos hallazgos sugieren que **la felicidad implica experimentar emociones que se sienten bien, tanto si son buenas como si no.**

Es cierto que estos hallazgos no apoyan el objetivo de la serenidad por encima de todo lo que asociamos con el estoicismo, el epicureísmo y el budismo, pero sí abogan por el autocontrol emocional. Y un mayor autodominio emocional puede permitirnos asegurar que experimentamos las emociones que se alinean con nuestros objetivos e ideales cada vez más a menudo.

No voy a afirmar que las emociones negativas nunca se alineen con nuestros ideales. Pero sí sostendré a lo largo de este capítulo que lo harán con menor frecuencia de lo que podría pensarse. La idealización del sufrimiento, tanto por parte de los filósofos como de la cultura popular, ha causado un gran dolor a la gente al normalizar y perpetuar experiencias que sería mejor dejar atrás[13]. Y este proceso de ir dejando gradualmente atrás estas emociones problemáticas es posible para cualquiera que cuente con las herramientas y el compromiso adecuados.

Algoritmos emocionales

> Llamo «servidumbre» a la impotencia humana para moderar y reprimir sus afectos, pues el hombre sometido a los afectos no es independiente, sino que está bajo la jurisdicción de la fortuna, cuyo poder sobre él llega hasta tal punto, que a menudo se siente obligado, aun viendo lo que es mejor para él, a hacer lo que es peor.
>
> —**Baruch Spinoza**, *Ética*

Las emociones existen para desencadenar comportamientos adaptativos. Ayudaron a nuestros antepasados a sortear conflictos, conectar con posibles parejas y cooperar con aliados. Y nos siguen obligando a huir de posibles amenazas para nuestras vidas, a establecer vínculos afectivos con nuestros hijos y a cuidar de ellos, y a abstenernos de actuar de forma que nos alienara a los miembros de nuestra comunidad. Todas las emociones existen por una razón, ya sean adaptaciones directas, subproductos incidentales de otras adaptaciones o salvaguardas ocasionalmente útiles. Sin embargo, el contraste entre intereses genéticos e intereses humanos es tan relevante aquí como lo ha sido en capítulos anteriores[14].

Las emociones humanas existen para guiar a las personas hacia la propagación de los genes en un mundo obsoleto. Pueden coincidir con fines modernos y personales, pero esto no está en absoluto garantizado. **Nuestras emociones solo deben considerarse útiles para nosotros en la medida en que sirvan a nuestros objetivos personales**. No son intrínsecamente útiles, ni siquiera necesariamente informativas. Pueden guiarnos en direcciones positivas y enseñarnos cosas valiosas, pero pensar que siempre lo harán es entender mal las razones de su existencia. Pueden ser contraproducentes para nuestros objetivos y valores, lo que debería llevarnos a considerarlas errores en estos casos, al igual que los sesgos cognitivos que ya hemos examinado[15].

> Las emociones no siempre son «correctas», ya que se basan en sistemas probabilísticos que han evolucionado para garantizar nuestra supervivencia en una amplia gama de circunstancias.
>
> —*Manual de regulación de las emociones*

Varias filosofías han instado a sus seguidores a adormecer o renunciar por completo a sus pasiones. Pero la perspectiva psicocultural contempla las respuestas emocionales individuales a la carta. Debemos decidir caso por caso qué emociones nos sirven en qué situaciones. Pocas personas luchan con una alegría incontrolable, aunque incluso la alegría puede ser desadaptativa, como en los casos de manía[16]. Sin embargo, hay numerosas respuestas emocionales que la mayoría de la gente comparte y que solo parecen causar problemas.

Para cada algoritmo emocional negativo, hay estrategias con las que podemos desprogramarlo. Ciertas cogniciones pueden servir como contraalgoritmos para la ansiedad, los celos y la ira, y las mejores de ellas se han conservado. Podemos codificar las sabias y terapéuticas palabras de los grandes pensadores de la psicología. **Si puedes integrar estos preceptos en tu *software*, se activarán automáticamente ante los pensamientos que causan ira, envidia y tristeza, neutralizando así las reacciones dolorosas.**

Veamos brevemente algunos de los algoritmos propuestos para tratar determinadas emociones. Esta lista de emociones no es exhaustiva, y los algoritmos enumerados para tratar cada una de ellas son solo algunos de los cientos de posibilidades. Todos son meras sugerencias, y tendrás que decidir por ti mismo qué emociones son beneficiosas para ti y cuándo.

IRA Y ODIO

La ira surge cuando una persona percibe que sus objetivos estratégicos se han visto obstaculizados por culpa de otra. Es una emoción social que probablemente evolucionó como mecanismo para disuadir a la gente de violar diversos límites, como dañar, avergonzar o robar a otros[17]. En principio, esta disuasión parecería una función útil incluso hoy en día. Sin embargo, la mayor parte del tiempo, nuestra ira se dirige hacia situaciones u objetos inanimados. Solo cuando nos recordamos a nosotros mismos que no hay un objetivo consciente al que culpar, nuestra ira disminuye y queda claro que **nuestra rabia y nuestro odio no han causado dolor a nadie más que a nosotros mismos.**

Incluso en aquellas circunstancias en las que la ira se dirige hacia otras personas, rara vez resulta la estrategia más eficaz para tratar con ellas. El *Tao Te Ching* nos recuerda que «el mejor luchador nunca se enfada», y si hasta los luchadores son más eficaces sin ira, es difícil concebir casos en los que nos beneficie. A medida que uno comprende las verdaderas causas y motivos de las acciones de su enemigo, echarle la culpa de cualquier cosa resulta cada vez menos razonable. Las grandes personas desarrollan estrategias superiores para enfrentarse a los obstáculos, las amenazas y las agresiones[18]. Una persona capaz de mantenerse firme mientras responde a los agresores con compasión, humor y una consideración razonable ganará más batallas que otra que entre en cólera[19].

El filósofo estoico Séneca ofrece una gran visión de la naturaleza de la ira y de cómo afrontarla en su obra *El arte de mantener la calma*. Sugiere un contraalgoritmo:

> El mejor remedio para la ira es la demora. Cuando sientas que se te despierta la cólera, no te obligues a perdonar, sino a ejercitar el buen juicio. Los primeros impulsos de la ira son muy intensos; si la haces esperar, lo más seguro es que se calme. Y no trates de deshacerte de ella de un tirón. Atácala por partes y la derrotarás.
>
> —**Séneca**, *El arte de mantener la calma*

Él sugiere que, controlando nuestras manifestaciones de ira, podemos contenerla, evitar que cause daños y entrenar nuestros sentimientos internos de ira para que reflejen expresiones externas nuestras de calma[20]. Si podemos programar algoritmos como estos para que se activen automáticamente con los sentimientos de ira, podremos dominar gradualmente la emoción. Aprende a ver cada frustración que encuentres como una prueba de fortaleza mental, y mejorarás cada vez más a la hora mantener la paciencia y el control.

Vergüenza y pudor

La vergüenza es una emoción social que tiene que ver con nuestro estatus social y el cumplimiento de las normas. Sentimos vergüenza cuando nos avergonzamos de nosotros mismos, ofendemos a otras personas o sentimos que alguien nos desaprueba. Sirve para disuadirnos de arriesgar nuestro estatus social o nuestras perspectivas de pareja, pero generalmente hace más mal que bien[21]. Por muy preparados que estemos, no podemos evitar sentir miedo a pasar vergüenza cuando hablamos en público. Por muy inexacto o irrelevante que sea para nuestros valores, un insulto por parte de otra persona escuece durante días después de recibirlo.

Hemos hablado del valor de asignar menos inversión emocional a nuestro estatus social, de vivir para nuestra propia aprobación y no para la de los demás, y de rechazar ideas populares y erróneas sobre cómo debe vivirse la vida.

Estas pueden ser formas positivas de afrontar la vergüenza social y la necesidad de validación. Un poderoso contraalgoritmo que puede debilitar o eliminar el dolor del insulto se atribuye a menudo al maestro Yogi Bhajan:

> Si estás dispuesto a ver el comportamiento de otra persona hacia ti como un reflejo del estado de la relación que ella tiene consigo misma y no como una afirmación de tu valor como persona, entonces dentro de un tiempo dejarás de reaccionar por completo.

Las opiniones y comentarios de los demás a menudo tienen más que ver con sus propias inseguridades que con cualquier afirmación significativa sobre nosotros[22]. En el raro caso de que aprendamos de las ofensas de los demás, simplemente tenemos que trabajar para cambiar nuestros propios comportamientos, y estos cambios no tienen por qué ir acompañados de dolor.

ENVIDIA Y *SCHADENFREUDE*

La envidia es el sentimiento que resulta de compararse con otro y descubrir que tiene algo que nosotros deseamos o creemos merecer. La envidia nos impulsa a luchar por más riqueza, más estatus y más parejas sexuales[23]. No obstante, cuando envidiamos a alguien, nos privamos de la satisfacción de apreciar lo que tenemos y nos mantenemos en la viciosa rueda de la ganancia, que nunca nos dará satisfacción[23].

> No eches a perder lo que tienes deseando lo que no tienes; recuerda que lo que tienes ahora estuvo una vez entre las cosas que solo esperabas.
>
> —**Epicuro**, *Doctrinas principales*

La envidia y la comparación pueden impedir que aumente la satisfacción, por mucho que aumente el nivel de vida de una persona o de una comunidad[24]. Para combatirla, tenemos que integrar lo que es importante para nosotros en nuestro *software*, y lo que es importante nunca debe ser con relación a los que nos rodean[25].

> No seas el mejor. Sé único.
>
> —**Kevin Kelly**[26]

La mejor forma de contrarrestar la envidia es cambiar de perspectiva, recordándose a uno mismo que solo compite consigo mismo[27]. Si te mides por tu combinación única de cualidades y puntos fuertes en lugar de por una métrica unidimensional, rara vez te encontrarás con personas a las que merezca la pena envidiar.

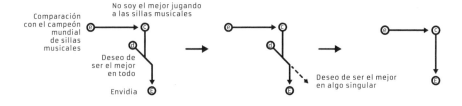

«Schadenfreude» es un término alemán que significa la alegría por la desgracia ajena. Mucha gente disfruta con las pérdidas de los demás y siente rechazo por sus ganancias, a veces incluso por las de sus seres queridos[28]. **Un buen amigo, y un individuo con capacidad de adaptación, debería alegrarse de verdad por los éxitos de sus amigos.** Cuando tus propios valores son la referencia de tu bienestar, la única persona de la que deberías sentir envidia es de la que es más tú que tú. Y en este caso, sabrás lo que hay que hacer.

MIEDO, PREOCUPACIÓN Y ANSIEDAD

El miedo puede ser una reacción útil ante amenazas agudas, pero como vivimos en un mundo en el que muchas de nuestras decisiones se toman en función de objetivos futuros, muchos de nosotros experimentamos ansiedad, una versión del miedo prolongada y orientada al futuro. La ansiedad suele implicar reflexionar sobre el futuro lejano, pero puede ir desde la preocupación por cumplir los plazos hasta el miedo intenso al pelo (caetofobia). La ansiedad existe como una especie de alarma que nos avisa para que evitemos las amenazas a nuestros genes. Sin embargo, la mayoría de las veces acaba dando lugar a falsos positivos que no sirven de nada[29].

En una conversación con Robert Wright, el psiquiatra evolucionista Randolph Nesse describe una razón para ello. Afirma que nuestro sistema de detección de amenazas, como muchas otras respuestas corporales, ha sido diseñado por la selección natural para ser hipersensible, y se equivoca al reaccionar de forma exagerada para asegurarse de que se activa cuando es necesario. Y añade:

> Por eso soportamos los detectores de humo. No nos avisan de un incendio más que una vez en la vida, pero sí de una tostada que se está quemando todas las semanas.
>
> —Randolph Nesse[30]

Creo que el Dr. Nesse probablemente debería ajustar la configuración de su tostadora, pero su idea del detector de humo es, aun así, una explicación válida de gran parte de nuestro sufrimiento, especialmente cuando es consecuencia de la ansiedad. Los falsos positivos son cada vez más probables a medida que nuestro mundo se parece cada vez menos al de nuestros antepasados. La mayoría de nosotros no necesitamos de constantes señales de alarma en la mente para hacer lo necesario para evitar peligros y cumplir plazos, lo que la convierte en una respuesta en gran medida desadaptativa.

Los miedos no deseados pueden superarse gradualmente mediante un proceso denominado extinción, el cual a menudo se sirve de métodos de exposición incremental para entrenar gradualmente al cerebro a no asociar un estímulo con el peligro[31]. No obstante, la ansiedad a largo plazo puede ser más difícil.

El budismo gira en torno a la presencia, lo cual lo hace especialmente útil para tratar la ansiedad[32]. Buda se dio cuenta de que nuestras ansiedades nos causan mucho más dolor que las amenazas de las que intentan advertirnos.

Ni tu peor enemigo puede hacerte tanto daño como tus propios pensamientos.

—**Siddhārtha Gautama**, *Anguttara Nikaya*

A muchos les ha resultado útil interiorizar un sencillo algoritmo, articulado por el monje budista Shantideva:

Si existe una solución, ¿por qué estar infeliz? Si no existe solución, ¿de qué sirve estar infeliz?

—**Shantideva**, *El camino del Bodhisattva*

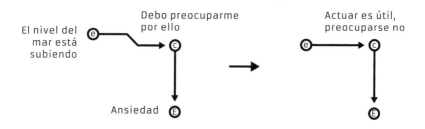

Si puedes programar tu *software* para recordar la inutilidad de la preocupación en cuanto surge, podrá eliminarla gradualmente de tu vocabulario emocional. Este cambio liberará tu ancho de banda mental para que puedas centrarte en cómo actuar en lugar de quedarte paralizado por el pánico.

Más algoritmos emocionales

Pena y tristeza

La tristeza y la pena se experimentan cuando percibimos que hemos perdido algo importante para nosotros, ya sean nuestras posibilidades de alcanzar un objetivo, una posesión preciada o una relación cercana. Aunque algunos tipos de tristeza pueden ayudarnos a aprender a evitar malos resultados o a conectar con los demás, gran parte del dolor por la pérdida que experimentamos sigue sin tener explicación. No entendemos del todo por qué sufrimos tan profundamente cuando fallece un ser querido, y algunos creen que es un subproducto desafortunado de otros mecanismos emocionales[33]. Sea cual sea la causa, el duelo es una de las formas más agudas y comunes de sufrimiento.

El Dr. Nesse afirma que, aunque esperaba que las personas que experimentan poco dolor tras una pérdida se vieran profundamente perjudicadas en otros aspectos, le sorprendió descubrir que estas personas parecen estar tan sanas en su vida y en sus relaciones sociales como las que sufren un dolor profundo[34].

El algoritmo de Buda para afrontar la pena:

> El mundo está afligido por la muerte y la decadencia. Pero los sabios no se afligen, habiendo comprendido la naturaleza del mundo.
>
> —**Siddhārtha Gautama**, *Sutta Nipata*

El budismo anima a las personas a desarrollar un tipo diferente de relación con sus ganancias, sus posesiones e incluso sus seres queridos[35]. **Cuando comprendemos plenamente que todas las cosas deben terminar, podemos aprender a apreciar el tiempo finito que tenemos con los demás y celebrar el final en lugar de lamentarnos repetidamente por la tragedia de la impermanencia.**

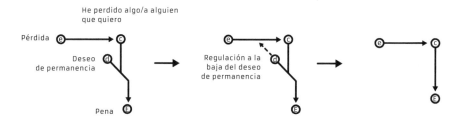

La pena es tan poderosa que la mayoría de la gente no debería esperar poder eliminarlo por completo, y puede que no queramos hacerlo. Mientras que a algunas personas les gustaría seguir adelante inmediatamente después de una pérdida, otras descubren que esta respuesta no se ajusta a sus valores.

Yo he llorado la pérdida de seres queridos y casi seguro que volveré a hacerlo. Pero si comprendemos la inevitabilidad de la muerte y la pérdida, podemos aprender a experimentar el dolor en el grado y la duración adecuados, en lugar de resignarnos a él.

CULPA Y REMORDIMIENTO

A menudo experimentamos culpa o remordimiento cuando actuamos de un modo que va en contra de nuestros propios valores[36]. Te aconsejo que no elimines este impulso por completo, ya que puede cumplir una función útil al promover tus valores. No obstante, tenemos que calibrar nuestra conciencia para que se active en los momentos adecuados y no en los equivocados. Supongamos que te encuentras en una situación difícil y tienes que tomar una decisión. Al echar la vista atrás, te das cuenta de que te equivocaste. De modo que experimentas una oleada de culpa y arrepentimiento que persiste durante meses o incluso años. Aunque creas que este sentimiento está justificado, yo diría que tu impulso de remordimiento no se ha entrenado adecuadamente. ¿De qué sirven los sentimientos dolorosos si se activan cuando tomas la mejor decisión que puedes tomar teniendo en cuenta toda la información de que dispones?

> Remordimiento. —No deis nunca rienda suelta al remordimiento, sino decíos: Esto sería añadir otra locura a la anterior. Si se ha hecho mal, hay que pensar en obrar bien.
>
> —**Friedrich Nietzsche**, *El viajero y su sombra*

Uno de los contraalgoritmos que ofrece Nate Soares en su libro *Replacing Guilt* tiene que ver con la forma en que nos hablamos a nosotros mismos acerca de nuestras obligaciones:

> Deja de hacer cosas porque «deberías». Es decir, nunca dejes que un «debería» sea una razón para hacer algo… Cuando estás deliberando, tu única responsabilidad es averiguar qué acción parece la mejor teniendo en cuenta el tiempo y la información de que dispones.
>
> —**Nate Soares**, *Replacing Guilt*

Si no puedes identificar lo que podrías hacer mejor, no tiene sentido que te castigues por ello. Y mientras tomes las mejores decisiones que puedas en cada momento, no puedes culparte razonablemente por el resultado[37]. **Tu conciencia es una herramienta**. Debes entrenar tu remordimiento para que se active cuando actúes a sabiendas en contra de tus propios valores o intereses. Debes incentivarte para alinearte con tus ideales, y los algoritmos emocionales cuidadosamente programados pueden ayudarte a ello. Comprométete a no hacer nunca nada que creas que es una mala decisión, pero nunca te castigues por hacer lo que crees que es lo mejor.

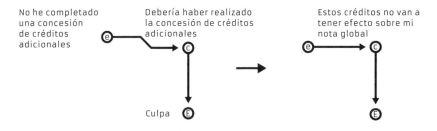

CELOS Y POSESIVIDAD

Los celos se contraponen a la envidia porque se centran en algo que ya se tiene pero que se teme perder, sobre todo una pareja sentimental. Existe como un mecanismo claro para evitar la pérdida de la pareja[38]. Sin embargo, como tantas otras emociones negativas, es un instrumento burdo para conseguir este resultado. Puede que tu actitud protectora mantenga a tu pareja el tiempo suficiente para transmitirle tus genes, pero si lo que anhelas es una relación sana y duradera, lo único que harás será perjudicar a tu pareja intentando protegerla de otras personas[39]. Tu posesividad y necesidad acabarán por alejar a tu pareja y harán que vuestra relación sea frágil y débil.

Hay muchas formas de debilitar el poder de los celos. Puedes reducir tu sensibilidad reestructurando tus ideas sobre la psicología humana, recordándote a ti mismo que una conversación con otra persona no indica que tengas planes de dejar a tu pareja actual por ella[40]. Puedes recordarte a ti mismo que tu pareja es humana, que se sentirá atraída por otras personas además de ti, y que no hay nada de malo en ello[41]. Y puedes interiorizar la idea de que, si tu pareja decide separarse de ti, probablemente no era la relación adecuada[42]. El algoritmo más útil que he encontrado para eliminar los celos es la negativa a identificarse como el poseedor de otra persona, que se encuentra en esta cita atribuida a Osho:

> Si amas una flor, no la cojas. Porque si lo haces morirá y dejará de ser lo que amas. Así que, si amas una flor, déjala ser. El amor no es posesión. El amor es aprecio.

Adopta el enfoque radical de apreciar cada momento que pasas con otras personas, pero sin considerarlas nunca tuyas. **Si amas a alguien, querrás ayudar a su florecimiento como individuo, no como posesión.** Y este tipo de aprecio desinteresado te convertirá en una pareja más atractiva. Una relación en la que ambos miembros de la pareja puedan apreciarse mutuamente sin que exista un apego compulsivo ayudará al crecimiento y el florecimiento de ambos individuos[43].

AMOR, COMPASIÓN Y EMPATÍA

Además de nuestras tendencias competitivas y agresivas, hemos sido dotados de una serie de tendencias y emociones prosociales y altruistas. Estamos hechos para preocuparnos profundamente por nuestros seres queridos, para sentir el dolor ajeno y para intentar ayudar a los que pertenecen a nuestra tribu[44]. La mayoría de la gente considera que la compasión y la empatía emocional son rasgos universalmente positivos. Sin embargo, estas emociones también tienen un lado oscuro. El valor de la empatía emocional ha sido cuestionado por Paul Bloom en su libro *Contra la empatía: argumentos para una compasión racional.*

Bloom sostiene que la empatía es a menudo contraproducente para nuestro bien individualista, pues nos causa un dolor innecesario que no nos conduce a resolver los problemas de forma duradera. Algunas personas son tan compasivas que suelen sufrir inútilmente por los demás. Además, también puede obstaculizar el bien de la persona con la que empatizamos. Aunque muchas de las personas que nos cuentan sus problemas solo buscan a alguien con quien compadecerse, es más probable que un amigo compasivo les ayude a resolver sus problemas que a validar y fomentar sus respuestas inadaptadas. Bloom sostiene que las personas de las que solemos pensar que carecen de empatía —los psicópatas— suelen carecer de control de los impulsos, y que es más probable que los altruistas tengan un alto nivel de autocontrol que de empatía[45].

Quienes alaban la empatía deben tener en cuenta que, **por noble que parezca, no deja de ser una emoción**. No tiene en cuenta los hechos ni las consecuencias, y si no mantienes un control consciente sobre tu compasión, no servirá para nada[46]. El verdadero altruismo anima a la gente a fijarse en el bien que harán sus acciones, en lugar de limitarse a donar dinero o tiempo a cualquier anuncio o causa que despierte su empatía de forma más eficaz[47]. Seguir estos principios puede hacer que a veces parezcas frío, pero recuerda que las emociones deben domarse para poder utilizarse de forma inteligente y eficaz.

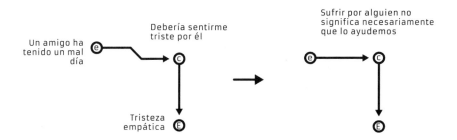

Nuestra mejor esperanza para el futuro no es conseguir que la gente considere a toda la humanidad como una familia, eso es imposible. Estriba, en cambio, en apreciar el hecho de que, aunque no empaticemos con extraños que viven muy lejos de nosotros, sus vidas tienen el mismo valor que las de aquellos a quienes amamos.

—**Paul Bloom**[48]

Por otro lado, también podemos *hackear* nuestros impulsos de compasión en la otra dirección cuando determinemos que es beneficioso. Buda, Jesús y otros grandes maestros animan a la gente a cultivar el amor, la compasión y el perdón hacia todo el mundo, incluso hacia nuestros enemigos[49], y este tipo de compasión universal puede ser muy favorable para el bienestar y el bien social[50]. Puede favorecer la conexión social, librarnos de sentimientos negativos de odio y animarnos a actuar a favor de valores prosociales para mejorar la sociedad[51]. Aunque a la mayoría de los occidentales no les asusta la noción de amor universal, los maestros originales que lo ensalzaron fueron considerados radicales en su momento, y la **compasión universal es en realidad una herramienta contraintuitiva y poderosa.**

Amad, pues, a vuestro enemigo, y haced bien, y prestad, no esperando de ello nada.

—**Jesucristo**, Lucas 6:35, *Biblia*

La empatía se creó biológicamente para sentirla hacia la familia y los compañeros de tribus pequeñas, pero podemos «abusar» de ella para servir a nuestros propios valores extendiéndola a miembros de otros grupos, o incluso a aquellos que estamos predispuestos a que nos desagraden. Podemos regular a la baja una serie de emociones negativas como la ira y el odio programando el hábito de experimentar amor hacia todo el mundo por defecto. La meditación Metta, o meditación de la bondad amorosa, es un método para cultivar esta compasión universal. Esta práctica suele consistir en repetir palabras y pensamientos deseando felicidad y liberación del sufrimiento a otras personas, empezando por uno mismo y los seres queridos, y terminando con las personas difíciles, los enemigos y, finalmente, todos los seres sensibles[52].

Liberar la ecuanimidad

No hay señal más cierta de verdadera grandeza que la imparcialidad ante todo lo que pueda acontecer.

—**Séneca**, *Sobre la ira*

La resiliencia se ha convertido en una palabra de moda de la psicología popular, y con razón. Aprender a recuperarse rápidamente de los contratiempos inevitables es mucho más práctico que intentar evitarlos todos. Las personas con una gran capacidad de recuperación afrontan mejor el estrés, tienen menos síntomas depresivos, viven más y gozan de mejor salud física[53, 54]. Aun así, ¿por qué apuntar más alto?

Si la resiliencia emocional es levantarse después de haber sido derribado, **la fortaleza emocional es no ser derribado en primer lugar**.

Una mente fuerte es una mente con un sistema inmunitario potente, que puede soportar mucho sin doblegarse. Y la manera de fortalecer nuestra mente no es eludiendo las amenazas, sino preparándonos para ellas. Mejoramos exponiéndonos a las dificultades para que nuestra mente aprenda a afrontarlas con eficacia. Optimizamos nuestro *software* identificando y reprogramando los algoritmos emocionales que pueden desencadenar los acontecimientos de nuestra vida.

Las emociones son instrumentos de precisión. Pueden utilizarse para lograr grandes cosas, pero tus pasiones conflictivas solo socavarán tus esfuerzos si tienes un control escaso o moderado sobre ellas. Aunque las emociones negativas pueden servir ocasionalmente a nuestros propósitos y alinearse con nuestros valores, se ha demostrado que las personas con emociones generalmente estables y controladas gozan de mejor salud psicológica que aquellas cuyos estados de ánimo están en constante vaivén[55]. Y si tus emociones son los reflejos reactivos por defecto para los que fueron creadas originalmente, solo la suerte puede ayudarte a conseguir tus objetivos.

Creer que una emoción es útil es una cosa, pero si eres incapaz de controlar la emoción, no la estás utilizando; te está utilizando a ti. Si no puedes evitar enfadarte, tienes una gran debilidad, por mucho que golpees la pared. Si no puedes evitar ponerte celoso constantemente, el problema no es necesariamente la mente de tu pareja, sino la tuya. Y por ilógico que te parezca, si eres incapaz de controlar tu empatía hacia los demás, tú también tienes una debilidad, y no estás haciendo ningún favor a nadie. **Tienes que aprender a estabilizar tus emociones antes de poder utilizarlas con eficacia**.

La principal idea que hemos tratado en los tres últimos capítulos, de que puedes simplemente reprogramar una respuesta emocional negativa con la que tengas problemas, quizá parezca demasiado simplista. No obstante, a lo largo de los años, me he demostrado a mí mismo en repetidas ocasiones que, al considerar los algoritmos emocionales como la raíz de mis problemas, estas reacciones pueden eliminarse por completo. Cada respuesta emocional no deseada plantea un reto único para la resolución creativa de problemas. Algunas son más difíciles que otras. Pero no me canso de insistir en que

resignarse a las emociones negativas es el mayor obstáculo para una mente tranquila.

Las emociones indeseables son fallos en tu *software*. Cada categoría emocional que te hace sentir o actuar en contra de tus valores revela una vulnerabilidad en tu código psicológico. La cultura se empeña en recordar a la gente que está bien sentirse herido y disgustado. Puede ser importante que la gente lo entienda, pero es un poco como decirle a un programador que está bien tener errores en su código. Claro, no pasa nada. Tomárselo como algo personal solo creará más problemas. **Pero ahora es el momento de corregirlo.** Tus pensamientos y emociones pueden entrenarse, tanto si te has comprometido a entrenarlos como si no. Cada problema que tienes es una parte de tu *software* que no ha sido optimizada.

Para optimizar nuestras emociones, debemos intentar cultivar el antiguo ideal de la ecuanimidad. La ecuanimidad es un estado de tranquilidad imperturbable y estabilidad psicológica, con conceptos equivalentes en casi todas las filosofías y religiones prácticas: «apatheia» en el estoicismo griego, «ataraxia» en el epicureísmo y «upekkha» en el budismo[56]. La ecuanimidad es la cumbre de la fortaleza y el control psicológico[57].

> Es la ecuanimidad de la mente, la libertad inquebrantable de la mente, un estado de equilibrio interior que no puede ser alterado por la ganancia y la pérdida, el honor y el deshonor, la alabanza y la culpa, el placer y el dolor.
>
> —**Bhikkhu Bodhi**, *Toward a Threshold of Understanding II*

Es fácil considerar este estado como una aspiración espiritual que solo alcanzan los sabios de la antigüedad, pero es probable que subestimes lo alcanzable que es para ti un estado así. Piensa en los problemas que tenías hace cinco años. Lo más probable es que ahora esos problemas te parezcan irrelevantes en gran medida. Cualesquiera que fueran las circunstancias que te causaban ira, miedo, ansiedad o tristeza entonces, es probable que hayan cambiado y ya no te causen el sufrimiento que te causaban antes. Desde tu posición actual, es fácil observar esos problemas y ver que la mayoría eran triviales; incluso puede parecer irrisorio que la mayoría de ellos te causaran angustia. Es probable que los problemas se resolvieran por sí solos o, mejor aún, que no fueran realmente problemas. Puede que incluso te sientas agradecido por las luchas por las que pasaste.

La ecuanimidad consiste en sentirte como te sientes ahora respecto a tus problemas de hace cinco años, respecto a tus problemas actuales. Es decir, o no son problemas, o son problemas que se resolverán por sí solos, o son problemas que es bueno tener. Y este estado se alcanza a través del proceso gradual de identificar las reacciones emocionales que te frenan, utilizando las tácticas de reestructuración y modulación para corregirlas, y reprogramando cada una de ellas hasta que te quedes con una estabilidad casi total, independientemente de tus circunstancias.

> Ser como un promontorio contra el que rompen sin cesar las olas; él permanece firme mientras a su alrededor se calman las turbulencias.
>
> —**Marco Aurelio**, *Meditaciones*

Una vez que hayas aprendido a cultivar la serenidad y a mantener tu mente tranquila, estarás listo para aprender a llevarla con maestría en la dirección correcta. Pasaremos ahora al control y dominio de nuestros comportamientos, acciones y hábitos.

Principales conclusiones

- Al igual que la racionalidad y la introspección constituyeron los cimientos del autodominio cognitivo, la reestructuración cognitiva y la modulación del deseo forman los cimientos del autodominio emocional.

- El psiquitecto busca experimentar las emociones adecuadas, ya sean positivas o negativas, y no simplemente las más positivas o pacíficas, que según la investigación moderna son un mejor indicativo del bienestar profundo. La cuestión de qué emociones debemos experimentar se convierte en una pregunta de «¿qué sentiría mi yo ideal?».

- Aprende a ver cada frustración que vivas como una prueba de fortaleza mental, y cada vez se te dará mejor mantener la paciencia, la ligereza y el control. Cuando tus propios valores son la referencia de tu bienestar, la única persona de la que deberías sentir envidia es una que sea más tú que tú, y en ese caso, sabrás lo que hay que hacer.

- Al tratar de optimizar nuestras emociones, debemos intentar cultivar el antiguo ideal de la ecuanimidad, un estado de tranquilidad imperturbable y estabilidad psicológica. La ecuanimidad consiste en sentir ahora mismo lo que sientes por tus problemas de hace cinco años, por tus problemas actuales.

- Una vez hayas aprendido a cultivar la serenidad y a mantener la mente tranquila, estarás preparado para aprender a llevarla con maestría en la dirección correcta.

8

La autodirección y sus obstáculos

La amenaza del impulso

> El que quiera ser feliz debe buscar practicar, según parece,
> la moderación.
>
> —**Platón**, *Gorgias*

Todos nos enfrentamos cada día a innumerables conflictos internos. ¿Leer o jugar a videojuegos? ¿Hacer ejercicio o quedarse en casa comiendo gofres? ¿Salir al bar o pasar tiempo con los hijos? Cada una de estas preguntas representa una batalla entre dos o más pulsiones dentro de la mente. Y los impulsos que ganan perpetuamente estas batallas determinan en quién nos convertiremos. He dejado para el final el ámbito conductual de la tríada del autodominio porque, en muchos sentidos, los otros dos ámbitos son los instrumentos que nos permiten emprender las mejores acciones. Nuestro objetivo final de alineación de valores depende de nuestra capacidad para alcanzar la congruencia entre nuestros ideales y nuestro comportamiento.

El autocontrol, o autorregulación, es la cima del reino del comportamiento, y representa la pieza final del rompecabezas del autodominio. Después de haber adquirido la sabiduría necesaria para alinear estratégicamente tus objetivos con tus valores y la capacidad de estabilizar las fuerzas emocionales de tu interior, solo te queda una cosa por hacer: **dirigir tu comportamiento hacia tus objetivos**. Y para ello, necesitarás la capacidad de resistir los impulsos de actuar en contra de tus objetivos definidos, y la capacidad de motivarte hacia ellos.

Generalmente hablamos de autocontrol en referencia a quienes carecen de él. El concepto surge al hablar de alcohólicos, delincuentes violentos y niños hiperactivos. Los libros sobre autocontrol suelen tratar sobre dietas y adicción.

Discutiremos este tipo de temas y tentaciones, pero también veremos las tentaciones de la vida fácil. Examinaremos las adicciones que nos encierran en la normalidad y la mediocridad. Aprenderemos a programar los comportamientos que limitan nuestro carácter y nos impiden convertirnos en el tipo de persona que deseamos ser. Cuando reconocemos que el autocontrol determina mucho más que la capacidad de resistirse a ese delicioso trozo de tarta, queda claro que **la autorregulación del comportamiento merece ser considerada una de las mayores fortalezas humanas.**

> La respuesta a la eterna pregunta de qué posibilita el éxito individual y cultural podría encontrarse en el concepto de autorregulación. Los beneficios de la autorregulación son grandes y sus costes pueden ser nefastos. Los fallos en la autorregulación son la raíz de muchos males personales y sociales, como la violencia interpersonal, los comportamientos autodestructivos, el abuso de sustancias, la mala salud, el bajo rendimiento o la obesidad.

> **—Roy Baumeister**, *Handbook of Self-Regulation*

Las personas con un alto nivel de autocontrol suelen tener las cualidades a las que todos aspiramos. Comen de forma más saludable[1], hacen más ejercicio[2], duermen mejor[3], gastan de forma menos compulsiva[4], beben y fuman menos[5] y, en general, están más sanas tanto física como mentalmente[6]. Un escaso autocontrol está relacionado con muchos trastornos mentales, como la ansiedad crónica, la ira explosiva, la depresión, la paranoia, el psicoticismo, los trastornos alimentarios y el TOC[7], así como con comportamientos problemáticos como la violencia o la delincuencia[8].

El autocontrol es el mejor baremo a la hora de predecir las calificaciones universitarias, por encima incluso del cociente intelectual o la nota del examen de acceso a la universidad[9]. Las personas con un alto nivel de autocontrol tienen relaciones más seguras y satisfactorias[10], alcanzan una mayor seguridad económica[11], y están más satisfechas con su vida[12]. Incluso se divierten más, ya que las personas que se dejan llevar a menudo por las tentaciones experimentan un mayor afecto negativo y sentimiento de culpa[13]. Si eres capaz de nombrar un resultado positivo en la vida, lo más probable es que esté altamente correlacionado con el autocontrol[14].

Ni que decir tiene que el desarrollo del autocontrol es un objetivo muy loable. Además, entender los mecanismos que hay detrás del autocontrol será crucial para cultivarlo y crear buenos hábitos. No obstante, antes de empezar a activar las palancas del comportamiento y el autocontrol, **debemos ser conscientes de las amenazas potenciales que tienen más probabilidades de apoderarse de nosotros y arrebatarnos nuestra capacidad de autodirección**.

Un algoritmo de comportamiento se conoce como **hábito**, pero este término incluye las acciones que parecen aisladas. En última instancia, todas las acciones son habituales en el sentido de que son producto de respuestas biológicamente arraigadas y algorítmicas. Un mal hábito es el que nos aleja de nuestros objetivos; un buen hábito es el que nos lleva hacia ellos. El algoritmo conductual provoca un comportamiento específico en respuesta a un estímulo ambiental[15].

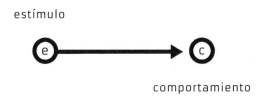

En última instancia, el deseo es el motor del comportamiento, de modo que para que un comportamiento se active, el desencadenante debe generar un deseo, término que utilizamos indistintamente como impulso o ansia[16]. Así pues, los malos hábitos surgen porque un desencadenante genera un deseo que entra en conflicto con nuestro comportamiento ideal.

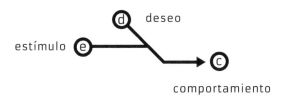

Y los buenos hábitos surgen porque el desencadenante genera un deseo que está alineado con nuestro comportamiento ideal. Como en capítulos anteriores, una línea recta dorada indica que los deseos impulsores están alineados con el comportamiento.

estímulo

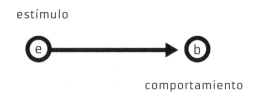

comportamiento

Debemos comprender la naturaleza de nuestros impulsos y apetencias y por qué pueden ser tan problemáticos en el mundo moderno. Llegados a este punto, hay que entender que nuestra programación genética ancestral puede suponer un gran obstáculo para lograr el bienestar, y estos problemas a menudo se amplifican en la sociedad moderna. Los ejemplos más obvios son las sustancias químicas que innegablemente provocan adicción. Las drogas sintéticas como la cocaína acceden directamente a los circuitos de recompensa de nuestro cerebro, proporcionándonos placeres a los que nuestros antepasados no tuvieron acceso. Estas sensaciones inducidas por las drogas, creadas originalmente para reforzar comportamientos adaptativos, no consiguen reforzar nada más que el consumo continuado de la droga[17].

No obstante, las cosas a las que solemos llamar adicciones no son el único tipo de placeres modernos que frenan continuamente a la gente. Hoy en día, las entidades corporativas crean muchos aspectos de nuestro mundo, y buscan satisfacer cada uno de nuestros deseos con la mayor eficacia posible. Aunque hay formas mucho peores de organizar la sociedad, los incentivos que ofrecen nuestros sistemas económicos pueden dar lugar a nuevas adicciones que perjudican a las personas en nombre de la mejora del mundo[18].

En última instancia, una adicción es cualquier comportamiento inadaptado que controla a un individuo en lugar de ser controlado por él. Las adicciones suelen impedir los comportamientos adaptativos, limitando a las personas a la hora de construir vidas y relaciones sanas y dificultando la alineación que daría lugar a una satisfacción genuina[19]. Además, hay muchas veces en que los buenos sentimientos pueden constituir malas adicciones.

Estamos hechos para desear alimentos ricos en azúcar, sal y grasa porque proporcionaban a nuestros antepasados energía, nutrientes vitales y grasa almacenada para ayudarles a superar épocas de escasez de alimentos. Para ellos era beneficioso comer todo lo que pudieran encontrar porque a menudo había escasez[20]. Sin embargo, el mundo moderno ha *hackeado* los sistemas de recompensa que eran tan beneficiosos en el mundo antiguo, aumentando el contenido de estos compuestos en los alimentos que comemos para maximizar la adicción. En combinación con el estilo de vida sedentario que ofrece el mundo moderno, estas sustancias químicas ya no cumplen su función original, sino que provocan enfermedades y obesidad[21].

Del mismo modo, nuestro deseo innato de aprobación es explotado por las empresas de redes sociales, que adaptan los algoritmos de sus plataformas para enganchar a la gente lo máximo posible. Randolph Nesse llama al resultado «obesidad social»[22]. Tenemos más oportunidades de aprobación social y entretenimiento que nuestros antepasados. Los votos digitales de aprobación proporcionan el mismo tipo de recompensa que la interacción social real[23]. Aunque aparentemente se crean para fomentar la conexión, estas adicciones pueden impedir la conexión social en la vida real[24].

Vemos los mismos *hackeos* adictivos del cerebro en los videojuegos, las plataformas de *streaming*, la pornografía digital y las compras en internet. Nos proporcionan nuevas tentaciones que nos dificultan tomar decisiones deliberadas sobre cómo empleamos nuestro tiempo[25]. **El problema del mundo moderno es que optimiza nuestros impulsos, no nuestros valores.** Si los algoritmos de YouTube estuvieran diseñados para mostrarte los vídeos que vería tu yo ideal en lugar de aquellos en los que haces clic, serían una herramienta totalmente positiva. Pero cuando el mundo que nos rodea está construido para amplificar nuestros deseos, es fácil permitir que nuestro estilo de vida sea diseñado por otros con segundas intenciones. Nos convertimos en los productos (literalmente) de las empresas que buscan obtener beneficios.

Aunque detectes un tono crítico, no hay ningún problema inherente en ninguna de estas innovaciones modernas. **No es más necesario que borres tu cuenta de Facebook que tirar el sobrecillo de azúcar que tienes en la despensa por miedo a caer en la tentación de metértelo en la boca en cualquier momento.** La tecnología, por definición, cumple funciones útiles, y no hay ningún problema en utilizar herramientas por su utilidad siempre que no sean capaces de secuestrar tu juicio.

Aunque el mundo se está volviendo más adictivo, **nuestra mejor herramienta para contrarrestarlo sigue estando en el cultivo del autodominio**[26]. Debemos diseñar nuestro estilo de vida de forma intencionada, aplicando el proceso de reflexionar sobre nuestros valores y fijar objetivos a la forma en que gastamos nuestro tiempo y energía. Tenemos que aprender a desarrollar un control cada vez mayor sobre nosotros mismos, y la clave no es tanto la moderación como la intencionalidad.

El próximo capítulo tratará los detalles más sutiles del autocontrol, pero el proceso comienza con una estrategia amplia y la toma de conciencia. Y el primer paso para diseñar nuestro comportamiento es tomar conciencia de cómo vivimos actualmente. El «yo cuantificado» se centra en recopilar y analizar datos sobre nuestro comportamiento y estilo de vida, y este tipo de seguimiento minucioso es esencial para poder cambiar comportamientos y hábitos[27].

Haz una lista de hábitos deseables e indeseables, en la que puedes incluir cuántas horas duermes, cuántos kilómetros corres o cuántas calorías consumes, dependiendo de los comportamientos que te preocupen. También puedes anotar comportamientos como utilizar palabras de relleno, quejarse o no hacerse valer en los restaurantes. Incluso hay formas de hacer un seguimiento de tu propia huella de carbono[28]. Para cualquier comportamiento negativo, lleva un registro del número de veces que lo realizas a la semana. A veces, este simple hecho basta para acabar con un hábito.

También deberías realizar un estudio sobre cómo empleas tu tiempo semanal. Te sorprenderá saber cuántas horas a la semana dedicas a jugar a videojuegos o a ver vídeos en YouTube. Tendrás que utilizar una herramienta para hacer este seguimiento, ya que es probable que tus intuiciones al respecto sean erróneas. Crea un gráfico circular para mostrar esta asignación de tiempo semanal, seguido de una asignación de tiempo ideal derivada de tu estilo de vida ideal. Busca siempre oportunidades para acercarte a este ideal.

Cuando te decidas por una optimización específica, asegúrate de hacer uso de las **intenciones de implementación**, declarando exactamente lo que pretendes hacer con antelación[29]. Puede parecer demasiado simple pensar que declarando «Si X, entonces, Y» vayamos a entrenar nuestros algoritmos internos, pero este método puede ser realmente muy eficaz. Cuando las personas intentan adoptar un determinado comportamiento, suelen decir que quieren fumar menos cigarrillos o empezar a acostarse más temprano, pero no elaboran un plan específico, lo que les obliga a utilizar más fuerza de voluntad en el momento.

Una intención de implementación consiste en **afirmar exactamente lo que queremos hacer, exactamente cuándo y exactamente dónde**. En lugar de decir «Este año escribiré más», di «Cada vez que entre en casa después del trabajo, me sentaré delante del ordenador y escribiré 500 palabras». No programarías un ordenador diciéndole que haga algo más a menudo. Le dirías exactamente cuándo tiene que hacer qué con un desencadenante específico e instrucciones concretas. Debes tratar tu *software* psicológico del mismo modo.

Todos sabemos que intentar transformar tu estilo de vida de la noche a la mañana no dará lugar a cambios duraderos. En lugar de eso, céntrate en cambios graduales de comportamiento del uno por ciento, acercándote cada vez más a tu estilo de vida ideal. Este proceso de optimización gradual será gratificante en muchos momentos del camino, y puede que al final te despiertes y descubras que tus malos hábitos se han acabado, que los comportamientos positivos son automáticos y que el cien por cien de tu tiempo semanal lo dedicas a servir constructivamente a tus ideales.

Los peligros del cumplimiento

Se dan órdenes al que no sabe obedecerse a sí mismo.

—**Friedrich Nietzsche**, *Así habló Zaratustra*

Naturalmente, los demás ejercen una gran influencia sobre nosotros. Sin autodominio cognitivo, las opiniones de los demás influyen y manipulan profundamente las nuestras. Nos adormecen con creencias dogmáticas que pueden ser exactas o no. Y nos hacen creer que ciertos caminos de la vida nos llevarán al bienestar cuando lo único que conducen es a la monotonía. Sin autodominio emocional, las palabras y los pensamientos de los demás nos hacen sufrir. Nos ponemos totalmente en manos de otras personas, incapaces de contentarnos por nosotros mismos. Y sin autodominio conductual, **las acciones y actitudes de los demás nos obligan a conformarnos, aunque sepamos que no es así**[30].

Cuando somos jóvenes, oímos hablar de los peligros de la presión social, a menudo ponemos los ojos en blanco y seguimos adelante con nuestras vidas. No obstante, aunque adopta nuevas formas, la presión social no desaparece en la edad adulta[31].

En un increíble experimento psicológico documentado en el especial de Netflix *The Push*, el mentalista Derren Brown hizo creer a unos sujetos que estaban ayudando en un acto benéfico real que salió mal. En realidad, estaban rodeados de actores entrenados para presionar a los sujetos a cometer actos cada vez más cuestionables y absurdos. El sujeto principal al que seguimos en el documental es inducido poco a poco a etiquetar erróneamente el contenido alergénico de los alimentos, ayudar a ocultar un cadáver, hacerse pasar por un filántropo, y mucho más.

Llega un momento en el que se hace creer al sujeto que la única manera de evitar su propio encarcelamiento es empujar a un inocente desde la azotea de un edificio hasta la muerte. Los actores están entrenados para utilizar tácticas de presión para incitar al sujeto a cometer el crimen. Sin embargo, el razonamiento que dan para justificar la necesidad del empujón es profundamente erróneo, y unos pocos momentos de lucidez lo habrían hecho evidente. Este sujeto en particular se niega a empujar al hombre desde el tejado, aunque previamente se lo convenció para que empujara un cadáver aparente por unas escaleras para hacer creer que había muerto debido a la caída, pero sorprendentemente, los otros tres desafortunados sujetos fueron convencidos con éxito para empujar al hombre desde el edificio (que afortunadamente tenía una red colocada secretamente debajo). Después se les informó de que todo había sido un montaje y que se convertiría en un éxito de Netflix. Al final, Brown dice:

> La cuestión es que todos somos profundamente susceptibles a este tipo de influencia. Pero entendiendo cómo podemos ser manipulados, podemos ser más fuertes. Podemos decir que no. Podemos oponernos[32].

A menudo tenemos ideas firmes y positivas sobre nuestro propio carácter y nos consideramos simplemente buenas personas, independientemente de nuestras circunstancias. **Sin embargo, nuestro comportamiento varía mucho en función de las fuerzas sociales que nos rodean.** Si el experimento anterior hubiera sido real, las personas que empujaron al hombre del edificio habrían sido culpables de asesinato. Aun así, incluso cuando las consecuencias son menos obvias, no carecen de importancia.

Como todos sabemos, estamos profundamente motivados por el deseo de pertenecer y ser aceptados. Esto no es problemático en sí mismo, pero puede ser uno de los métodos más fáciles para que otros abusen de nosotros y nos hagan actuar en contra de nuestra propia voluntad. La **conformidad social** hace referencia al efecto de las palabras y acciones de los demás en nuestras propias decisiones. Aunque no siempre seas consciente de ello, nuestros amigos y familiares suelen intentar influir sutilmente en nosotros para que tomemos determinadas decisiones[33].

Nos dejamos influir más fácilmente por las presiones de grupos cercanos, similares a nosotros, poderosos y numerosos[34, 35]. Si un compañero de trabajo, un vendedor o una organización te piden que realices una pequeña tarea, seguida de una serie de compromisos cada vez mayores, es posible que estén utilizando **la técnica del pie en la puerta**, que suele ser muy eficaz para convencer a las personas de que hagan cosas que normalmente nunca aceptarían[36]. Por otro lado, la **técnica de la puerta en la cara** consiste en hacer una gran petición, que será rechazada, seguida de una petición mucho menor[37].

El congraciamiento se refiere al uso de la adulación para obligar a alguien a aceptar o completar un determinado comportamiento[38]. Una forma común de congraciarse es intentar convencer a alguien de que una idea era originalmente suya para que sea más probable que la favorezca.

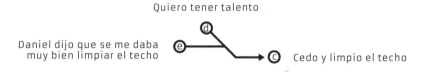

La **norma de reciprocidad** se aplica cuando se le hace un favor a alguien antes de pedir algo a cambio. Este método se aprovecha de un sentido innato de la reciprocidad, que ayudó a nuestros antepasados a mantener una buena posición social[39].

También nos pueden convencer de tomar ciertas decisiones mediante la **identificación**, o la sugerencia de que una decisión es característica de «gente como tú» o como te gustaría ser[40]. Los anunciantes se aprovechan de nuestro deseo de parecernos a personas respetadas y admiradas utilizando la prueba social para dar credibilidad a los productos. Los avales de famosos y las afirmaciones sobre la popularidad de determinados productos tienen un fuerte impacto en nuestras percepciones de valor. Los buenos vendedores entienden que muchas compras están impulsadas por el deseo de encajar en determinados grupos, y esto puede utilizarse para obligarnos a tomar malas decisiones[41].

Los anunciantes suelen fabricar **urgencia** o **escasez** creando ofertas por un tiempo o cantidad limitados que hacen que los clientes tomen decisiones impulsivas. Los descuentos y las ofertas aprovechan nuestra tendencia a **asociar** los precios a valores conocidos, creyendo que estamos haciendo un buen negocio cuando una oferta del Amazon Prime Day cuesta un noventa por ciento menos que el precio original, aunque siga sin ser un buen producto. Y debido al **efecto de contraste**, la presencia de un plato ridículamente caro en el menú de un restaurante nos hace más propensos a pedir el segundo plato más caro[42].

¿Se te ocurre alguna ocasión en la que hayan utilizado una de estas tácticas para convencerte de que realizaras una determinada acción? ¿Y en la decisión de comprar este libro? Antes de exigir que te devuelvan el dinero, ten en cuenta que optar por no realizar una compra o tomar una decisión por rechazo a las tácticas de persuasión sigue representando un tipo de manipulación. El fenómeno de la **reactancia** es la tendencia a hacer lo contrario de lo que quiere alguien que intenta influir en ti[43]. Sigue consistiendo en tomar una decisión por razones distintas a tu propio juicio sobre tus méritos y, por tanto, no deja de ser un sesgo.

No todas las decisiones que otros quieren que tomemos son malas. Lo importante es que tomemos nuestras decisiones por nosotros mismos. Al desarrollar resistencia a las tácticas de manipulación, nos liberamos para tomar decisiones basadas en su beneficio para nosotros, independientemente de los deseos de los demás. Al igual que en el caso de los sesgos cognitivos, **puedes programar la inmunidad a la persuasión y la manipulación en tu sistema operativo**. Como siempre, este proceso comienza con la familiarización. Estudia las tácticas de manipulación, no para usarlas contra otros, sino para defenderte de ellas. De este modo, podrás aplicar los métodos que cubriremos en el próximo capítulo para reprogramar tus vulnerabilidades[42].

Cuando nos dejamos obligar a actuar en contra de nuestros propios deseos, objetivos e ideales, ponemos nuestro bienestar en manos de otros que tienen mucho menos interés en él. Cuando dejamos que el miedo a destacar nos impida defender nuestros valores, nos alejamos de nuestros ideales. Cuando dejamos que nuestros amigos celosos nos disuadan de nuestras ambiciones, nos alejamos de nuestros ideales. Y cuando dejamos que el deseo de gustar a los demás nos haga gustarnos menos a nosotros mismos, nos alejamos de nuestros ideales.

El individuo siempre ha tenido que luchar para no verse abrumado por la tribu. Si lo intentas, a menudo te sentirás solo, y en ocasiones, asustado. Pero no hay precio demasiado alto que pagar por el privilegio de ser dueño de uno mismo.

—**Rudyard Kipling**, entrevista con Arthur Gordon

Los peligros de la comodidad

Las tres adicciones más perjudiciales son la heroína, los carbohidratos y un sueldo mensual.

—**Nassim Nicholas Taleb**, *El lecho de Procusto*

A todos nos tienta la comodidad en el momento en que podemos alcanzarla, y aunque la comodidad no es problemática en sí misma, una vida cómoda no es en absoluto sinónimo de una buena vida. La **comodidad puede ser un poderoso sedante que genera complacencia y nos dificulta hacer las cosas que sabemos que deberíamos hacer.**

Desde el mismo momento en que nacemos, nos sacan a empujones de un cálido refugio hacia una lucha confusa y caótica. Esta lucha impregna los primeros años de nuestra vida; la infancia puede verse como una serie de salidas bruscas de la zona de confort. Ir al colegio por primera vez, pasar una noche lejos de los padres, entrar en un equipo deportivo, las primeras citas, los primeros empleos… Cada año, los jóvenes se ven arrancados de sus rutinas; de las personas a las que se habían acostumbrado; de las identidades que creían suyas.

El cambio es intrínsecamente doloroso. No tendemos a elegirlo si nos dan la opción[45]. Gravitamos hacia la homeostasis, y cuando salimos de ella, a menudo nos sentimos como si hubiéramos cometido un terrible error. No obstante, a menudo, en esta fase de la vida, no nos queda más remedio que sumergirnos de lleno. Las presiones para crecer y adaptarse son demasiado fuertes para resistirlas, y a los pocos que no quieren o no pueden adaptarse se los considera inmaduros o discapacitados[46]. Después de hacer uno de estos cambios, pasamos por un angustioso periodo de transición, que muchas veces dura meses. Nuestras antiguas fuentes de refuerzo han desaparecido y las nuevas no han tenido tiempo de ocupar su lugar.

Sin embargo, con la conclusión de esta transición llega un periodo dorado. Empezamos a aclimatarnos a esta nueva vida. Se respira un aire de novedad y oportunidad sin la sensación de alienación que teníamos al principio. Las nuevas personas que al principio parecían tan distantes ahora son emocionantes. La espontaneidad sustituye a la rutina y empezamos a vernos a nosotros mismos bajo una nueva luz. Las interacciones entre nuestra personalidad y los nuevos estímulos nos permiten ver aspectos de nosotros mismos que habíamos olvidado, o que no sabíamos que existían. Descubrimos nuestros propios ideales y nuevos caminos para alinearnos con ellos. Y esto es lo que llamamos crecimiento[47].

El ciclo es fiable durante bastante tiempo, y mientras algunos intentan luchar contra él cada vez, otros aprenden a amarlo. Cuando nos vamos a la universidad, nos mudamos a una nueva ciudad o empezamos un nuevo trabajo, nos lanzamos a lo desconocido con una especie de confianza en que todo saldrá bien. Y puede que a veces no sea así. Pero parece que, **en la inmensa mayoría de los casos, la decisión de abandonar la comodidad y abrazar lo desconocido recibe una generosa recompensa.**

> A la naturaleza le encanta el coraje. Tú te comprometes y la naturaleza responderá a ese compromiso eliminando obstáculos imposibles [...]. Así es como se hace la magia. Lanzándote al abismo y descubriendo que es un lecho de plumas.
>
> —Terence McKenna, *Unfolding the Stone*

Sin embargo, una vez que se ha alcanzado la edad adulta suele ocurrir algo extraño. La vida deja de empujar. Los rápidos que antes no te dejaban elección ahora te dejan en una piscina con todas las opciones que siempre quisiste. Por supuesto, de vez en cuando tu vida se tambalea inesperadamente, pero la mayor parte del tiempo tu preciado equilibrio permanece inalterado. Y lo que es más extraño, empiezas a tener la sensación de que te empujan en la dirección contraria. Las presiones sociales y biológicas, que antes te obligaban a cambiar y adaptarte, han decidido abruptamente que es hora de sentar la cabeza[48]. Es hora de asentarse en una buena ciudad, tener un buen trabajo y un buen hogar. Ahora los que insisten en el cambio y el crecimiento son los retrasados. Es hora de comprometerse.

Con el tiempo, te das cuenta de que tu zona de confort ya no puede seguir expandiéndose. Así que cedes, y no está tan mal. Conoces a alguien con quien disfrutas y empezáis a planear vuestra vida juntos. Tienes una casa bonita y un trabajo que no odias. Y lo has conseguido. Has conseguido la vida que todo el mundo quiere. La vida que la adolescencia no te dejó tener. Una vida que nunca te obliga a cambiar. Que te mantiene en ese cálido refugio de tu zona de confort y nunca te lanza al caos.

> A todos nos gustan las comodidades. Nos encantan las instalaciones prácticas y ultramodernas, las oficinas forradas de madera de roble y con vistas, los vestuarios impecables, las toallas suaves y esponjosas. Y es una lástima, porque el lujo actúa como un narcótico de la motivación: indica a nuestra mente inconsciente que se esfuerce menos. Le susurra: Relájate, ya lo has conseguido.
>
> —**Daniel Coyle**, *El pequeño libro del talento*

La evolución que experimentarás cuando hayas alcanzado este tipo de estabilidad es mucho más sutil. Es tan gradual que resulta casi imperceptible. La diversión, el desafío y la emoción se van apagando poco a poco. Y de nuevo, al cabo de unos pocos años más, todo se convierte en una versión diluida de sí mismo, especialmente tú. Olvidas gran parte de tu personalidad.

Olvidas tu potencial. Y olvidas que lo has olvidado. **Y esto es lo que llamamos decadencia.**

Nietzsche puede ser tendencioso en su opinión de que el sufrimiento es la clave de la grandeza, pero si sustituimos «sufrimiento» por «incomodidad», las cosas empiezan a tener mucho más sentido. En su libro *Hiking with Nietzsche*, John Kaag señala que a veces se critica la filosofía de Nietzsche por inmadura y más adecuada para la adolescencia. Sin embargo, Kaag afirma que muchas de las ideas de Nietzsche no solo son apropiadas para quienes se encuentran en plena edad adulta, sino que incluso «pueden resultar incomprensibles para los jóvenes»[49].

> Yo no tenía ni idea de lo aburrido que podía ser a veces el mundo. De lo fácil que sería quedarse en los valles, conformarse con la mediocridad. O de lo difícil que sería mantenerse alerta ante la vida [...]. Ser un adulto responsable es, entre otras cosas, resignarse a menudo a una vida que se queda radicalmente por debajo de las expectativas y potencialidades que uno tenía o, de hecho, sigue teniendo.
>
> —John Kaag, *Hiking with Nietzsche*

Aunque es cierto que muchas de las ideas de Nietzsche son grandiosas y dramáticas, también pueden servir a modo de poderosos recordatorios de que uno tiene la opción de soportar la incomodidad necesaria para hacer grandes cosas. Él sostenía que la gran vida era la vida del individuo que vence la resistencia, que supera el propio deseo de placer y comodidad. Al desarrollar el autocontrol y la integración de las partes de la psique, la persona podía desarrollar autonomía sobre sus propias acciones y dirigirlas hacia sus objetivos más elevados. Podía ser **una fuerza creativa y vivir de un modo que afirmara su propia naturaleza y promoviera su crecimiento**[50].

> Es tiempo de que el hombre fije su propia meta. Es tiempo de que el hombre plante la semilla de su más alta esperanza. Todavía es bastante fértil su terreno para ello. Mas algún día ese terreno será pobre y manso, y de él no podrá ya brotar ningún árbol elevado [...]. Yo os digo: es preciso tener todavía caos dentro de sí para poder dar a luz una estrella danzarina.
>
> —**Friedrich Nietzsche**, *Así habló Zaratustra*

Existe la creencia popular de que la mayor parte de la evolución y el crecimiento personal que experimentas en la vida habrán concluido a los treinta años. Pero se trata de una profecía autocumplida. Cuando la mayoría de la gente llega a los treinta, ya se ha encasillado en una vida que no le deja margen de crecimiento y ha aceptado que eso es sencillamente la norma. Este tipo de estancamiento no es inevitable, pero **para evitarlo hay que adquirir el hábito de romper continuamente y ampliar la zona de confort**[51].

Una vida limitada a tu zona de confort casi seguro que frenará tu potencial. No se puede construir una mente fuerte protegiéndose de la realidad. Hemos visto en capítulos anteriores que evitar entornos incómodos te hará vulnerable cuando las cosas no salgan según lo previsto[52]. Evitar las críticas incómodas te impedirá desarrollar tus ideas y convertirte en la persona que eres capaz de ser. Evitar creencias incómodas te protegerá de la verdad. Y evitar situaciones incómodas creará barreras que te impedirán saber quién eres capaz de ser[53]. **Debes aprender a hacer lo que te asusta**.

> Lo que no nos mata nos hace más fuertes.
> —**Kelly Clarkson**
> —Es broma, ese también es Nietzsche[54].

Otro firme partidario de elegir el crecimiento por encima del miedo fue Abraham Maslow. Sin embargo, también es responsable de popularizar uno de los mayores obstáculos para esta elección: las necesidades. La jerarquía de necesidades de Maslow enseñó a las personas que tienen ciertas necesidades psicológicas y que, si estas no se satisfacen, están incompletas o son deficientes como personas. Garantizar estas necesidades es un reto, pero perderlas es fácil. Muchos optan por no asumir riesgos en su vida por miedo a perder a las personas y circunstancias que satisfacen sus necesidades. Pero lo cierto es que no tienes necesidades obligatorias. No eres deficiente si no satisfaces todos tus anhelos; de hecho, sería imposible satisfacerlos todos. Maslow dijo:

> Uno puede elegir volver atrás hacia la seguridad o avanzar hacia el crecimiento. El crecimiento debe elegirse una y otra vez; el miedo debe superarse una y otra vez.
>
> —**Abraham Maslow**, *The Psychology of Science: a Reconnaissance*

Debes comprender que tu mente no es una máquina delicada a la que hay que proteger de la variabilidad y el estrés. **La mente puede mejorar a través del estrés y la incomodidad**[55]. Cuando te obligas a salir de tu zona de confort, adquieres experiencias de referencia que te enseñan que las cosas que temías no son tan malas. Te defiendes de las amenazas a tu comodidad, ampliando tu zona de confort hasta que todo te resulta cómodo y se han derribado todos los obstáculos en el camino hacia la alineación de valores.

Cuanto mayor te haces, más determinación necesitas para elegir el cambio y el crecimiento, y más difícil te resulta sacrificar la seguridad, la comodidad y el orden. Elegir cualquier cosa que no sea crecer es un camino seguro hacia el arrepentimiento. Y permitir que tu ansia de comodidad se interponga en el camino de tu potencial único es una de las barreras más comunes hacia la mejor vida posible y a alinearte con tus ideales.

No confundas una vida cómoda y fácil con la buena vida. La buena vida consiste en ir más allá de tus propios límites, superarte a ti mismo poco a poco, luchar por la grandeza, sea lo que sea lo que eso signifique para ti. La felicidad que resulta de la ausencia de incomodidad es la felicidad de la mediocridad. Vive tu vida no como si estuvieras tratando de atesorar un tesoro precioso, sino como si estuvieras elaborando tu propia autobiografía con cada decisión, **porque lo estás haciendo**.

El riesgo de corrupción

> No vivas como si te quedaran mil años. El destino pende solo de nosotros: mientras vivas, mientras puedas, hazte bueno.
>
> —**Marco Aurelio**, *Meditaciones*

Marco Aurelio es conocido como el último de los cinco emperadores buenos de Roma, y también fue un gran filósofo estoico. Todas las citas suyas a las que hemos hecho referencia proceden de su libro *Meditaciones*, que es una de las fuentes de sabiduría filosófica más poderosas que existen, pero no por sus ideas innovadoras o sus ingeniosos argumentos. Lo que hace que este libro sea tan increíble se encuentra en el hecho de que era el diario personal del emperador romano. La intención nunca fue publicarlo. Fue escrito por el hombre más poderoso del mundo en aquel momento con el único propósito de ayudarse a sí mismo a vivir una vida mejor mediante recordatorios diarios de la sabiduría y los principios estoicos[56]. La razón por la que este tipo de obras nos parecen tan increíbles es que la mayoría de nosotros nos damos cuenta de lo fácil que sería para alguien con un poder inmenso dejar de intentar vivir con integridad. Esperamos que los poderosos sean corruptos. Esperamos que los políticos traicionen sus promesas cuando tienen oportunidad. Suponemos que las empresas se venderán cuando hayan crecido lo suficiente. Todos hemos visto a amigos comprometer sus principios tras un aumento de estatus social. Y muchos de nosotros hemos tenido personalmente la experiencia de alejarnos poco a poco de nuestros valores en cuanto dejamos de ser responsables externamente de ellos.

Los hábitos negativos del carácter pueden introducirse lentamente si no estamos atentos. Podemos desarrollar el hábito de menospreciar a las personas de nuestra vida si ellas lo permiten. Podemos sentirnos atraídos a hablar negativamente de los demás a sus espaldas. Encontramos maneras de justificar nuestro propio comportamiento incluso cuando sabemos que lo encontraríamos repulsivo en otra persona.

La corrupción del carácter es un fenómeno muy real, y aunque Marco Aurelio es testimonio de que el poder absoluto no siempre «corrompe absolutamente», es demasiado fácil permitir que el comportamiento de uno se degrade[57].

> Nada revela el verdadero carácter como el uso del poder.
> A los débiles les resulta fácil ser amables. La mayoría de la
> gente puede soportar la adversidad. Pero si quieres saber
> cómo es realmente un hombre, dale poder. Esta es la prue-
> ba suprema.
>
> —**Robert Ingersoll**, *Las obras de Robert G. Ingersoll*

Tú, como todo el mundo, has tenido impulsos de hacer cosas terribles, cosas que pueden ir en contra no solo de la ley, sino lo que es más importante, de tus propios valores personales. La razón por la que simplemente pensaste en esos actos en lugar de cometerlos se debe en última instancia a tus habilidades de autorregulación conductual: la capacidad de dirigir tus propios impulsos en lugar de que sean dirigidos por debajo de tu conciencia[58].

¿Quién no ha sentido alguna vez la tentación de violar la confianza de su pareja o de conducir en estado de embriaguez, poniendo en peligro la vida de muchas personas? La mayoría de la gente no solo ha estado tentada, sino que ha cedido a esas tentaciones. No me corresponde a mí decirte qué acciones debes llevar a cabo o cuáles evitar; ese es el papel de tus valores. Pero en cuanto el impulso está presente y desaparecen los riesgos de que nos pillen o nos castiguen, **nuestro comportamiento por defecto será hacer lo que se nos antoje sin tener en cuenta nuestros valores.**

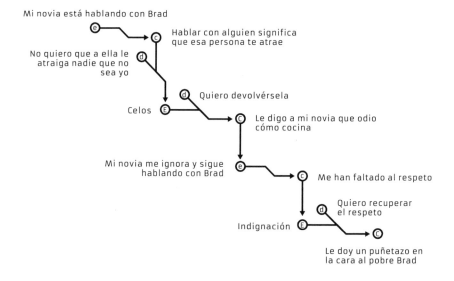

Una de las claves menos discutidas para superar los comportamientos por defecto se reduce a la identidad. Los seres humanos estamos hechos para intentar conservar una visión positiva de nosotros mismos[59]. Aunque esta tendencia puede dar lugar a una percepción distorsionada de nosotros mismos y al narcisismo, también es la clave de algunas de las mayores capacidades humanas. En muchos sentidos, **nuestro sentido de la identidad determina**

las acciones que emprendemos y los hábitos que construimos[60]. Hay una gran diferencia entre alguien que cree que está intentando aprender a tocar la guitarra y alguien que cree que es músico, o alguien que cree que está intentando dejar de beber y alguien que cree que no bebe.

En su excelente libro *Hábitos atómicos*, el autor James Clear ilustra el vínculo entre nuestra identidad y nuestro comportamiento, afirmando que «Cada acción es un paso a favor o voto por la persona en quien te quieres convertir».

> Para lograr ser la mejor versión de ti mismo, es necesario que edites constantemente tus creencias y que actualices y expandas tu identidad.

> —James Clear, *Hábitos atómicos*

Pero la relación entre identidad y comportamiento es una vía de doble sentido. **No solo la identidad determina el comportamiento, sino que el comportamiento también determina la identidad**[60]. A pesar de que muchos pensamos que nos conocemos a fondo, aprendemos en gran medida sobre nosotros mismos del mismo modo que los demás: observando nuestro comportamiento[61]. La autoseñalización hace referencia a nuestra tendencia a señalarnos ciertos rasgos para conformar nuestra propia percepción de nosotros mismos. Nos señalamos a nosotros mismos nuestro carácter a través de las acciones que realizamos repetidamente. Y las implicaciones para nuestra búsqueda de alineación con nuestros ideales son tremendas. Aunque podemos engañarnos a nosotros mismos en algún nivel, siempre estamos controlando nuestro propio comportamiento y evaluándonos en función de él, incluso cuando no somos conscientes de este proceso[62].

Podemos ver cómo este efecto se relaciona con el bienestar también en psicoterapia. La razón de la parte «conductual» de la terapia cognitivo-conductual es que a menudo no basta con decirnos a nosotros mismos que algo es cierto o falso para nosotros. Tenemos que demostrarlo. Las personas deprimidas suelen tener una autoestima increíblemente baja, además de dificultades para realizar incluso las tareas más sencillas, como levantarse de la cama. Uno de los ejercicios más comunes para estos pacientes es un programa de actividades diarias, en el que el paciente se compromete a realizar una lista de actividades como ducharse o dar un paseo. Con el tiempo, se aumenta el nivel de dificultad de las tareas hasta que es posible llevar una vida normal y mantener una imagen saludable de uno mismo. El hecho de que este método conductual sea a menudo muy eficaz en el tratamiento de la depresión demuestra que nuestro bienestar está profundamente ligado a nuestro comportamiento[63].

Nuestros hábitos sirven como prueba del tipo de persona que somos para nosotros mismos, lo que a su vez alimenta los propios hábitos. Si no hacemos nada, no tenemos pruebas del tipo de persona que somos. Y si hacemos sistemáticamente todas las cosas que haría nuestro yo ideal, tenemos todas las pruebas que necesitamos. Esta perspectiva nos devuelve a la visión aristotélica del carácter como la suma de los hábitos. Nuestros comportamientos son el refuerzo neuroplástico constante que programa nuestro *software*, y este *software* es la fuente de nuestros hábitos. **Así que, a menos que tomemos un papel activo en esta programación, quiénes somos y hasta qué punto nos alineamos con nuestros ideales serán una mera consecuencia del azar.**

Tenemos que ser cuidadosos a la hora de construir nuestra identidad, ya que centrarla en torno a determinados rasgos, aunque sean positivos, entraña ciertos riesgos. Por ejemplo, cuando uno está dotado por naturaleza para una habilidad determinada, la reconocerá rápidamente como un punto fuerte, y casi inevitablemente se convertirá en parte de su identidad. Su autoestima pasará a depender de este rasgo, ya sea el atractivo, la inteligencia o el humor. Invertirá más en él y menos en otras cualidades, lo que puede provocar un subdesarrollo en esas áreas. Si los rasgos con los que te identificas son inmerecidos o incontrolables, no podrán moldear tu carácter en direcciones positivas. Y en cuanto estos puntos fuertes te fallen o se desvanezcan, la imagen que tienes de ti mismo se romperá por completo[64].

> Los efectos de las experiencias únicas tienden a desvanecerse mientras que el efecto de los hábitos se refuerza conforme pasa el tiempo, lo que significa que tus hábitos contribuyen con la mayor parte de la evidencia que moldea tu identidad. De esta forma, el proceso de construcción de hábitos equivale en realidad al proceso de convertirte en la persona que eres.
>
> —**James Clear**, *Hábitos atómicos*

Una preocupación cada vez más común hoy en día es que los seres humanos no tienen motivos para rendir cuentas de sus actos sin los mandatos de la moral objetiva. Si no crees que siempre te vigila un juez omnisciente o que te audita un ciclo kármico de renacimiento, ¿por qué hacer lo correcto? ¿Por qué no seguir simplemente todos tus deseos? ¿Qué es la integridad aparte de la aceptación dogmática de normas sin consecuencias?

Sin embargo, desde la perspectiva de la alineación de valores, queda claro que las consecuencias son totalmente reales y agudas. **La razón para actuar de acuerdo con tus valores, incluso cuando nadie te observa, es que siempre te observa la persona más importante: tú mismo.** Te estás midiendo constantemente por tus comportamientos, y aunque puedas engañarte conscientemente haciéndote creer que estás a la altura de tus estándares, no puedes engañarte a ti mismo en todos los niveles[65]. Para lograr esta alineación, la correspondencia entre tus acciones y tus ideales debe ser auténtica.

> Cada vez que hagas algo, aunque solo tú lo sepas, pregúntate cómo actuarías si todo el mundo te estuviera mirando, y actúa en consecuencia. Fomenta todas tus disposiciones virtuosas y ejercítalas siempre que se te presente la oportunidad; ten la seguridad de que ganarán fuerza con el ejercicio, como lo hace un miembro del cuerpo, y que el ejercicio las hará habituales.
>
> —**Thomas Jefferson**, carta a Peter Carr

Conceptos como virtud, integridad y carácter parecen áridos y anticuados al oído moderno porque han llegado a asociarse con doctrinas anticuadas y prepotentes. Sin embargo, estas ideas tienen más que ofrecer que las exigencias categóricas. Ser una persona que uno mismo no aprueba es la peor forma de prisión en esta vida. Ser una persona que realmente amas y respetas, y no simplemente alguien con una autoestima inflada, es el zenit de la buena vida. Si valoras tus propios valores —y por definición los valoras—, tienes la razón más poderosa que podría darse para vivir de acuerdo con ellos. **Eres a la vez el protagonista y el público de tu propia vida, y el grado en que atraigas a este público es la medida del bienestar que alcanzarás.**

Principales conclusiones

- El autodominio conductual es la capacidad de dirigir tus conductas hacia tus objetivos de forma eficaz, y la autorregulación conductual, o autocontrol, es una de las mayores fortalezas humanas. Un algoritmo conductual se conoce como **hábito**, pero este término incluye acciones únicas que parecen aisladas. Los comportamientos se activan cuando los desencadenantes externos hacen que se genere un deseo, o impulso.

- Nuestros impulsos pueden alejarnos de nuestros ideales, y el mundo moderno amplifica estos impulsos, haciendo más difícil que nunca resistirse a ellos.

- La **conformidad social** se refiere al efecto de las palabras y acciones de los demás en nuestras propias decisiones. Aunque no siempre es consciente, nuestros amigos y familiares intentan a menudo influir sutilmente en nosotros para que tomemos determinadas decisiones.

- La comodidad puede ser un poderoso sedante que engendra complacencia y dificulta hacer las cosas que sabemos que debemos hacer, y la decisión de abandonar la comodidad y abrazar lo desconocido suele encontrarse con una generosa recompensa.

- Los hábitos negativos pueden introducirse lentamente y corromper nuestro carácter si no estamos atentos. La razón para actuar de acuerdo con tus valores incluso cuando nadie te observa es que siempre te observa la persona más importante: tú mismo.

9

Algoritmos del comportamiento y autocontrol

Comportamiento, autocontrol y fuerza de voluntad

Lo que la naturaleza une, la costumbre lo separa.

—**Confucio**, *Analectas*

Ahora que hemos cubierto los mayores obstáculos para vivir una vida autodirigida, podemos sumergirnos en los entresijos de la psicoconducta. Algunas personas tienen la capacidad de sobreponerse a sus impulsos la mayor parte del tiempo. Parecen ejercer un control sobrehumano sobre sus impulsos, cumpliendo constantemente sus objetivos a lo largo de la vida. Sin embargo, estas personas no están simplemente dotadas de niveles anormales de fuerza de voluntad. Utilizan estrategias que cualquiera puede aprender, y sus secretos pueden sorprenderte[1].

Todos sabemos que es posible superar los comportamientos negativos, romper con los malos hábitos y actuar de acuerdo con nuestros objetivos. Pero también es posible que creas que, para muchos de tus objetivos más elevados, simplemente careces de la fuerza de voluntad necesaria para hacerlos realidad. Debes romper los hábitos que chocan con tus ideales, encontrar la motivación para trabajar por ellos y hacer las cosas que sabes que deberías hacer. No obstante, a veces no puedes; no tienes fuerzas.

Desde la época medieval, se ha pensado que la clave del autocontrol reside en la fuerza extraordinaria de la voluntad[2]. Esta misteriosa energía de control que llevamos dentro nos permite resistir nuestros impulsos más fuertes y trabajar por lo que realmente importa. A menudo se nos dice que la fuerza de voluntad es como un músculo. Se agota en el momento en que la utilizamos. Cuanto más le exigimos, más se fortalece a largo plazo. No obstante, esta noción de fuerza de voluntad ha decaído a la luz del pensamiento y la investigación modernos[3].

Resulta que el músculo de la voluntad puede ser equivalente al porcentaje de glucosa en la sangre. Efectivamente, al igual que un músculo, la glucosa puede agotarse, y con ella la capacidad de resistirse a los impulsos. También puede reponerse temporalmente tomando una bebida azucarada, aunque a costa del autocontrol a largo plazo. No obstante, a diferencia de un músculo, parece que un mayor esfuerzo de la fuerza de voluntad no aumenta necesariamente su capacidad, aunque una dieta saludable y un sueño adecuado sí parecen hacerlo[4]. Aun así, el mayor problema de la idea de la fuerza de voluntad como clave del autocontrol es el siguiente: **las personas con mayor autocontrol ni siquiera utilizan la fuerza de voluntad**[5].

Todos hemos oído alguna vez esa inspiradora frase de que debemos superar nuestros deseos y hacer lo que es racional, pero de lo que no nos damos cuenta cuando decimos estas cosas es de que la idea de superar el deseo es un poco delirante. En realidad, no nos resistimos a nuestros impulsos. Hagamos lo que hagamos, siempre sucumbimos a nuestros deseos más fuertes. Aun así, esto no significa que no podamos controlarnos. Pero sí significa que, si queremos aprovechar el poder del autocontrol, tendremos que cambiar nuestra forma de pensar al respecto.

Nietzsche creía que todos los seres podían verse como la suma de una multitud de pulsiones que competían, entraban en conflicto y luchaban por el poder. Negaba que un individuo poseyera una voluntad unificada que pudiera superar esas pulsiones, y sostenía que las pulsiones más poderosas siempre vencen y determinan nuestras acciones. La clave del autodominio, sugería, no se encontraba en el uso de la razón o la fuerza de voluntad para vencer nuestros impulsos, sino en la coordinación de esos impulsos hacia ideales organizadores. El estado ideal es aquel en el que el individuo ha organizado sus pasiones y las ha dirigido hacia sus objetivos más elevados[6].

La visión de Nietzsche sobre los impulsos ha envejecido bien. Parece que tomar las medidas correctas y evitar las incorrectas es, una vez más, un proceso de diseño creativo, no una batalla de voluntad sin cuartel. Algunas de nuestras pulsiones anhelan alinearse con nuestros ideales y alcanzar nuestros objetivos. Pero no son las más poderosas por defecto. Si queremos que estos impulsos triunfen, tenemos que domesticar los deseos más fuertes, anulando el ruido para que se oigan los susurros de nuestros valores. **El secreto del autocontrol y los buenos hábitos reside en la gestión y el entrenamiento de estos deseos.**

El desencadenante inicial es elemento importante a la hora de reprogramar los comportamientos[7]. Para que un desencadenante genere un impulso, no solo hay que encontrarlo, sino que hay que prestarle atención e interpretarlo como algo deseable. Nuestras cogniciones y emociones influyen en nuestros comportamientos. Por lo tanto, podemos utilizar los estímulos ambientales, nuestros pensamientos o nuestras emociones para reprogramar nuestros hábitos[8].

El resultado inmediato de un determinado comportamiento también desempeña un papel importante en la formación de hábitos y puede diseñarse para alterarlos. La fuerza de un impulso está condicionada por la fuerza de la recompensa inmediata resultante de nuestra respuesta al desencadenante. Vemos la bolsa de caramelos en nuestra despensa y el ansia que sentimos nos obliga a coger un trozo. La fuerza de la recompensa inmediata refuerza el vínculo entre el estímulo y la respuesta. Esta recompensa, o la ausencia de ella, se denomina consecuencia[9].

Y en muchos casos, la reevaluación y reestructuración de los objetivos puede hacer que los deseos que estarían trabajando en nuestra contra trabajen en nuestro favor[10]. Esto nos deja con varias oportunidades prometedoras para reprogramar nuestros comportamientos, todas ellas encontradas en la modulación, la activación y el uso de nuestros deseos.

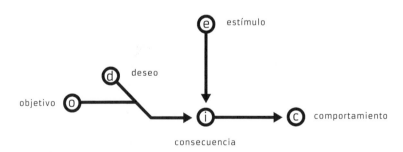

La capacidad de utilizar estas palancas para manipular nuestros impulsos es la clave del autocontrol. Utilizando estrategias más inteligentes y modulando la fuerza de los deseos y emociones existentes, podemos asegurarnos de que nuestros objetivos se cumplan no solo con eficacia, sino sin esfuerzo[11]. Poco a poco, podemos aprender a utilizar el uso de nuestros impulsos para impulsarnos en la dirección correcta y evitar que nos lleven por mal camino. Hemos visto que no debemos confiar en nuestras pulsiones como guías hacia la buena vida. Hemos visto que la tranquilidad emocional depende de la capacidad de modular estas pulsiones para evitar que nos causen un dolor innecesario. **Ahora es el momento de aprender a controlarlas.**

Diseña tus estímulos

> Nosotros diseñamos nuestro mundo, y al hacerlo, este reacciona diseñándonos a nosotros.
>
> —**Anne-Marie Willis**, *Ontological Designing*

Dentro de muy poco tiempo, los entornos de realidad virtual superarán a nuestro mundo físico como principal lugar de nuestra experiencia, lo que significa que todos los aspectos de nuestro entorno habrán sido diseñados por alguien[12]. El concepto de diseño ontológico sostiene que, al diseñar nuestro entorno, en realidad nos diseñamos a nosotros mismos, ya que la mente humana está moldeada en gran medida por sus experiencias. De ahí que exista un ciclo continuo de conformación entre el individuo y su entorno[13].

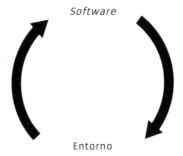

Software

Entorno

La primera oportunidad que tenemos de dar forma a nuestros propios algoritmos de comportamiento es a través de la estructuración activa de nuestro entorno. Este proceso nos permite evitar las entradas que desencadenan comportamientos no deseados o asegurarnos de encontrar las que desencadenan comportamientos deseados. Sin embargo, el objetivo del diseño del entorno no consiste solo en evitar las señales negativas, sino en utilizarlas para condicionar los hábitos, haciéndonos invulnerables a las amenazas cuando inevitablemente aparecen. Puede parecer obvio que podemos influir en nuestro comportamiento eligiendo las situaciones en las que nos encontramos. Un alcohólico puede elegir no entrar en un bar. Un comedor poco saludable puede elegir no comprar el tarro gigante de Nutella, o al menos no ponerlo en su mesilla de noche[14]. Los estoicos podían considerar que las condiciones ambientales eran irrelevantes y solo merecían nuestra indiferencia[15]. Pero cuando descuidamos el papel de nuestro entorno, lo hacemos en nuestro propio detrimento. Aunque nos centremos en el mundo interior, el exterior no es irrelevante. El mundo que nos rodea nos moldea de forma poderosa. Podemos hacernos resistentes a la manipulación de los demás, pero no podemos eliminar toda la influencia que nuestro entorno ejerce sobre nosotros. Para nosotros, **el entorno supone una poderosa herramienta para moldear nuestro *software*.**

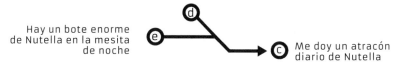

Si deseas cambiar tu *software*, es importante que te preguntes si hay algún cambio ambiental que pueda ayudarte a ello. Si tu objetivo es concentrarte más en el trabajo, diseña tu espacio de trabajo para que esté libre de distracciones. Si quieres empezar a meditar, ir a un retiro de meditación te encerrará en un entorno que creará hábitos más fuertes que los que crearías solo en tu habitación. En muchos sentidos, el **proceso de diseñar tu entorno es el proceso de diseñarte a ti mismo.**

> Moldeas el jardín de tu mente cultivando elementos específicos de tu entorno, como tus lecturas, tus experiencias y la gente de la que te rodeas.
>
> —Benjamin Hardy, *Cambia tu entorno, cambia tu vida.*
> *La fuerza de voluntad no funciona*

Una forma esencial de diseñarse a uno mismo a través del entorno es rodearse de personas que tengan prioridades, rasgos o prácticas que a uno le gustaría cultivar en sí mismo. Estadísticamente, cuantas más personas con sobrepeso haya en tu círculo social, más probabilidades tendrás de padecer sobrepeso[16]. Así que, si quieres estar más en forma, nadarás contra corriente si no entras en entornos activos o estableces vínculos con personas que dan prioridad a la forma física. Los rasgos de carácter de la gente que te rodea también se te pegarán, de modo que las personas honestas, narcisistas, altruistas o manipuladoras te irán moldeando gradualmente conforme a esos rasgos[17].

Observa cómo está organizado tu espacio vital. ¿Qué comportamientos favoreces y cuáles descuidas o rechazas? ¿Dirías que el espacio físico en el que pasas el tiempo es representativo de la persona que te gustaría ser? Tus entornos digitales también te dan forma. Las páginas web que visitas con regularidad, los podcasts a los que te suscribes y las aplicaciones que tienes en el teléfono te moldean. Si quieres distraerte menos, desactiva las notificaciones y date de baja de los boletines electrónicos que no te acerquen a tus ideales, y considera suscribirte a aquellos que sí lo hagan.

La segunda oportunidad para cambiar comportamientos es a través de nuestra atención y pensamientos. Tal y como establecimos en la sección emocional, nuestras experiencias externas suelen filtrarse a través de nuestros pensamientos antes de desencadenar comportamientos. Esto significa que **nuestros pensamientos y nuestra atención desempeñan un poderoso papel en las acciones que llevamos a cabo**.

La mayoría de la gente conoce la prueba de las nubes de azúcar, el clásico experimento del psicólogo de Stanford Walter Mischel que relacionaba el autocontrol y el retraso de la gratificación con casi todas las métricas importantes de la buena vida. En él se pedía a los niños que resistieran el impulso de comerse una nube de azúcar tanto tiempo como les fuera posible. No tenían opción de cambiar de entorno porque se les pedía que se sentaran justo delante de las nubes.

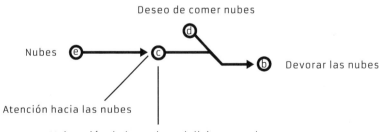

Deseo de comer nubes

Nubes

Devorar las nubes

Atención hacia las nubes

Valoración de las nubes: delicioso regalo por parte de los dioses de las golosinas

Sin embargo, los chicos que lo hicieron con éxito no apretaron los dientes y lucharon contra sus impulsos, suprimiendo sus antojos o intentando dominarlos. Los chavales que utilizaron esos métodos no duraron mucho. Los niños que tuvieron éxito utilizaron estrategias cognitivas que disminuyeron su deseo de comer nubes de azúcar, evitando la necesidad de ejercer el «músculo» de la fuerza de voluntad[18].

Diseño del estímulo

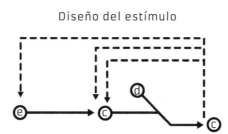

Una de estas estrategias es el **despliegue atencional**, en este caso, el simple hecho de distraerse con otra cosa. Numerosos estudios han demostrado que la capacidad y el hábito automático de distraerse de los estímulos tentadores puede ser un método muy eficaz para no ceder[19]. Los niños que eligieron jugar con juguetes o fingieron que lo hacían lograron resistirse a la tentación de las nubes durante más tiempo. Si te das cuenta de que algo te tienta, recuérdate a ti mismo tus objetivos definidos, aparta la mirada si la tentación es física y dedica tu mente a otra actividad. Es importante señalar que la distracción también puede ser un gran obstáculo para el autocontrol si se realiza mientras se participa en una actividad tentadora. Las personas que se distraen mientras comen no recuerdan cuánto han comido y consumen mucho más que las que comen de forma consciente[20].

Otro uso de nuestra atención es la práctica del *mindfulness*. Las personas que recibieron formación en estrategias de atención plena fueron capaces de desarrollar una conciencia de las sensaciones físicas que produce el deseo y observarlas desde una perspectiva no apegada y no identificada hasta que remitieron[21]. Una vez más, la atención plena opera dentro de las lagunas de los algoritmos para debilitar la conexión entre nuestros deseos intensos y nuestros comportamientos, dándonos un mayor grado de elección en las decisiones que tomamos.

Otro método poderoso es la **reevaluación cognitiva**, que ya hemos tratado en relación con la emoción. Del mismo modo que podemos reinterpretar el significado de un estímulo emocionalmente destacado, podemos reinterpretar un estímulo tentador para debilitar su influencia sobre nosotros. Los niños que pensaban que las nubes de azúcar eran sabrosas eran más propensos a perder el control y comérselas rápidamente. Los niños que fingieron que las nubes no eran reales o las compararon con nubes esponjosas fueron capaces de enfriar su deseo con mayor eficacia[22]. Del mismo modo, podemos reformular los alimentos tentadores como grasa que obstruye las arterias, las plataformas mediáticas adictivas como ruido psicológicamente tóxico y las drogas o el alcohol como veneno.

También podemos reevaluar las actividades beneficiosas para hacerlas más deseables. En lugar de pensar que el ejercicio es doloroso y agotador, podemos imaginar que cada serie o repetición nos hace más fuertes. Podemos imaginar que los nutrientes de los alimentos saludables impregnan nuestro cuerpo y nuestra mente y nos llenan de energía. Y podemos pensar que cada euro que no gastamos significa una pequeña porción de libertad.

El tercer factor que podemos modificar para cambiar nuestros comportamientos es la emoción. A veces, las personas adoptan ciertos comportamientos como mecanismos para afrontar las emociones difíciles[23]. El consumo compulsivo de alcohol, el sexo compulsivo y las compras por Internet pueden utilizarse para paliar temporalmente el dolor emocional, sin resolver ningún problema de forma duradera. A veces, estas conductas para afrontar las emociones difíciles son tan triviales como faltar ocasionalmente a una cita o pedir comida rápida a domicilio. Pero también pueden ser mucho más graves, incluso potencialmente mortales.

La terapia dialéctica conductual (TDC), una práctica terapéutica que surgió originalmente de la TCC, suele centrarse en el tratamiento de conductas nocivas como la adicción, las autolesiones e incluso la ideación y los intentos de suicidio. Uno de los principales ejercicios se conoce como análisis conductual en cadena, en el que un paciente investiga qué le llevó a la conducta objetivo y qué puntos de anclaje existen para prevenirla en el futuro[24]. He aquí un intenso y complejo ejemplo adaptado de la experiencia de un paciente que aparece documentado en el libro *Chain Analysis in Dialectical Behavior Therapy*, de Shireen Rizvi.

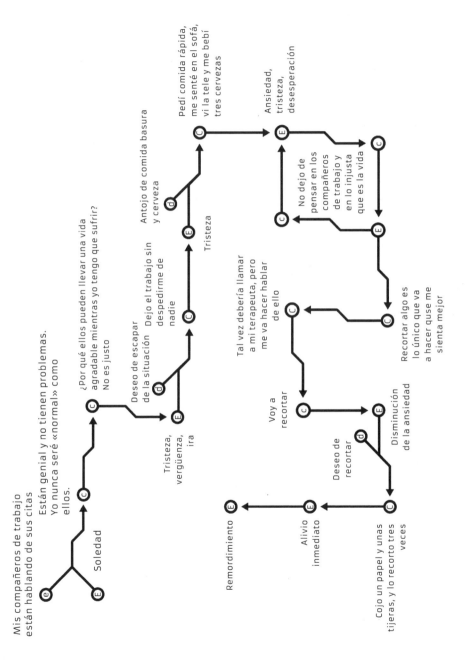

Todos los métodos anteriormente tratados para modificar las emociones pueden utilizarse para modificar nuestros comportamientos. Las evaluaciones cognitivas de este paciente están muy distorsionadas, y una vía prometedora para cambiar la conducta problemática serían los métodos de reestructuración cognitiva tratados en el capítulo 5. Aun así, merece la pena señalar que no todas las personas que lidian con sentimientos de soledad y ansiedad recurren a conductas extremas como autolesionarse.

Dado que un hábito es esencialmente un comportamiento que se ha asociado a un estímulo, uno de los mejores métodos para cambiar un hábito es sustituir el comportamiento problemático por otra respuesta a la misma entrada[25]. Imagina cuánto menos trágico sería el ejemplo anterior si recortar se sustituyera por hacer ejercicio. Si eres capaz de darte cuenta de que tu problema con la Nutella se desencadena por la sensación de aburrimiento, entonces el problema ya está medio resuelto. A continuación, puedes explorar las posibilidades de cambiar el comportamiento, como sustituir la Nutella por un tentempié similar pero más sano, como el yogur. Puedes redirigir los caminos que van de tus emociones a tus comportamientos y dirigirlos hacia un lugar más saludable, idealmente uno que no refuerce la emoción negativa que lo desencadenó.

Diseña tus consecuencias

También podemos moldear nuestro comportamiento alterando las consecuencias de nuestras acciones. La fuerza del deseo que conecta un estímulo ambiental con una respuesta conductual viene determinada por la recompensa resultante[26]. Si ganamos dinero después de jugar en una tragaperras, esta recompensa condicionará y reforzará la conexión entre el sonido de la máquina tragaperras y el acto de sentarse a jugar. Esto aumentará nuestras ganas la próxima vez y hará que el comportamiento sea más habitual. Por desgracia, volver a casa sintiéndonos fatal después de haber perdido mucho dinero tendrá menos poder condicionante que una pequeña ganancia, porque las recompensas más inmediatas tienen más fuerza. La sensación de satisfacción que obtenemos al correr una maratón tiene menos poder que el placer inmediato de una piruleta.

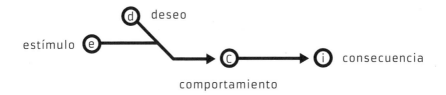

Afortunadamente, hay formas de aprovechar este poder de programación diseñando las consecuencias de nuestros comportamientos. Mediante el método conocido como **precompromiso**, puedes establecer ciertas recompensas y sanciones para tus comportamientos antes de enfrentarte a la tentación de ceder o aflojar[27].

Puedes debilitar tu afán de acumular dinero comprometiéndote a dar dinero a un amigo por cada día que no practiques un instrumento que quieras aprender. Simplemente haz un depósito a un amigo de confianza que solo podrás recuperar si cumples tu objetivo de comportamiento específico. También puedes crear un sistema de asignación en el que te «pagues» dinero para gastar cada vez que realices una acción deseada. Eso sí, asegúrate de que el buen comportamiento no agote tus ahorros. Al asumir estos compromisos, establece consecuencias significativas para comportamientos que normalmente no las tendrían[28].

Hay muchas formas de aprovechar tus impulsos sociales para hacer que tus objetivos definidos sean más gratificantes o que fracasar en ellos sea más punitivo. Anunciando públicamente los cambios en tu comportamiento que pretendes realizar, puedes elevar el riesgo en caso de que fracases. De este modo, tu aversión a la desaprobación social se sumará a la acción deseada[29]. Si contratas a un entrenador personal o tienes algún compañero de entrenamiento, podrás responsabilizar a tus hábitos y hacer que el hecho de no ir al gimnasio te haga decepcionar a los demás. También podemos pedir a las personas cercanas que nos elogien cuando realizamos con éxito una acción predefinida[30].

Incluso se ha demostrado que la redacción de un contrato en el que se indique exactamente lo que pretendemos hacer y su firma nos harán más propensos a llevarlo a cabo. Tenemos una aversión natural a romper nuestros compromisos, y **cuanto más formal sea el compromiso, más lo sentiremos si lo incumplimos**[31].

Mientras escribo esto, estoy utilizando una herramienta en línea llamada Focusmate, que se autodenomina herramienta de *coworking* virtual[32]. Organiza sesiones de vídeo de aproximadamente una hora entre desconocidos que intentan alcanzar sus propios objetivos y cada persona trabaja en silencio, compartiendo únicamente su objetivo al principio y los resultados finales. Es una herramienta sorprendentemente poderosa, y funciona porque redirige nuestros deseos de seguir adelante y de obtener la aprobación social hacia el objetivo de alcanzar eficientemente nuestros objetivos personales.

Hay otras tecnologías que también pueden ayudarnos a crear recompensas o castigos inmediatos para nuestros comportamientos. Aunque las recompensas suelen funcionar mejor que los castigos, los dispositivos portátiles como Pavlok administran descargas eléctricas por no levantarse al sonar el despertador, fumar un cigarrillo o ir a un restaurante de comida rápida al que se ha renunciado, lo que puede entrenar al usuario para no desear estas cosas[33]. Se ha demostrado que el simple acto de sonreír puede servir como recompensa, por lo que es posible condicionar los comportamientos positivos sonriendo inmediatamente después de realizarlos[34].

Un método conocido como **agrupación de tentaciones** nos permite apilar actividades placenteras sobre nuestros objetivos definidos. Si te gusta el fútbol, los baños de burbujas o disfrazarte de pirata, puedes estructurar tus planes de forma que solo te permitas hacer estas cosas después de completar

Un amigo me invita a una fiesta (e) → (c) → (i) Me permito disfrazarme de pirata
Hacer un trabajo en lugar de ir

una actividad disciplinada concreta. Esto hará que poco a poco asocies el comportamiento positivo con la gratificación hasta que empieces a desear la actividad positiva en sí[35].

Una de las formas más interesantes de aprovechar tu sistema de recompensas es mediante la construcción de una **economía de fichas**. Crea algún tipo de ficha, ya sea una ficha de póquer, un clip o una marca de verificación en tu cuaderno. Asigna un valor determinado a la ficha y asígnate una inmediatamente cada vez que realices una acción predeterminada. Puedes decir que una ficha equivale a un café, un concierto o un episodio de tu programa favorito. Con el tiempo, **la ficha se asociará tan estrechamente con la recompensa que servirá como una poderosa recompensa en sí misma**[36].

Una **función de obligación** es una circunstancia autoimpuesta que te «obliga» a ejecutar comportamientos que de otro modo serían difíciles o imposibles. Cuando te comprometes de antemano con una determinada situación, te encierras en una espiral positiva de la que es muy difícil escapar. Aunque hay un montón de recursos gratuitos en línea para aprender a programar, utilizarlos para desarrollar el nivel de competencia que obtendrías en una educación universitaria sería increíblemente difícil, simplemente porque los cursos gratuitos no tienen una función de obligación significativa. En los cursos universitarios tienes una inversión económica, el respeto de tus compañeros y profesores, calificaciones y títulos en juego, y **estos motivos te impulsarán de forma mucho más eficaz que toda tu fuerza de voluntad**.

Si eres capaz de nombrar un antojo o un placer culpable, lo más probable es que haya alguna forma de añadirlo a un comportamiento o hábito beneficioso para reforzarlo. ¿Puedes encontrar una forma de utilizar tu deseo de comer azúcar a modo de combustible para alcanzar tus objetivos? ¿Y tu deseo de relajarte? ¿Y tu deseo sexual? No te limites: cada impulso que tienes es una herramienta para impulsarte sin esfuerzo hacia tus ideales. Encuentra una manera de colocar tus impulsos existentes de manera que se apilen sobre los impulsos más débiles y lograr así un buen comportamiento. Si puedes reforzar tus motivaciones para completar objetivos definidos, el comportamiento se volverá automático y desaparecerá la necesidad de utilizar la fuerza de voluntad.

Hay ocasiones en las que la mejor manera de crear un hábito es aprovechar los impulsos existentes para que el comportamiento parezca producirse de forma automática. Podemos regular directamente nuestras pulsiones, reforzando o debilitando la conexión entre las señales y los antojos, y muchas de las tácticas de modulación que utilizamos para aumentar o disminuir nuestras emociones en el capítulo 6 también pueden emplearse para dirigir el comportamiento. El ascetismo puede utilizarse para debilitar el control de un deseo sobre nosotros y romper las leves adicciones que nos encierran en malos hábitos. Séneca habla del ayuno como un método para volverse menos adicto a las comidas regulares:

> Con todo, me agrada tanto poner a prueba la firmeza de tu alma que, de acuerdo con el precepto de hombres preclaros, te prescribiré tomes de vez en cuando algunos días en los que, contentándote con muy escasa y vulgar alimentación, con un vestido áspero y rugoso, digas para tus adentros: ¿Es esto lo que temíamos?

—**Séneca**, *Cartas de un estoico*

Nietzsche también señaló métodos específicos para lograr un mayor autocontrol. Uno de ellos era el mismo método de ayuno y ascetismo al que se refería Séneca. Otro consistía en programar momentos específicos para entregarse a ciertos antojos, absteniéndose estrictamente de hacerlo fuera del horario. Esto podría ayudar a asegurarnos de que la moderación aceptable no se salga de control.

Una sugerencia interesante que ofrece es que podemos asociar una idea dolorosa o desagradable (o, por el contrario, una idea muy agradable) a una acción concreta, de modo que, con el tiempo, el comportamiento y la idea se entrelazan y nuestros deseos nos empujan en consecuencia. Si determinadas emociones se asocian a un comportamiento, pueden favorecerlo o desincentivarlo. ¿Qué emociones te impulsan más?

Puedes utilizar la frustración que sientes cuando otras personas dudan de tu potencial para alimentarte. Solo tienes que asegurarte de que puedes contener esa rabia y evitar que te lleve a cometer errores impulsivos. Puedes utilizar el orgullo para encerrarte en hábitos positivos. Cuando practiques tocando un instrumento, imagínate tocando para las personas a las que más te gustaría impresionar. La sensación de orgullo que te produce un público inexistente sigue siendo real, y genera motivación. Cuando termines de leer un libro, colócalo en una estantería física o inclúyelo en el perfil de una plataforma *online* como Goodreads. Ver cómo se acumulan tus logros aumentará tu motivación, y compartirlos con los demás te fijará hábitos positivos[38].

Puede que el principal motivo por el hagas donaciones sea impresionar a tus amigos con tu generosidad. Pero si eres consciente de este hecho, no hay razón para que no puedas utilizar este impulso social para motivar las acciones que se alinean con tus valores. Utiliza los impulsos sociales de modo que te ayuden a fijarte objetivos personales que hayas decidido que son coherentes con tus valores. Crea un consejo imaginario de personas que encarnen colectivamente tus valores y consulta a este grupo en tu cabeza cuando tengas que tomar una decisión.

Diseña tus objetivos

Nuestros pacientes no luchan en el sentido normal, sino que más bien se desarrollan. Intentan crecer hacia la perfección y desarrollarse cada vez más plenamente, con su estilo propio. La motivación de las personas corrientes es una lucha por la gratificación de las necesidades básicas de que carecen.

—**Abraham Maslow**, *Motivación y personalidad*

Una fuente importante de motivación procede de la elección de objetivos que realmente nos resulten gratificantes y auténticos. Aunque hemos hablado de la importancia de establecer recompensas para los comportamientos positivos, las recompensas también pueden tener un lado oscuro cuando se trata de la motivación para las actividades reflexivas y creativas. Según las observaciones de Maslow, una de las cualidades más destacadas de los individuos más desarrollados y autorrealizados era la tendencia a sentirse motivados por procesos intrínsecamente gratificantes, como el crecimiento, la investigación y la creatividad, en lugar de por «la lisonja, el aplauso, la popularidad, el estatus, el prestigio, el dinero, los honores, etc.»[39].

Hoy tenemos más pruebas de ello. Numerosos estudios han demostrado que la motivación intrínseca, que consiste en hacer cosas que nos resultan agradables y atractivas, puede ser más poderosa que las recompensas extrínsecas[40]. Puede ser mucho más eficaz elegir objetivos hacia los que ya tenemos fuertes deseos que recompensarnos por ir en contra de nuestros deseos. Sin embargo, en contra de lo que podría parecer más lógico, la evidencia abrumadora sugiere que **las recompensas extrínsecas no solo pueden ser poco motivadoras, sino que en realidad pueden dañar nuestra motivación y generar un trabajo menor al del impulso intrínseco**[41].

Un estudio descubrió que cuantos menos indicios de motivación extrínseca había en la escuela, más probabilidades tenían los alumnos de tener éxito veinte años después. Sorprendentemente, **la falta de interés por las recompensas externas parece estar positivamente correlacionada con la obtención de esas recompensas externas**. Estos estudiantes de arte que estaban más motivados intrínsecamente tenían más probabilidades de haber realizado obras que recibieron un reconocimiento positivo y una mejor valoración[42].

Daniel Pink, autor de *La sorprendente verdad sobre qué nos motiva*, enumera siete problemas de las motivaciones extrínsecas:

1. Pueden eliminar la motivación intrínseca.
2. Pueden reducir el rendimiento.
3. Pueden aplastar la creatividad.
4. Pueden desplazar los buenos hábitos.
5. Pueden potenciar el engaño y comportamientos poco éticos.
6. Pueden generar adicción.
7. Pueden potenciar el pensamiento a corto plazo[43].

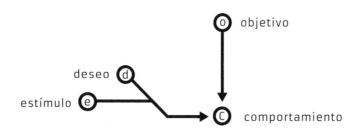

Cada vez más países se están adaptando a esta verdad ilógica. A medida que la automatización se hace cargo de trabajos más mundanos, los incentivos del palo y la zanahoria se utilizan menos para garantizar que el trabajo se haga. Se están construyendo más plataformas como Wikipedia, que funcionan únicamente gracias a la motivación intrínseca de sus colaboradores. Aunque muchas personas aspiran a jubilarse y dejar de trabajar, lo cierto es que los seres humanos no estamos hechos para no trabajar. Simplemente, estamos programados para desear un trabajo creativo, estimulante y significativo. A medida que se cierne la promesa de la inteligencia artificial, también lo hace la posibilidad de que todo el trabajo se realice con fines intrínsecamente gratificantes.

Pink señala tres propiedades de las actividades intrínsecamente motivadoras: autonomía, dominio y propósito. Si una actividad nos proporciona un reto creativo que contribuye a una causa significativa, puede estimularnos más que las actividades por las que recibimos una recompensa extrínseca. Cabe señalar que las tareas repetitivas que carecen de creatividad se ven reforzadas por las recompensas extrínsecas[44]. Y dado que muchos de los comportamientos y hábitos que deseamos cultivar son tareas importantes pero mundanas, es crucial hacer uso de las recompensas para estas actividades. Sin embargo, para las tareas importantes que nos proporcionan un sentido de autonomía, dominio y propósito, deberíamos desconfiar de las recompensas extrínsecas y esforzarnos por cultivar una motivación innata que nos alimente. *Un individuo con un alto grado de autodominio diseñará estratégicamente recompensas en lugares clave y dejará que el impulso intrínseco le empuje en otros.*

Esta motivación para lograr el autodominio puede eliminar la tensión del esfuerzo que solemos asociar con el trabajo duro y los grandes logros. La dificultad para motivarnos hacia nuestros objetivos suele deberse a la elección de objetivos que no coinciden con nuestras pasiones y valores personales. También podemos tener problemas de motivación si los objetivos que nos hemos fijado no encajan dentro del nivel de desafío en el que nos movemos. No deben ser demasiado elevados ni poco realistas, pero tampoco deben ser demasiado fáciles para que supongan un reto[45].

Tanto si haces ejercicio como si tocas un instrumento o emprendes un negocio, **debes ser capaz de ver y medir tus progresos para mantener la motivación**[46]. En el momento en que te estanques en tus objetivos y dejes de progresar, el ejercicio se convertirá en una tarea pesada. En el momento en que dejes de desafiarte musicalmente, más esfuerzo te costará mantener tus habilidades. Y en cuanto tu negocio deje de mejorar en cualquiera de los baremos que representan el éxito para ti, se convertirá en una obligación. La voluntad de construir es fundamental para la motivación intrínseca, así que si te preguntas por qué no puedes ponerte a hacer un trabajo, una afición o un proyecto, pregúntate si sientes que estás construyendo algo. Si no estás superando resistencias, enfrentándote a nuevos retos y progresando notablemente, **no te sorprendas cuando te falle la motivación.**

Si quieres tener una gran motivación, tienes que encontrar la forma de conectar tus objetivos con tus fascinaciones innatas.

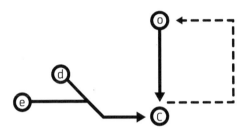

Diseño de objetivos intrínsecos

Si todos los objetivos que te fijas van en contra de tus propias pasiones, probablemente sea el momento de volver al capítulo 5 y cuestionar los objetivos que te fijaste. La satisfacción no se encuentra en la consecución de los objetivos, sino en su persecución, por lo que muchos de los pasos que hay que dar para alcanzarlos deben ser agradables[47]. Los artistas, autores y arquitectos más prolíficos y competentes lograron lo que hicieron porque encontraron la forma de sacar provecho de lo que ya les gustaba. Fíjate metas que se ajusten a quién eres, a lo que te gusta y a lo que valoras.

Objetivos infructuosos   Objetivos intrínsecamente gratificantes

valores   valores

objetivos   objetivos

comportamientos   comportamientos

Si quieres ponerte en forma, pero odias correr, empieza a jugar al tenis, que te exigirá lo mismo físicamente, pero te proporcionará los retos divertidos y atractivos de este deporte. Si tu objetivo es montar un negocio, conéctalo a una causa que te interese de verdad en lugar de utilizarlo para perseguir recompensas extrínsecas. La sensación de trabajar duro cuando tus impulsos se han alineado con tus objetivos no difiere de la sensación de jugar o de estar profundamente comprometido con algo. **Lo que buscas no es la ausencia de deseo, sino una experiencia sin fricciones con el deseo.** Quieres que tus deseos te lleven a donde quieres estar de una manera que parezca sin esfuerzo. Cuando la brújula de tu vida apunta en una dirección coherente hacia la que puedes alinear tus impulsos, todo lo demás encaja.

Principales conclusiones

- La mayoría de la gente piensa que la razón por la que pierde sus batallas internas de autocontrol es porque carece de fuerza de voluntad, pero las personas con mayor autocontrol ni siquiera utilizan la fuerza de voluntad.

- Para que un comportamiento se active, debemos encontrar un desencadenante, o **estímulo**, prestarle atención e interpretarlo como deseable.

- La fuerza de un impulso está condicionada por la recompensa inmediata de un comportamiento, o la falta de ella, llamada **consecuencia**. Esto nos deja varias oportunidades prometedoras para reprogramar nuestros comportamientos.

- Nuestro entorno puede ser una poderosa herramienta para dar forma a nuestro *software*. Puedes diseñar tu entorno físico y digital, así como las personas de las que te rodeas, para ayudar a diseñar tu propio *software*.

- Métodos como el **despliegue atencional** y el *mindfulness* pueden utilizarse para alterar los deseos prestándoles mayor o menor atención. La **reevaluación** puede utilizarse para aumentar o disminuir la fuerza de un deseo cambiando la forma en que interpretamos los objetos de deseo.

- También podemos diseñar las consecuencias de ciertos comportamientos, ya que son estas consecuencias las que programan nuestros deseos. Aunque las recompensas pueden ser útiles en ciertos casos, en otros, las recompensas extrínsecas no solo pueden ser poco motivadoras, sino que de hecho pueden perjudicar nuestra motivación y dar lugar a un trabajo inferior al impulso intrínseco.

10

Autodominio

La tríada del autodominio

> Componer nuestro carácter es nuestro deber, no compo-
> ner libros, y ganar no batallas y provincias, sino el orden y
> la tranquilidad de nuestro proceder. Nuestra obra de arte
> grande y gloriosa es vivir convenientemente. Todas las
> demás cosas, reinar, atesorar, construir, no son sino apén-
> dices y adminículos, como mucho.

> —Michel de Montaigne, *Ensayos*

Hemos llegado ya al último fragmento de la tríada del autodominio. Cuando combinamos el ámbito del comportamiento con los ámbitos cognitivo y emocional, aparece la imagen completa del autodominio. Estos tres
dominios representan la capacidad de convertirte en la versión más elevada de
ti mismo; de resistir las muchas fuerzas que te alejarían de ella.

El autodominio representa el grado en que eres capaz de alinearte con tus
propios ideales. En otras palabras, es la capacidad para convertirte en un gran
individuo y vivir una gran vida, según tus propios criterios. Las habilidades
que se encuentran en las distintas formas de autodominio, como la sabiduría,
la ecuanimidad y el autocontrol, no son meras virtudes importantes. **Son el
requisito previo, virtudes de segundo orden que permiten que surjan todas
las demás virtudes**[1].

A pesar de sus muchas diferencias, todos nuestros guías de la psiquitectura
se unen para cantar las alabanzas del autodominio:

> No el que vence a miles de enemigos en la batalla, sino el
> que se vence a sí mismo es el máximo vencedor.

> —Siddhārtha Gautama, *Dhammapada*

Tú tienes poder sobre tu mente, no sobre los acontecimientos. Date cuenta de esto y encontrarás la fuerza.

—**Marco Aurelio,** *Meditaciones*

Lo que busca el hombre superior, lo busca en sí mismo; lo que busca el hombre inferior, lo busca en los demás.

—**Confucio,** *Analectas*

Pero la sabiduría resulta especialmente en ese caso, porque enseña a hacerse tan dueño de ellas [las pasiones] y a manejarlas con tanta destreza, que los males que causan se soportan bien, e incluso se saca gozo de todos.

—**René Descartes,** *Las pasiones del alma*

Dejad, ¡por los dioses!, de admirar la materia, dejad de haceros a vosotros mismos esclavos, primero, de las cosas; luego, por causa de ellas, también de los hombres que pueden conseguíroslas o quitároslas [...]. Pues si tengo la opinión que debo sobre la pobreza, sobre la enfermedad, sobre el no desempeñar cargos públicos, ¿no me basta? ¿No ha de ser provechoso? ¿Cómo, entonces, he de seguir buscando el mal y el bien en lo exterior?

—**Epicteto,** *Disertaciones por Arriano*

Vencer a los demás requiere fuerza.
Vencerse a sí mismo requiere fortaleza.

—**Lao Tse,** *Tao Te Ching*

Los hombres más intelectuales, como son fuertes, encuentran su felicidad allí donde otros encontrarían su ruina: en el laberinto [...], su goce consiste en vencerse a sí mismos; el ascetismo es en ellos necesidad, instinto; y para ellos es un recreo jugar con vicios que destruirían a otros.

—**Friedrich Nietzsche**, *El Anticristo*

Lo que hace únicas a las filosofías que se esconden tras estas palabras es que rechazan el supuesto fundamental que nos formamos al principio de nuestras vidas: que la medida del éxito en la vida, y el mejor medio para alcanzarlo, es a través de las circunstancias y los logros de nuestra vida. Puede que estos antiguos pensadores tuvieran ideas ligeramente diferentes sobre cómo llegar hasta allí, pero coincidían en que el mejor estado del ser se alcanza no a través de medidas externas, sino a través de la mente. Su objetivo era superarse a sí mismos en lugar de superar el mundo. En el lenguaje de la psiquitectura, eran **optimizadores de *software***. Las personas que siguen estas filosofías no se esfuerzan principalmente por satisfacer sus carencias a través del mundo, sino que **viven para reforzar y dominar el vehículo mediante el cual lo atraviesan**.

Todos hemos oído el viejo tópico de que «la verdadera felicidad viene de dentro», pero este tópico es ambiguo y conduce a demasiadas personas a madrigueras espirituales que a menudo no conducen a nada. Para que resulte útil, debe combinarse con los métodos racionales para reprogramar nuestro *software* psicológico «desde dentro». He intentado ofrecer una manera de iniciar este proceso, pero primero hay que comprender, interiorizar y comprometerse con esta forma de pensar.

El bienestar psicológico es una propiedad sistémica de la mente; no se lo puede regalar a nadie, ni se lo puede quitar. Hay demasiadas personas con grandes vidas sobre el papel que siguen siendo desgraciadas al final del día. Muchas personas que se enfrentan a enormes adversidades se sienten realmente realizadas. Solo puedes ser tan feliz como tu mente esté programada para serlo. Esto significa que, aunque te sientas satisfecho en un momento dado, esa satisfacción es ilusoria en la medida en que te la pueden arrebatar. Si perder todas tus posesiones, circunstancias, posición social y relaciones te privaría de toda tu felicidad, **lo que tienes no puede llamarse felicidad**.

Tu cuerpo irá deteriorándose a lo largo de tu vida. Las relaciones irán y vendrán. El éxito material puede perderse. Todas estas cosas deben ser la guinda del pastel de tu bienestar. Nada de lo que ganes en la vida es tuyo. **Tu *software* psicológico es tu única posesión**. Es la mejor inversión que puedes hacer, una de las pocas cosas que puedes empezar a desarrollar ahora y conservar durante el resto de tu vida. Cuando tu mundo exterior es un caos, **puedes centrarte en tu mundo interior**. Deja que tu mente se convierta en tu santuario. Construye un palacio de claridad y paz en tu interior que puedas visitar en cualquier momento.

He tenido demasiadas conversaciones con personas que ni siquiera se habían planteado la posibilidad de que su vida externa fuera lo único que les importaba, que estaban convencidas de que eran unas fracasadas porque las circunstancias de su vida no habían cumplido sus expectativas. Otras están satisfechas consigo mismas y se muestran complacientes porque tienen un currículum impresionante y se han comprado una bonita casa.

Quienes no hayáis logrado la vida exterior soñada, no debéis permitir que la narrativa popular os convenza de que sois unos fracasados. El mundo os dirá que, si no habéis tenido éxito en todas vuestras empresas, sois imperfectos. Os dirá que, si vuestra vida económica, profesional o social no es perfecta, de algún modo valéis menos. Intentará convenceros de que el autodominio interno es irrelevante. No le creáis. Nunca envidies a las personas con las credenciales o las cuentas en redes sociales más impresionantes, a menos que tengas razones para creer que sus logros internos coinciden con los externos. **Solo aquellos que han alcanzado la grandeza de la mente son dignos de nuestra profunda admiración.**

Si tu carrera no está donde esperabas, tus medios económicos son modestos o tus relaciones son escasas, no eres un fracasado a menos que también carezcas de sabiduría, integridad y dominio de ti mismo. No obstante, ten cuidado de no idealizar los fracasos externos. Nuestras vidas externas pueden ser secundarias, pero no inconsecuentes. Tu entorno, tu estilo de vida y tus relaciones moldearán inevitablemente tu mente y te cambiarán. Si idealizas o justificas tu vida tal y como es, te mantendrás encerrado en un lugar que puede no tener un efecto positivo en ti.

A los que habéis alcanzado el éxito en vuestra vida externa, enhorabuena. Por el momento, estáis ganando el gran minijuego de la vida, pero estad atentos. Las historias de tu cultura te dirán que lo has conseguido, y la complacencia y la corrupción se colarán en cuanto creas que tu trabajo ha terminado. Decíos a vosotros mismos «ahora empieza el verdadero trabajo», cuando te alejas del juego exterior, desconectas y empiezas a optimizar tu mente.

Personalmente, yo hasta ahora he sido muy afortunado en mis circunstancias. No es mi objetivo trivializar las luchas de aquellos a los que les han tocado manos más difíciles. Si has pasado por circunstancias dolorosas, te doy mi más sentido pésame. Sin embargo, antes de justificar el estado actual de tu mente, pregúntate si todo el mundo con condiciones similares se ha resignado a ellas, o si hay algunos que han soportado dificultades iguales o mayores y, aun así, han logrado prosperar.

Entre los maestros que han inspirado esta obra hay huérfanos[2], esclavos lisiados[3] y prisioneros en campos de concentración[4]. Algunos padecieron enfermedades durante toda su vida[5] y otros perdieron a sus propios hijos[6]. Aleksandr Solzhenitsyn, prisionero en los campos de trabajo soviéticos del Gulag y autor de *Archipiélago Gulag*, nos recuerda que «el sentido de la existencia terrenal no reside, como nos hemos acostumbrado a pensar, en prosperar, sino… en el desarrollo del alma»[7].

La hipótesis de la autoesclavitud

El autodominio no solo afecta a la felicidad. Lo contrario al autodominio no es simplemente la incapacidad de uno mismo, sino **la autoesclavitud**. Cuando careces de autodominio, eres cautivo de tu propia mente. Tu preprogramación biológica te dice qué pensar, cómo sentir, cómo actuar y cómo dirigir tu vida. Estamos en manos del *software* que traemos por defecto, y esto puede afectar a mucha más gente que solo a ti.

Existe una idea antigua y aún prevalente de que los comportamientos destructivos y antisociales son producto del mal, de alguna inclinación psicológica misteriosa que hace que una persona cometa actos terribles. Sin embargo, no es coincidencia que estas personas también parezcan ser las menos realizadas psicológicamente, o que las personas más felices muestren un comportamiento más altruista[8]. La verdad es que muchas, si no todas, de las llamadas personas malvadas del mundo simplemente carecen de autodominio. Con la debida información, comprensión y los motivos adecuados, podríamos entender y curar a los psicópatas asesinos, a los dictadores brutales, a los tiradores en las escuelas y a los fanáticos beligerantes simplemente en lo referente a las debilidades de su *software* psicológico.

Ya hemos visto que quienes carecen de autodominio conductual son más propensos a experimentar ira explosiva y a cometer crímenes violentos. De hecho, entre las personas con menor autocontrol, **el cuarenta por ciento tiene**

condenas penales a la edad de treinta y dos años[9]. Estas personas experimentan los mismos impulsos violentos que todo el mundo tiene de vez en cuando, pero no consiguen contenerlos y a menudo se arrepienten de sus actos poco después de realizarlos. Son cortos de miras, ceden a sus deseos inmediatos y actúan de formas que violan tanto la ley como sus propios valores[10].

Podemos observar una falta de autodominio emocional en aquellos que urden ataques asesinos para rebelarse contra un mundo en el que no pudieron encontrar la paz. Estas personas a menudo arremeten y descargan su dolor en otros inocentes porque no han sido capaces de afrontar sus problemas y deseos de forma saludable. Los asesinos en masa suelen sentirse heridos y victimizados por el mundo, y sus complots para matar suelen ser intentos de llevar a cabo fantasías de venganza contra aquellas personas que consideran que les han hecho daño[11]. Aunque estas personas a menudo han sufrido abusos o rechazo, su falta de resiliencia emocional y ecuanimidad las hace incapaces de afrontar sus dificultades de forma saludable[12]. **Sus emociones no reguladas las castigan porque carecen de estrategias eficaces para gestionarlas**[13].

> Hay quien no es capaz de hacer algo, y termina diciendo rabioso: ¡Ojalá no queden del mundo ni los cimientos! Esta forma tan odiosa de pensar es el colmo de la envidia, que razona así: Como yo no puedo conseguir tal cosa, que el mundo entero no posea nada, que deje de existir.
>
> —**Friedrich Nietzsche**, *Aurora: reflexiones sobre los prejuicios morales*[14]

Muchas de las mayores catástrofes y riesgos futuros son consecuencia de la falta de autodominio cognitivo. En su libro *Evil*, Roy Baumeister señala que «muchos actos particularmente malvados son realizados por personas que creen estar haciendo algo supremamente bueno». Desde terroristas hasta dictadores, pasando por asesinos, han cometido sus terribles actos en nombre de ideales superiores y un futuro mejor[15].

La mayoría de los actos de guerra, genocidio y terrorismo se producen porque sus autores carecen de capacidad de pensamiento crítico y de sabiduría. Hitler, Stalin y Thanos creían que hacían lo necesario para crear un mundo mejor. La razón por la que los llamamos malvados es que **estaban muy, muy equivocados**. Y esto se debe, en última instancia, a creencias erróneas y profundamente sesgadas y a un tremendo exceso de confianza en esas creencias. Estas personas suelen aceptar ideologías infundadas sin cuestionarlas. Suelen tener sistemas de valores dogmáticos y distorsionados. Son incapaces de pensar o de verse a sí mismos con claridad, y estas limitaciones se traducen en miopía, estupidez y corrupción[15].

¿Y qué pasa con los sádicos y los psicópatas? Todos tenemos algún impulso antisocial o incluso sádico, seamos o no capaces de admitirlo ante nosotros mismos. No obstante, esta no tiene por qué ser la característica definitoria del mal. Como ya hemos dicho, muchos de nuestros impulsos no coinciden con nuestros valores. Sin embargo, los valores, no los impulsos, son los verdaderos indicadores de las buenas elecciones. La mayoría de los asesinos en serie afirman que, aunque esperaban que sus actos asesinos fueran profundamente satisfactorios, el acto en sí les resultó decepcionante[16]. Siguen cometiendo estos actos a pesar de encontrarse continuamente con la decepción, que es el sello distintivo de la falta de sabiduría. Es la decisión de ceder a nuestros deseos desalineados, no la mera presencia de esos deseos, lo que representa una falta de sabiduría o autocontrol.

Siempre se ha creído que el rasgo principal de los psicópatas es la falta de empatía. Pero los psicópatas a los que se incita a sentir el dolor de otra persona demuestran que son capaces de «conectar» su empatía a voluntad, del mismo modo que muchas personas son capaces de apagar su empatía cuando lo necesitan[17]. Las investigaciones han descubierto que el autocontrol es un indicador mucho mejor del comportamiento antisocial que la empatía[18]. Y a pesar de los estereotipos de que los psicópatas son brillantes y calculadores, se ha descubierto que el trastorno antisocial de la personalidad, el diagnóstico formal asociado a la psicopatía, está relacionado con el comportamiento impulsivo, el pensamiento a corto plazo y la desregulación de las emociones[19-21]. En otras palabras, los psicópatas suelen carecer de las tres formas de autodominio.

Estoy abierto a la posibilidad de que existan seres humanos que puedan pensar incisivamente, practicar la introspección con claridad, establecer objetivos sabiamente, controlar sus emociones y su comportamiento eficazmente, y que aun así elijan cometer actos destructivos y antisociales. **Pero aún no he hallado pruebas convincentes de que exista una persona así.** Todos los casos de supuestos malvados que he estudiado demuestran una extrema debilidad y esclavitud de sí mismos en al menos un ámbito de su *software*. Y lo que es más importante, en cada uno de estos casos, ese *software* habría podido teóricamente ser reestructurado. Tenemos que desplazar nuestra atención y nuestras conversaciones de los acontecimientos y acciones superficiales a sus fundamentos psicotécnicos. Tenemos que profundizar en los patrones algorítmicos que yacen detrás de lo mejor y lo peor de la naturaleza humana.

Aristóteles sostenía que la educación, la riqueza y las fortalezas personales de una persona desempeñan un papel importante a la hora de vivir una buena vida[22]. Esto se ha interpretado erróneamente como una afirmación de que existen barreras duras que impiden a las personas pobres, desafortunadas o poco atractivas vivir una vida feliz y moral. Sin embargo, hay una forma mucho mejor de interpretar su afirmación. Nuestros genes, educación, fuerzas naturales y primeras experiencias vitales conforman exclusivamente nuestro *software* psicológico hasta que desarrollamos la autonomía para examinarlo y darle forma por nosotros mismos. Estos factores representan nuestra configuración por defecto. Nuestro punto de partida psiquitectónico.

El *software* de un individuo que es neurótico o violento por naturaleza, tuvo una infancia difícil o ha sufrido traumas graves tendrá que recorrer un camino más largo que otros para construir una mente que se alinee con sus ideales. Los traumas, las pérdidas y los abusos pueden incrustar y habituar redes enteras de algoritmos que pueden plantear grandes retos al psiquitecto. Y estos retos pueden ser demasiado grandes para algunos. **Aun así, la única barrera verdaderamente insuperable para la psiquitectura es no emprender el proyecto.**

Optimización del *software*

> Toda tu vida depende del *software* que tienes en la cabeza. ¿Cómo no obsesionarte con optimizarlo? Y aun así, la mayoría de nosotros no solo no nos obsesionamos con nuestro propio *software*, sino que ni siquiera lo entendemos, ni cómo funciona, ni por qué funciona así.
>
> —Tim Urban[23]

Este libro ofrece un nuevo modelo de algoritmos psicológicos que puede iluminar muchas de las relaciones entre fenómenos mentales de los que poca gente es consciente. Sin embargo, este modelo se asemeja más a una especie de interfaz funcional que a una teoría. Aunque esta estructura se basa en numerosas investigaciones psicológicas, no es la última palabra sobre la estructura del *software* psicológico. En realidad, los algoritmos psicológicos son demasiado complejos para ser representados por un modelo funcional.

El valor de este modelo es dar forma al marco del *software* y convertirlo en un algoritmo para pensar en los problemas psicológicos. Piensa en cómo se interconectan tus cogniciones, deseos, emociones y comportamientos y cómo interactúan con tus estímulos externos. Debes entender que estas diferentes variables se influyen mutuamente y se encadenan para formar visiones del mundo, patrones de comportamiento y trastornos del estado de ánimo. Pero también comprender que es posible formar redes compuestas por rasgos adaptativos, fortalezas de carácter y sabiduría. **Comprender que existen puntos de apoyo indiscutibles para reprogramar estos patrones negativos y convertirlos en positivos**.

Todo proceso de diseño, desde la arquitectura de la construcción hasta la arquitectura del *software*, intenta desarrollar un anteproyecto para un sistema o artefacto que salve la distancia entre lo que es y una visión de lo que podría ser, guiado por nuestros valores y principios compartidos. Y cualquiera que haya participado en este proceso creativo conoce la inmensa satisfacción de contemplar la propia creación a medida que se acerca a este estado más ideal.

La psiquitectura no es una excepción. A medida que te acercas a tus ideales, puedes contemplar tu *software* con la satisfacción de ver lo lejos que has llegado y la emoción de ver lo lejos que te queda por llegar. ¿Quién es tu yo ideal? ¿Cuáles son los valores y principios más elevados que encarna esa persona? ¿Cómo es el *software* psicológico de esa persona? Y lo que es más importante, ¿cuál es la diferencia entre ella y tu *software* actual? Cuando hayas respondido a estas preguntas, podrás empezar a dar pasos hacia ese ideal.

Un psiquitecto vive en un estado de perpetuo devenir, experimentando con su mente, reinventándose y elevando gradualmente su estado de ser. Para él, descubrir y poner en práctica nuevas formas de pensar beneficiosas es como un juego.

La vida de un verdadero psiquitecto es una especie de metaexistencia. Sigue viviendo en el mundo como un humano, pero llega a vivir por encima de su mente en cierto sentido, ya que **empieza a identificarse como el diseñador de su *software* en lugar de ser sinónimo de él**. Empieza a ver a través de las ilusiones que le presentan sus inclinaciones por defecto y la realidad social que le presentan otras personas. Las historias automáticas construidas por su cognición empiezan a aparecer como eso: historias, y no como la realidad misma. Sus emociones dolorosas se convierten en las reacciones programadas, o que aún no han sido desprogramadas, a estas historias.

Un psiquitecto es un coleccionista de mecanismos mentales adaptativos, un artesano de estructuras psicológicas estratégicas. Llega a ver las emociones negativas no deseadas como ineficiencias en su programación. Las ideas y principios sabios llegan a verse como fragmentos de sistemas cognitivos de código fuente abierto. Asume la responsabilidad de sus defectos y prejuicios humanos innatos y de programarlos para eliminarlos. La psiquitectura es un modo de pensar que puede permitirte abrazar y disfrutar cada vez más de la vida. **Se trata de salir de tu propio camino y eliminar los obstáculos que te impiden apreciar plenamente este increíble mundo.**

¿Has conocido alguna vez a una persona invencible? Alguien que pareciera no perder nunca el equilibrio, le pasara lo que le pasara. Alguien que se riera cuando otros se derrumbaban, que pareciera tener una manera de convertir cada revés en una victoria sin comprometer nunca lo que le importaba. Un psiquitecto experimentado puede actuar como si nunca hubiera tenido programado el sufrimiento humano normal, como si fuera una persona tranquila y relajada por naturaleza. Pero, siendo realistas, lo más probable es que este tipo de persona sea el producto de su propio y riguroso esfuerzo por programar los aspectos desagradables de sí misma.

La primera vez que reprogramas con éxito un punto de dolor, una creencia autolimitante o un comportamiento problemático al que antes estabas sujeto, no solo sientes que has mejorado un poco a la hora de enfrentarte a la vida; sientes que has abierto la puerta a una nueva forma de ser. Cada vez que desbloqueas una de estas herramientas, adquieres una perspectiva cada vez más elevada, eres capaz de mirar desde arriba el problema y reírte del hecho de que alguna vez te preocupara.

Más allá de la condición humana

> El cuadro —lo que para nosotros, hombres, se llama actualmente vida y experiencia— ha llegado poco a poco a ser lo que es, se halla todavía hoy en el periodo del desarrollo, y por esta razón no debería ser considerado como una grandeza estable.

—**Friedrich Nietzsche**, *Humano, demasiado humano*

¿Qué pasaría si pudiéramos proporcionar a cada individuo una serie de potentes psicotecnologías para comprender y optimizar las funciones de su propia mente? ¿Cuáles serían los efectos acumulativos en la sociedad si el objetivo más elevado de cada persona fuera superarse a sí misma y construir la mejor mente posible? El propósito de la psiquitectura no es solo disminuir el sufrimiento, sino perseguir la grandeza y el florecimiento activo. Me interesa el desarrollo psicológico más allá de la norma: el potencial humano. Y creo que, por razones que están totalmente bajo su control, la mayoría de las personas de hoy en día están enormemente por debajo de sus propios valores.

En nuestra cultura existe una brecha enorme y creciente entre habilidad y sabiduría, **una brecha cada vez más peligrosa**[24]. La cultura moderna está obsesionada con lo externo. Nombramos a líderes que presentan una fina apariencia de fuerza y logros superficiales. Prestamos tanta atención a estas fachadas, que no indagamos en sus fundamentos. Como resultado, vivimos en un mundo cuyo destino recae cada vez más en manos de los individuos menos sabios y más obsesionados por el poder.

Cuando la gente se propone mejorar su vida, mira hacia fuera. Se pregunta cómo podría elevar su estilo de vida, su estatus o sus posesiones. Cuando hablamos de habilidades para la vida, la mayoría piensa en las habilidades necesarias para conseguir trabajo, atraer a la pareja y gestionar las finanzas. Todas ellas son habilidades perfectamente admirables, pero son secundarias. Todo fin externo es un medio para alcanzar un fin interior. Y muchos de nuestros objetivos internos más profundos pueden alcanzarse directamente. El principal sentido en el que la gente de hoy necesita mejorar su vida tiene que ver con la sabiduría, el carácter y el bienestar. No son habilidades que se enseñen en la escuela.

Las empresas prometen hacer del mundo un lugar mejor[25] creando dispositivos y servicios que a menudo lo único que consiguen es obstaculizar aún más el camino hacia el bienestar. Creo firmemente en la promesa de la tecnología, cuando se orienta hacia los fines adecuados, de conducir a un mundo verdaderamente mejor para todos. Pero yo diría que el noventa y nueve por ciento de las tecnologías creadas hoy únicamente generan nuevas adicciones. Solo «mejoran» nuestras vidas en la medida en que se convierten en nuestra nueva base de expectativas, creando en última instancia nuevas barreras hacia la satisfacción.

Hay tecnologías, como la medicina, que realmente mejoran la vida de las personas. Pero la mayoría de las tecnologías que pueden servir realmente a este fin son psicotecnologías. Necesitamos herramientas y métodos para cultivar el autodominio, así como un bienestar sólido. Tenemos que encontrar y proporcionar las claves del tipo de florecimiento que depende menos de las cosas externas, no más de ellas. Si de verdad queremos mejorar el mundo, tenemos que formar a las personas para que construyan sistemáticamente mentes mejores: **nuestro énfasis en «hacer feliz a la gente» debe pasar a «hacer gente feliz».**

Quiero trabajar por un mundo de individuos que vean a través de la ilusión. Que ya no se dejen engañar por los parámetros de vanidad y las trampas para turistas de la vida. Que puedan frenar sus juicios, descartar las fachadas y los personajes, y plantearse las preguntas que más importan. Que sitúen el cultivo de una mente mejor en lo más alto de sus prioridades, no solo porque es lo más importante en sí mismo, sino porque es la base para cualquier otro esfuerzo.

He intentado crear un conjunto de herramientas iniciales para inspirar y capacitar a las personas para que modifiquen sus propias mentes. Sin embargo, este conjunto de herramientas no está ni mucho menos completo, y este libro es solo el principio. Por eso, mi principal objetivo es encender la llama de la psiquitectura en tantas personas como sea posible. De ese modo, cada individuo puede construir sus propias herramientas y contribuir al gran juego de herramientas colectivo.

> Básicamente, no hay ninguna razón por la que el placer, la emoción, el bienestar profundo y la simple alegría de estar vivo no puedan convertirse en el estado mental natural y por defecto de todos los que lo deseen.
>
> —Nick Bostrom[26]

Aunque suele ir acompañada de descripciones de artilugios futuristas, mejora del organismo y preocupaciones lejanas, la visión transhumanista nos recuerda que la humanidad puede ser mucho mejor de lo que es hoy. La condición humana es un trabajo en progreso. Un borrador temprano y muy tosco de lo que podría ser una obra maestra. Y la evolución de la sociedad comienza con la evolución de la mente individual. Esta evolución no puede dejarse al azar. Debe ser el resultado de un diseño deliberado llevado a cabo por cada persona y dirigido hacia los valores más elevados de su interior. El marco del *software* y los principios de la psiquitectura son psicotecnologías básicas que, si se facilitan e inculcan en cada individuo, **podrían hacer avanzar radicalmente nuestra evolución**.

La ambición de este libro no es solo servir de manual. Puede que se base en una sabiduría atemporal, pero el manual que aquí se ofrece no es más que un borrador en constante evolución. Este libro existe, ante todo, para reforzar la idea de muchos de los visionarios de la psiquitectura: debes ser primero un optimizador de *software* y después un optimizador de circunstancias. Debes anteponer el desarrollo de tu mente a todo lo demás. Haz de la búsqueda de la psiquitectura tu máxima prioridad y observa cómo se transforman tu experiencia, tu vida y tu ser. No importa quién seas o de dónde partas, debes saber que tienes el poder de transformar tu *software* y alcanzar el autodominio. **Puedes diseñar tu mente**.

KIT GRATUITO DE HERRAMIENTAS PARA PSIQUITECTOS

+

EL LIBRO DEL AUTODOMINIO

Has llegado al final de *Diseña tu mente: los principios de la psiquitectura*. Si este libro ha sido valioso para ti y te gustaría contribuir de alguna manera, **por favor, escribe una reseña rápida y sincera.**

Además de este libro, los lectores registrados pueden unirse a la comunidad de psiquitectos y descargar el kit de herramientas del psiquitecto, una **guía gratuita de 50 páginas sobre psiquitectura** que incluye 64 recomendaciones de libros increíbles para leer a continuación.

También te regalaré un ejemplar de *The Book of Self Mastery: Timeless: Quotes About Knowing, Changing, and Mastering Yourself.*

Entra en designingthemind.org/psychitecture para conseguir tu kit de herramientas del psiquitecto y el libro sobre el autodominio.

Agradecimientos

Nunca me han gustado los apartados de agradecimientos. Al igual que las notas a pie de página y los apéndices, nadie está seguro de si debe leerlos. Los agradecimientos parecen irrelevantes para el lector, que no conoce a ninguna de las personas a las que se da las gracias y probablemente no le importe. Yo quería dar a los lectores un mensaje claro y nítido, pensado solo para ellos.

Sin embargo, la vida, así como el proceso de escribir, no es nítida ni clara, sino confusa. Y cuando llega el momento de publicar tu libro, no está bien no reconocer a las personas que te han ayudado a lo largo del camino. Hay más personas que me han ayudado de alguna manera de las que me esforzaré en agradecer aquí, pero algunas desempeñaron un papel directo en la realización de este libro.

Katlyn, solo gracias a tus continuos ánimos pude terminar este libro, y gracias a nuestras muchas bromas y aventuras que me obligaron a hacer una pausa para que no me consumiera por completo. Gracias por formar parte de este viaje.

A mis padres, Ron y Dena, gracias por apoyarme a lo largo de toda mi vida, por vuestros comentarios brutalmente honestos sobre mi primer borrador y por vuestros amables elogios a mi borrador final.

A mis amigos, mentores y lectores beta, este libro es muchísimo mejor gracias a vuestros atentos consejos, comentarios e ideas. Gracias a Aaron Perkins, Alan K., Ben Rogers, Cavell H.-B., Christopher Clay, Felipe Olchenski, Hamish S., Jakub Smrček, Jeff Shreve, Jo Ann Miller, Jorge Rodighiero, Justin Qubrosi, Kate Theobald, Kelsey Butts, Konstantin V., Mark Mulvey, Matt Karamazov, Nate Shenkute, Nishit Chauhan, Philip L., Saeah Wood, Thibaut Meurisse y a varios increíbles lectores anónimos.

Y un agradecimiento especial a Hootie. Eres mi luz y mi musa.

Notas

Capítulo 1

[1] Joseph LeDoux, *The Deep History of Ourselves: The Four-Billion-Year Story of How We Got Conscious Brains*, edición ilustrada (Nueva York: Viking, 2019).

[2] Colleen A. McClung y Eric J. Nestler, «Neuroplasticity Mediated by Altered Gene Expression», *Neuropsychopharmacology* 33, n.º 1 (enero de 2008): 3–17, https://doi.org/10.1038/sj.npp.1301544.

[3] Sibylle Delaloye y Paul E. Holtzheimer, «Deep Brain Stimulation in the Treatment of Depression», *Dialogues in Clinical Neuroscience* 16, n.º 1 (marzo de 2014): 83–91.

[4] Akhlaq Farooqui, «The Effects of Diet, Exercise, and Sleep on Brain Metabolism and Function», 2014, 1–42, https://doi.org/10.1007/978-3-319-04111-7_1.

[5] Jon Kabat-Zinn, «Mindfulness-Based Interventions in Context: Past, Present, and Future», *Clinical Psychology: Science and Practice* 10, n.º 2 (2003): 144–56, https://doi.org/10.1093/clipsy.bpg016.

[6] «13 Effects of Transcranial Direct Current Stimulation (TDCS)», *Self-Hacked* (blog) (17 de diciembre de 2019), https://selfhacked.com/blog/tdcs-bene-fits/.

[7] L.-S. Camilla d'Angelo, George Savulich y Barbara J. Sahakian, «Lifestyle Use of Drugs by Healthy People for Enhancing Cognition, Creativity, Motivation and Pleasure», *British Journal of Pharmacology* 174, n.º 19 (octubre de 2017): 3257–67, https://doi.org/10.1111/bph.13813.

[8] Michael Pollan, *How to Change Your Mind: What the New Science of Psychedelics Teaches Us About Consciousness, Dying, Addiction, Depression, and Transcendence* (Nueva York: Penguin Press, 2018).

[9] «What Is Transhumanism?», *What Is Transhumanism?*, consultado el 25 de noviembre de 2020, https://whatistranshumanism.org/.

[10] «Six Paths to the Nonsurgical Future of Brain-Machine Interfaces», consultado el 25 de noviembre de 2020, https://www.darpa.mil/news-events/2019-05-20.

[11] «Home», Neuralink, consultado el 25 de noviembre de 2020, https://neuralink.com/.

[12] Eberhard Fuchs y Gabriele Flügge, «Adult Neuroplasticity: More Than 40 Years of Research», *Neural Plasticity*, vol. 2014 (2014), https://doi.org/10.1155/2014/541870.

[13] Norman Doidge, *El cerebro se cambia a sí mismo*. (Madrid: Aguilar, 2008).

[14] Melanie J. Zimmer-Gembeck y Ellen A. Skinner, «Review: The Development of Coping across Childhood and Adolescence: An Integrative Review and Critique of Research», *International Journal of Behavioral Development* 35, n.º 1 (1 de enero de 2011): 1–17, https://doi.org/10.1177/0165025410384923.

[15] David Whitebread y Marisol Basilio, «The Emergence and Early Development of Self-Regulation in Young Children», *Profesorado: Revista de Currículum y Formación de Profesorado* 16 (1 de enero de 2012): 15–34.

[16] Malcolm Gladwell, *Fuera de serie (Outliers)*. (Barcelona: DeBolsillo, 2018).

[17] Carol S. Dweck, *Mindset: la actitud del éxito*. (Barcelona: Sirio, 2017).

[18] David Buss y Martie Haselton, «The Evolution of Jealousy», *Trends in Cognitive Sciences* 9 (diciembre de 2005): 506–7; respuesta del autor: 508, https://doi.org/10.1016/j.tics.2005.09.006.

[19] Cory J. Clark *et al.*, «Tribalism Is Human Nature», *Current Directions in Psychological Science* 28, n.º 6 (1 de diciembre de 2019): 587–92, https://doi.org/10.1177/0963721419862289.

[20] Tammy Saah, «The Evolutionary Origins and Significance of Drug Addiction», *Harm Reduction Journal* 2 (29 de junio de 2005): 8, https://doi.org/10.1186/1477-7517-2-8.

[21] «Definition of ALGORITHM», consultado el 25 de noviembre, 2020, https://www.merriam-webster.com/dictionary/algorithm.

[22] «The Thing We Fear More Than Death», *Psychology Today*, consultado el 25 de noviembre de 2020, http://www.psychologytoday.com/blog/the-real-story-risk/201211/the-thing-we-fear-more-death.

[23] David L. Watson y Roland G. Tharp, *Self-Directed Behavior: Self-Modification for Personal Adjustment. Chapter 1: The Skills of Self-Direction* (Australia: Cengage Learning, 2013).

[24] Warren Tryon, *Cognitive Neuroscience and Psychotherapy: Network Principles for a Unified Theory. Chapter 3—Core Network Principles: The Explanatory Nucleus* (Londres, R. U.; Waltham, MA, EE. UU.: Academic Press, 2014).

[25] Aaron T. Beck, *Cognitive Therapy and the Emotional Disorders. Chapter 2: Tapping the Internal Communications*, s. f.

[26] «Human Nature», *Emotional Competency*, consultado el 25 de noviembre de 2020, http://www.emotionalcompetency.com/humanpercent20nature.htm.

27 David D. Burns, *Sentirse bien: una nueva terapia contra las depresiones,* capítulo 1, (Barcelona: Paidós, 2010).

28 Carey K. Morewedge *et al.*, «Debiasing Decisions: Improved Decision Making with a Single Training Intervention», *Policy Insights from the Behavioral and Brain Sciences* (13 de agosto de 2015), https://doi.org/10.1177/2372732215600886.

29 Benjamin Gardner y Amanda L. Rebar, «Habit Formation and Behavior Change», *Oxford Research Encyclopedia of Psychology* (26 de abril de 2019), https://doi.org/10.1093/acrefore/9780190236557.013.129.

30 Aristóteles, *Ética a Nicómaco.* (Madrid: Alianza Editorial, 2014).

31 Solmu Anttila, «A Philosophical Approach to Routines Can Illuminate Who We Really Are», *Aeon Ideas*, consultado el 25 de noviembre de 2020, https://aeon.co/ideas/a-philosophical-approach-to-routines-can-illuminate-who-we-really-are.

32 John H. Flavell, «Metacognition and Cognitive Monitoring: A New Area of Cognitive–Developmental Inquiry», *American Psychologist* 34, n.º 10 (1979): 906–11, https://doi.org/10.1037/0003-066X.34.10.906.

33 Jon Kabat-Zinn, «Mindfulness-Based Interventions in Context: Past, Present, and Future», *Clinical Psychology: Science and Practice* 10, n.º 2 (2003): 144–56, https://doi.org/10.1093/clipsy.bpg016.

34 Shian-Ling Keng, Moria J. Smoski y Clive J. Robins, «Effects of Mindfulness on Psychological Health: A Review of Empirical Studies», *Clinical Psychology Review* 31, n.º 6 (agosto de 2011): 1041–56, https://doi.org/10.1016/j.cpr.2011.04.006.

35 Sam Harris, *Waking Up: A Guide to Spirituality without Religion.* (Ed. Black Swan, 2015).

36 «Meditation Trains Metacognition». *LessWrong*, consultado el 25 de noviembre de 2020, https://www.lesswrong.com/posts/JMgffu9AzhYpTpHFJ/meditation-trains-metacognition.

37 Peter Sedlmeier *et al.*, «The Psychological Effects of Meditation: A Meta-Analysis», *Psychological Bulletin* 138, n.º 6 (noviembre de 2012): 1139–71, https://doi.org/10.1037/a0028168.

38 «A Map of Bay Area Memespace», *LessWrong*, consultado el 25 de noviembre de 2020, https://www.lesswrong.com/posts/WzPJRNYWhMXQTEj69/a-map-of-bay-area-memespace.

39 Tim Buschmann *et al.*, «The Relationship Between Automatic Thoughts and Irrational Beliefs Predicting Anxiety and Depression», *Journal of Rational-Emotive & Cognitive-Behavior Therapy* 36 (1 de julio de 2017): 1–26, https://doi.org/10.1007/s10942-017-0278-y.

40   «Paradigm, Mindfulness & Bias: Literature Review», *Medium*, 8 de mayo de 2017, https://medium.com/inclusion-insights/mindfulness-bias-literature-review-3e4a-9993cb41.

41   Diana J. Burgess, Mary Catherine Beach y Somnath Saha, «Mindfulness Practice: A Promising Approach to Reducing the Effects of Clinician Implicit Bias on Patients», *Patient Education and Counseling* 100, n.º 2 (1 de febrero de 2017): 372–76, https://doi.org/10.1016/j.pec.2016.09.005.

42   Richard F. Gombrich, *Theravada Buddhism: A Social History from Ancient Benares to Modern Colombo* (Routledge, 2006).

43   Yair Dor-Ziderman *et al.*, «Mindfulness-Induced Selflessness: A MEG Neurophenomenological Study», *Frontiers in Human Neuroscience* 7 (2013), https://doi.org/10.3389/fnhum.2013.00582.

Capítulo 2

1   Atsuo Murata, Tomoko Nakamura y Waldemar Karwowski, «Influence of Cognitive Biases in Distorting Decision Making and Leading to Critical Unfavorable Incidents», *Safety* 1, n.º 1 (diciembre de 2015): 44–58, https://doi.org/10.3390/safety1010044.

2   Kevin N. Ochsner y James J. Gross, «The Cognitive Control of Emotion», *Trends in Cognitive Sciences* 9, n.º 5 (mayo de 2005): 242–49, https://doi.org/10.1016/j.tics.2005.03.010.

3   Hedy Kober *et al.*, «Regulation of Craving by Cognitive Strategies in Cigarette Smokers», *Drug and Alcohol Dependence* 106, n.º 1 (1 de enero de 2010): 52–55, https://doi.org/10.1016/j.drugalcdep.2009.07.017.

4   Robert Alan Burton, *On Being Certain: Believing You Are Right Even When You're Not* (St. Martin's Press, 2008).

5   Alfred Korzybski, *Science and Sanity: An Introduction to Non-Aristotelian Systems and General Semantics* (International Non-Aristotelian Library Publishing Company, 1933).

6   Henry Markovits y Guilaine Nantel, «The Belief-Bias Effect in the Production and Evaluation of Logical Conclusions», *Memory & Cognition* 17, n.º 1 (1 de enero de 1989): 11–17, https://doi.org/10.3758/BF03199552.

7   Steven Novella y Yale School of Medicine, *Your Deceptive Mind: A Scientific Guide to Critical Thinking Skills* (the great courses, 2012).

8   Mark P. Mattson, «Superior Pattern Processing Is the Essence of the Evolved Human Brain», *Frontiers in Neuroscience* 8 (22 de agosto de 2014), https://doi.org/10.3389/fnins.2014.00265.

[9] Scott D. Blain *et al.*, «Apophenia as the Disposition to False Positives: A Unifying Framework for Openness and Psychoticism», *Journal of Abnormal Psychology* 129, n.º 3 (2020): 279–92, https://doi.org/10.1037/abn0000504.

[10] Alexander Alvarez, «Destructive Beliefs: Genocide and the Role of Ideology», 2008.

[11] «Cognitive Bias», en Wikipedia, 24 de noviembre de 2020, https://en.wikipedia.org/w/index.php?title=Cognitive_bias&oldid=990416478.

[12] Buster Benson, «Cognitive Bias Cheat Sheet, Simplified», *Medium* (2 de abril de 2019), https://medium.com/thinking-is-hard/4-conundrums-of-intelligence-2ab-78d90740f.

[13] «The Illusion of Transparency: Biased Assessments of Others' Ability to Read One's Emotional States», *PsycNET*, 25 de noviembre de 2020, https://doi.apa.org/doiLanding?doi=10.1037percent2F0022-3514.75.2.332.

[14] «Reducing Implicit Racial Preferences: II. Intervention Effectiveness across Time», *PsycNET*, consultado el 25 de noviembre de 2020, https://psycnet.apa.org/doi-Landing?doi=10.1037percent2Fxge0000179.

[15] Paradigm, «Mindfulness & Bias: Literature Review», *Medium*, 8 de mayo de 2017, https://medium.com/inclusion-insights/mindfulness-bias-literature-review-3e4a-9993cb41.

[16] Daniel Kahneman, *Pensar rápido, pensar despacio*, capítulo 23. (Madrid: Debate, 2012).

[17] Anne-Laure Sellier, Irene Scopelliti y Carey K. Morewedge, «Debiasing Training Improves Decision Making in the Field», *Psychological Science* (26 de julio de 2019), https://doi.org/10.1177/0956797619861429.

[18] Carey K. Morewedge *et al.*, «Debiasing Decisions: Improved Decision Making With a Single Training Intervention», *Policy Insights from the Behavioral and Brain Sciences* (13 de agosto de 2015), https://doi.org/10.1177/2372732215600886.

[19] Vasco Correia, «Contextual Debiasing and Critical Thinking: Reasons for Optimism», *Topoi* 37, n.º 1 (1 de marzo de 2018): 103–11, https://doi.org/10.1007/s11245-016-9388-x.

[20] Wayne Weiten, *Psychology: Themes and Variations, Briefer Version*, s. f.

[21] Thomas Mussweiler, Fritz Strack y Tim Pfeiffer, «Overcoming the Inevitable Anchoring Effect: Considering the Opposite Compensates for Selective Accessibility», *Personality and Social Psychology Bulletin* 26, n.º 9 (1 de noviembre de 2000): 1142–50, https://doi.org/10.1177/01461672002611010.

[22] Martie G. Haselton, Daniel Nettle y Paul W. Andrews, «The Evolution of Cognitive Bias», en *The Handbook of Evolutionary Psychology* (John Wiley & Sons, Ltd., 2015), 724–46, https://doi.org/10.1002/9780470939376.ch25.

23 Małgorzata Kossowska, Aneta Czernatowicz-Kukuczka y Maciek Sekerdej, «Many Faces of Dogmatism: Prejudice as a Way of Protecting Certainty against Value Violators among Dogmatic Believers and Atheists», *British Journal of Psychology* 108 (19 de febrero de 2016), https://doi.org/10.1111/bjop.12186.

24 Melvin J. Lerner, «The Belief in a Just World», en *The Belief in a Just World: A Fundamental Delusion*, ed. Melvin J. Lerner, Perspectives in Social Psychology (Boston, MA: Springer US, 1980), 9–30, https://doi.org/10.1007/978-1-4899-0448-5_2.

25 Zick Rubin y Anne Peplau, «Belief in a Just World and Reactions to Another's Lot: A Study of Participants in the National Draft Lottery», *Journal of Social Issues* 29, n.º 4 (1973): 73–93, https://doi.org/10.1111/j.1540-4560.1973.tb00104.x.

26 Susan T. Fiske, «Intent and Ordinary Bias: Unintended Thought and Social Motivation Create Casual Prejudice», *Social Justice Research* 17, n.º 2 (1 de junio de 2004): 117–27, https://doi.org/10.1023/B:SORE.0000027405.94966.23.

27 Shelley E. Taylor y Jonathon D. Brown, «Positive Illusions and Well-Being Revisited: Separating Fact from Fiction», *Psychological Bulletin* 116, n.º 1 (1994): 21–27, https://doi.org/10.1037/0033-2909.116.1.21.

28 Aaron M. Scherer, Paul D. Windschitl y Andrew R. Smith, «Hope to Be Right: Biased Information Seeking Following Arbitrary and Informed Predictions», *Journal of Experimental Social Psychology* 49, n.º 1 (1 de enero de 2013): 106–12, https://doi.org/10.1016/j.jesp.2012.07.012.

29 Giovanni Luca Ciampaglia y Filippo Menczer, «Biases Make People Vulnerable to Misinformation Spread by Social Media», *Scientific American,* consultado el 25 de noviembre de 2020, https://www.scientificamerican.com/article/biases-make-people-vulnerable-to-misinformation-spread-by-social-media/.

30 Agnes Makhene, «The Use of the Socratic Inquiry to Facilitate Critical Thinking in Nursing Education», *Health SA = SA Gesondheid* 24 (23 de abril de 2019), https://doi.org/10.4102/hsag.v24i0.1224.

31 Carl Sagan y Ann Druyan, *The Demon-Haunted World: Science as a Candle in the Dark. Chapter 2: Science and Hope*, s. f.

32 «Alternative Medicine Kills Cancer Patients», *Science-Based Medicine*, consultado el 25 de noviembre de 2020, https://sciencebasedmedicine.org/alternative-medicine-kills-cancer-patients/.

33 Naomi Oreskes y Erik M. Conway, *Mercaderes de la duda:* cómo un puñado de científicos ocultaron la verdad sobre el calentamiento global, capítulo 6. (Madrid: Capitán Swing, 2018).

34 Roy F. Baumeister Ph.D y Aaron Beck, *Evil: Inside Human Violence and Cruelty. Chapter 6: True Believers and Idealists* (Nueva York: Holt Paperbacks, 1999).

[35] Seán Ó hÉigeartaigh, «Technological Wild Cards: Existential Risk and a Changing Humanity», *SSRN Scholarly Paper* (Rochester, NY: Social Science Research Network, 5 de octubre de 2016), https://papers.ssrn.com/abstract=3446697.

[36] «The Cook and the Chef: Musk's Secret Sauce», *Wait But Why*, 6 de noviembre de 2015, https://waitbutwhy.com/2015/11/the-cook-and-the-chef-musks-secret-sauce.html.

[37] J. Lambie, *How to Be Critically Open-Minded: A Psychological and Historical Analysis. Chapter 6: Effects of Open-Mindedness on Decision Making, Morality, and Well-Being* (Palgrave Macmillan, 2014).

[38] Maryam Malmir, Mohammad Khanahmadi y Dariush Farhud, «Dogmatism and Happiness», *Iranian Journal of Public Health* 46, n.º 3 (marzo de 2017): 326–32.

Capítulo 3

[1] Lauren B. Alloy y Lyn Y. Abramson, «Learned Helplessness, Depression, and the Illusion of Control», *Journal of Personality and Social Psychology* 42, n.º 6 (1982): 1114–26, https://doi.org/10.1037/0022-3514.42.6.1114.

[2] «Predictability: Does the Flap of a Butterfly's Wings in Brazil Set Off a Tornado in Texas?», Scribd, consultado el 25 de noviembre de 2020, https://www.scribd.com/document/130949814/Predictability-Does-the-Flap-of-a-Butterfly-s-Wings-in-Brazil-Set-Off-a-Tornado-in-Texas.

[3] «2.4.1 Swimming Headless Part 1», AlanWatts.org, consultado el 25 de noviembre de 2020, https://www.alanwatts.org/2-4-1-swimming-headless-part-1/.

[4] Timothy Wilson y Daniel Gilbert, «The Impact Bias Is Alive and Well», *Journal of Personality and Social Psychology* 105 (1 de noviembre de 2013): 740–48, https://doi.org/10.1037/a0032662.

[5] Daniel Gilbert, *Tropezar con la felicidad*. Parte III: Realismo. (Barcelona: Ariel, 2017).

[6] Daniel Gilbert, *Tropezar con la felicidad*. Parte IV: Presentismo. (Barcelona: Ariel, 2017).

[7] Daniel Gilbert, *Tropezar con la felicidad*. Parte V: Racionalización. (Barcelona: Ariel, 2017).

[8] Tasha Eurich, *Insight: The Surprising Truth About How Others See Us, How We See Ourselves, and Why the Answers Matter More Than We Think* (Nueva York: Currency, 2018).

[9] Kieran C. R. Fox *et al.*, «Meditation Experience Predicts Introspective Accuracy», *PLOS ONE* 7, n.º 9 (25 de septiembre de 2012): e45370, https://doi.org/10.1371/journal.pone.0045370.

[10] Marcus Johansson, Terry Hartig y Henk Staats, «Psychological Benefits of Walking: Moderation by Company and Outdoor Environment», *Applied Psychology: Health and Well-Being* 3, n.º 3 (2011): 261– 80, https://doi.org/10.1111/j.1758-0854.2011.01051.x.

[11] Eugene T. Gendlin, *Focusing*, s. f.

[12] Christopher R. Long y James R. Averill, «Solitude: An Exploration of Benefits of Being Alone», *Journal for the Theory of Social Behaviour* 33, n.º 1 (2003): 21–44, https://doi.org/10.1111/1468-5914.00204.

[13] Inge Huijsmans *et al.*, «A Scarcity Mindset Alters Neural Processing Underlying Consumer Decision Making», *Proceedings of the National Academy of Sciences* 116, n.º 24 (11 de junio de 2019): 11699–704, https://doi.org/10.1073/pnas.1818572116.

[14] Pamela Tierney y Steven M. Farmer, «Creative Self-Efficacy Development and Creative Performance over Time», *Journal of Applied Psychology* 96, n.º 2 (2011): 277–93, https://doi.org/10.1037/a0020952.

[15] Edward P. Lemay y Noah R. Wolf, «Projection of Romantic and Sexual Desire in Opposite-Sex Friendships: How Wishful Thinking Creates a Self-Fulfilling Prophecy», *Personality and Social Psychology Bulletin* 42, n.º 7 (1 de julio de 2016): 864–78, https://doi.org/10.1177/0146167216646077.

[16] Abraham H. Maslow, *Toward a Psychology of Being*, s. f.

[17] David Moshman, «Cognitive Development beyond Childhood», en *Handbook of Child Psychology: Volume 2: Cognition, Perception, and Language* (Hoboken, NJ, EE. UU.: John Wiley & Sons Inc., 1998), 947–78.

[18] Christopher Peterson y Martin Seligman, *Character Strengths and Virtues: A Handbook and Classification* (Washington, D.C., Nueva York: American Psychological Association / Oxford University Press, 2004).

[19] Bertrand Russell, *Los problemas de la filosofía.* (Madrid: Labor, 1928).

[20] Albert Speer, *Memorias.* (Madrid: Acantilado, 2001).

[21] Stephen J. Whitfield, «Hannah Arendt and the Banality of Evil», *The History Teacher* 14, n.º 4 (1981): 469–77, https://doi.org/10.2307/493684.

[22] Daniela Barni *et al.*, «Value Transmission in the Family: Do Adolescents Accept the Values Their Parents Want to Transmit?», *Journal of Moral Education* 40, n.º 1 (1 de marzo de 2011): 105–21, https://doi.org/10.1080/03057240.2011.553797.

[23] Christopher Peterson y Martin Seligman, *Character Strengths and Virtues: A Handbook and Classification*, s. f.

24 Donald Robertson, *The Philosophy of Cognitive Behavioural Therapy: Stoic Philosophy as Rational and Cognitive Psychotherapy* (Londres: Routledge, 2010).

25 «5 Steps to Define Your Core Values: A Compass for Navigating Life's Decisions», *Mindful Ambition* (blog) (8 de junio de 2017), https://mindfulambition.net/values/.

26 Carl Rogers y Peter D. Kramer M.D, *El proceso de convertirse en persona: mi técnica terapéutica.* (Barcelona: Paidós, 2020).

Capítulo 4

1 George Benson *et al.*, «Cultural Values and Definitions of Career Success», *Human Resource Management Journal* 30 (1 de marzo de 2020), https://doi.org/10.1111/1748-8583.12266.

2 «Hamer people: the Ethiopian tribe with the famous bull jumping ceremony», *Hamer People* (blog), consultado el 25 de noviembre de 2020, https://kweku-dee-tripdownmemorylane.blogspot.com/2012/10/hamer-people-ethiopian-tribe-with.html.

3 Marsha L. Richins, «Social Comparison and the Idealized Images of Advertising», *Journal of Consumer Research* 18, n.º 1 (1 de junio de 1991): 71–83, https://doi.org/10.1086/209242.

4 Monique Boekaerts, Paul R. Pintrich y Moshe Zeidner, eds., *Handbook of Self-Regulation. Chapter 1: Self-Regulation of Action and Affect—Charles S. Carver, Michael F. Scheier,* s. f.

5 Jonathan Gutman, «Means–end chains as goal hierarchies», *Psychology & Marketing* 14, n.º 6 (1997): 545–60, https://doi.org/10.1002/(SICI)1520-6793(199709)14:6<545::AID-MAR2>3.0.CO;2-7.

6 «Are Animals Stuck in Time?», *PsycNET*, consultado el 25 de noviembre de 2020, https://doi.apa.org/doiLanding?doi=10.1037percent2F0033-2909.128.3.473.

7 Richard Dawkins, *El gen egoísta: las bases biológicas de nuestra conducta.* (Barcelona: Biblioteca Científica Salvat, 1988).

8 Ted Chu, *Human Purpose and Transhuman Potential: A Cosmic Vision of Our Future Evolution* (San Rafael, CA: Origin Press, 2014).

9 Ran R. Hassin, John A. Bargh y Shira Zimerman, «Automatic and Flexible», *Social Cognition* 27, n.º 1 (2009): 20–36.

10 Platón, *Fedro.* (Madrid: Gredos, 2014).

[11] W. Mischel, Y. Shoda y M. I. Rodriguez, «Delay of Gratification in Children», *Science* 244, n.º 4907 (26 de mayo de 1989): 933–38, https://doi.org/10.1126/science.2658056.

[12] David Hume, *Tratado de la naturaleza humana,* ed. Verbum (noviembre de 2020).

[13] António Damásio, *El error de Descartes. La emoción, la razón y el cerebro humano.* (Barcelona: Crítica, 1996).

[14] Antonio R. Damasio, «A Second Chance for Emotion», en *Cognitive Neuroscience of Emotion*, ed. Richard D. R. Lane *et al.* (Oxford University Press, 2000), 12–23.

[15] Kevin Simler y Robin Hanson, *The Elephant in the Brain: Hidden Motives in Everyday Life. Chapter 5: Self-Deception*, s. f.

[16] Claire Matson Cannon y Richard D. Palmiter, «Reward without Dopamine», *Journal of Neuroscience* 23, n.º 34 (26 de noviembre de 2003): 10827– 31, https://doi.org/10.1523/JNEUROSCI.23-34-10827.2003.

[17] Zachary B. Bulwa *et al.*, «Increased Consumption of Ethanol and Sugar Water in Mice Lacking the Dopamine D2 Long Receptor», *Alcohol* (Fayetteville, NY) 45, n.º 7 (noviembre de 2011): 631–39, https://doi.org/10.1016/j.alcohol.2011.06.004.

[18] Wilhelm Hofmann y Loran F. Nordgren, eds., *The Psychology of Desire. Chapter 6: Motivation and Pleasure in the Brain—Morten L. Kringelbach, Kent C. Berridge*, s. f.

[19] Daniel Gilbert and Timothy Wilson, «Miswanting: Some Problems in the Forecasting of Future Affective States», 11 de octubre de 2012.

[20] Raymond G. Miltenberger, *Modificación de conducta: principios y procedimientos,* capítulo 4. (ABA España, 2020).

[21] Rupert Gethin, *The Foundations of Buddhism. Chapter 1: The Buddha: The Story of the Awakened One*, primera edición (Oxford: Oxford University Press, 1998).

[22] Walpola Rahula, *Lo que el Buddha enseñó.* (Barcelona: Kier, 2013).

[23] Steven M. Emmanuel, ed., *A Companion to Buddhist Philosophy*, s. f.

[24] Robert Wright, *Por qué el budismo es verdad: la ciencia y filosofía de la meditación y la iluminación.* (Madrid: Gaia Ediciones, 2018).

[25] Daniel Kahneman, Edward Diener y Norbert Schwarz, eds., *Well-Being: Foundations of Hedonic Psychology. Chapter 16: Hedonic Adaptation*, primera edición de bolsillo (Nueva York, NY: Russell Sage Foundation, 2003).

[26] Abraham H. Maslow, *Toward a Psychology of Being. Chapter 1: Introduction: Toward a Psychology of Health*, tercera edición (Nueva York: Wiley, 1998).

[27] Joachim C. Brunstein, «Personal Goals and Subjective Well-Being: A Longitudinal Study», *Journal of Personality and Social Psychology* 65, n.º 5 (1993): 1061–70, https://doi.org/10.1037/0022-3514.65.5.1061.

[28] Michael Siegrist y Bernadette Sütterlin, «Human and Nature- Caused Hazards: The Affect Heuristic Causes Biased Decisions», *Risk Analysis* 34, n.º 8 (2014): 1482–94, https://doi.org/10.1111/risa.12179.

[29] António R. Damásio, «A Second Chance for Emotion», en *Cognitive Neuroscience of Emotion*, ed. Richard D. R. Lane *et al.* (Oxford University Press, 2000), 12–23.

[30] Richard Garner, *Beyond Morality*, s. f.

[31] Sam Harris, *Lying*, ed. Annaka Harris, s. f.

[32] Igor Grossmann *et al.*, «A Route to Well-Being: Intelligence vs. Wise Reasoning», *Journal of Experimental Psychology. General* 142, n.º 3 (agosto de 2013): 944–53, https://doi.org/10.1037/a0029560.

Capítulo 5

[1] Mark Manson, «5 Skills to Help You Develop Emotional Intelligence», *Psychology* (11 de abril de 2019), https://markmanson.net/emotional-intelligence.

[2] James J. Gross, ed., *Handbook of Emotion Regulation*, segunda edición (Nueva York, NY: The Guilford Press, 2015).

[3] Ellen Leibenluft, «Severe Mood Dysregulation, Irritability, and the Diagnostic Boundaries of Bipolar Disorder in Youths», *The American Journal of Psychiatry* 168, n.º 2 (febrero de 2011): 129–42, https://doi.org/10.1176/appi. ajp.2010.10050766.

[4] Jaak Panksepp, *Affective Neuroscience: The Foundations of Human and Animal Emotions. Chapter 13: Love and the Social Bond: The Sources of Nurturance and Maternal Behavior*, edición ilustrada (Oxford: Oxford University Press, 2004).

[5] Randolph M. Nesse MD, *Good Reasons for Bad Feelings: Insights from the Frontier of Evolutionary Psychiatry. Chapter 4: Good Reasons for Bad Feelings*, s. f.

[6] «Emotional Suppression: Physiology, Self-Report, and Expressive Behavior», *PsycNET*, consultado el 25 de noviembre de 2020, https://psycnet.apa.org/doiLanding?doi=10.1037percent2F0022-3514.64.6.970.

[7] James J. Gross, ed., *Handbook of Emotion Regulation. Chapter 1: Emotion Regulation: Conceptual and Empirical Foundations*, segunda edición, s. f.

[8] «Total Control vs. No Control Theory of Emotions: Can You Control Your Emotions or Not?», *Psychology Today*, consultado el 25 de noviembre de 2020, http://www.psychologytoday.com/blog/ambigamy/201006/total-control-vs-no-control-theory-emotions-can-you-control-your-emotions-or.

[9] Ravi Thiruchselvam, Greg Hajcak y James J. Gross, «Looking Inward: Shifting Attention Within Working Memory Representations Alters Emotional Respon-

ses», *Psychological Science* 23, n.º 12 (1 de diciembre de 2012): 1461–66, https://doi.org/10.1177/0956797612449838.

10 James J. Gross, ed., *Handbook of Emotion Regulation. Chapter 32: Mindfulness Interventions and Emotion Regulation*, segunda edición (Nueva York, NY: The Guilford Press, 2015).

11 Pritha Das *et al.*, «Pathways for Fear Perception: Modulation of Amygdala Activity by Thalamo-Cortical Systems», *NeuroImage* 26, n.º 1 (15 de mayo de 2005): 141–48, https://doi.org/10.1016/j.neuroimage.2005.01.049.

12 Matthew Dixon *et al.*, «Emotion and the Prefrontal Cortex: An Integrative Review», *Psychological Bulletin* 143 (15 de junio de 2017), https://doi.org/10.1037/bul0000096.

13 Richard S. Lazarus y Susan Folkman, *Estrés y procesos cognitivos.* (Barcelona: Martínez Roca, 1986).

14 E. Diener y F. Fujita, «Resources, Personal Strivings, and Subjective Well-Being: A Nomothetic and Idiographic Approach», *Journal of Personality and Social Psychology* 68, n.º 5 (mayo de 1995): 926–35, https://doi.org/10.1037//0022-3514.68.5.926.

15 Keimpe Algra *et al.*, eds., *The Cambridge History of Hellenistic Philosophy*, s. f.

16 William J. Prior, *Virtue and Knowledge: An Introduction to Ancient Greek Ethics*, s. f.

17 William B. Irvine, *El arte de la buena vida: un camino hacia la alegría estoica.* (Barcelona: Paidós, 2019).

18 Donald Robertson, *The Philosophy of Cognitive Behavioural Therapy: Stoic Philosophy as Rational and Cognitive Psychotherapy*, primera edición (Londres: Routledge, 2010).

19 Aaron T. Beck, *Cognitive Therapy and the Emotional Disorders* (Nueva York, NY: Plume, 1979).

20 Judith S. Beck, *Cognitive Behavior Therapy*, tercera edición (The Guilford Press, 2021).

21 David D. Burns, *Sentirse bien: una nueva terapia contra las depresiones.* (Barcelona: Paidós, 2010).

22 Elizabeth V. Naylor *et al.*, «Bibliotherapy as a Treatment for Depression in Primary Care», *Journal of Clinical Psychology in Medical Settings* 17, n.º 3 (1 de septiembre de 2010): 258–71, https://doi.org/10.1007/s10880-010-9207-2.

23 James J. Gross y Oliver P. John, «Individual Differences in Two Emotion Regulation Processes: Implications for Affect, Relationships, and Well-Being», *Journal of*

Personality and Social Psychology 85, n.º 2 (agosto de 2003): 348–62, https://doi.org/10.1037/0022-3514.85.2.348.

[24] Tianqiang Hu *et al.*, «Relation between Emotion Regulation and Mental Health: A Meta-Analysis Review», *Psychological Reports* 114 (1 de abril de 2014): 341–62, https://doi.org/10.2466/03.20.PR0.114k22w4.

[25] James J. Gross, *Handbook of Emotion Regulation. Chapter 1: Emotion*, segunda edición (The Guilford Press, 2013).

[26] Shengdong Chen *et al.*, «Automatic Reappraisal-Based Implementation Intention Produces Early and Sustainable Emotion Regulation Effects: Event-Related Potential Evidence», *Frontiers in Behavioral Neuroscience* 14 (1 de julio de 2020): 89, https://doi.org/10.3389/fnbeh.2020.00089.

[27] Justin K. Mogilski *et al.*, «Jealousy, Consent, and Compersion Within Monogamous and Consensually Non-Monogamous Romantic Relationships», *Archives of Sexual Behavior* 48, n.º 6 (1 de agosto de 2019): 1811–28, https://doi.org/10.1007/s10508-018-1286-4.

[28] Jessica L. Jenness *et al.*, «Catastrophizing, Rumination, and Reappraisal Prospectively Predict Adolescent PTSD Symptom Onset Following a Terrorist Attack», *Depression and Anxiety* 33, n.º 11 (2016): 1039–47, https://doi.org/10.1002/da.22548.

[29] «Sonja Lyubomirsky», consultado el 25 de noviembre de 2020, http://sonjalyubomirsky.com/.

[30] Debra A. Hope *et al.*, «Automatic Thoughts and Cognitive Restructuring in Cognitive Behavioral Group Therapy for Social Anxiety Disorder», *Cognitive Therapy and Research* 34, n.º 1 (1 de febrero de 2010): 1–12, https://doi.org/10.1007/s10608-007-9147-9.

[31] «Cognitive Restructuring (Guide)», *Therapist Aid*, consultado el 25 de noviembre de 2020, https://www.therapistaid.com/therapy-guide/cognitive-re-structuring.

[32] David D. Burns, *Sentirse bien: una nueva terapia contra las depresiones*, capítulo 3. (Barcelona: Paidós, 2010).

[33] «CBT's Cognitive Restructuring (CR) For Tackling Cognitive Distortions», PositivePsychology.com (12 de febrero de 2018), https://positivepsychology.com/cbt-cognitive-restructuring-cognitive-distortions/.

[34] Aaron T. Beck, *Cognitive Therapy and the Emotional Disorders. Chapter 2: Tapping the Internal Communications*, s. f.

[35] Patrick B. Wood, «Role of Central Dopamine in Pain and Analgesia», *Expert Review of Neurotherapeutics* 8, n.º 5 (mayo de 2008): 781–97, https://doi.org/10.1586/14737175.8.5.781.

[36] R. C. Lane, J. W. Hull y L. M. Foehrenbach, «The Addiction to Negativity», *Psychoanalytic Review* 78, n.º 3 (1991): 391–410.

Capítulo 6

[1] William B. Irvine, *Sobre el deseo: por qué queremos lo que queremos*, capítulo 7. (Barcelona: Paidós, 2008).

[2] Epicteto, *Enquiridión: discursos de Epicteto,* ed. Letra Minúscula (enero de 2023).

[3] Bhikkhu Bodhi, *El Buddha señala el camino: el Noble Óctuple Sendero*, capítulo 1, Asociación Hispana de Buddhismo (julio de 2016).

[4] Walpola Rahula, *Lo que el Buddha enseñó.* (Barcelona: Kier, 1996).

[5] Epicuro, *Obras completas.* (Madrid: Cátedra, 2005).

[6] Epicteto, *Enquiridión: discursos de Epicteto,* ed. Letra Minúscula (enero de 2023).

[7] Marie-Aurélie Bruno *et al.*, «A Survey on Self-Assessed Well-Being in a Cohort of Chronic Locked-in Syndrome Patients: Happy Majority, Miserable Minority», *BMJ Open* 1, n.º 1 (1 de enero de 2011): e000039, https://doi.org/10.1136/bmjopen-2010-000039.

[8] «Personal Strivings: An Approach to Personality and Subjective Well-Being», *PsycNET*, consultado el 25 de noviembre de 2020, https://psycnet.apa.org/doiLanding?doi=10.1037percent2F0022-3514.51.5.1058.

[9] Wilhelm Hofmann y Loran F. Nordgren, eds., *The Psychology of Desire. Chapter 3—Desire and Desire Regulation*, reimpresión (Nueva York, NY: The Guilford Press, 2016).

[10] Lotte Dillen, Esther Papies y Wilhelm Hofmann, «Turning a Blind Eye to Temptation: How Cognitive Load Can Facilitate Self-Regulation», *Journal of Personality and Social Psychology* 104 (31 de diciembre de 2012), https://doi.org/10.1037/a0031262.

[11] Bhikkhu Bodhi, *El Buddha señala el camino: el Noble Óctuple Sendero*, capítulo 6, Asociación Hispana de Buddhismo (julio de 2016).

[12] «The Grateful Disposition: A Conceptual and Empirical Topography», *PsycNET*, consultado el 25 de noviembre de 2020, https://doiLanding?doi=10.1037percent2F0022-3514.82.1.112.

[13] «Beyond Reciprocity: Gratitude and Relationships in Everyday Life», *PsycNET*, consultado el 25 de noviembre de 2020, https://doiLanding?doi=10.1037percent2F1528-3542.8.3.425.

14 Arnoud Arntz y Miranda Hopmans, «Underpredicted Pain Disrupts More than Correctly Predicted Pain, but Does Not Hurt More», *Behaviour Research and Therapy* 36, n.º 12 (1 de diciembre de 1998): 1121–29, https://doi.org/10.1016/S0005-7967(98)00085-0.

15 Yair Dor-Ziderman *et al.*, «Mindfulness-Induced Selflessness: A MEG Neurophenomenological Study», *Frontiers in Human Neuroscience* 7 (2013), https://doi.org/10.3389/fnhum.2013.00582.

16 Paul Verhaeghen, «The Self-Effacing Buddhist: No(t)-Self in Early Buddhism and Contemplative Neuroscience», *Contemporary Buddhism* 18, n.º 1 (2 de enero de 2017): 21–36, https://doi.org/10.1080/14639947.2017.1297344.

17 M. E. Raichle *et al.*, «A Default Mode of Brain Function», *Proceedings of the National Academy of Sciences* 98, n.º 2 (16 de enero de 2001): 676–82, https://doi.org/10.1073/pnas.98.2.676.

18 Viktor E. Frankl, William J. Winslade y Harold S. Kushner, *Man's Search for Meaning*, primera edición (Boston: Beacon Press, 2006).

19 Donald Robertson, *The Philosophy of Cognitive Behavioural Therapy: Stoic Philosophy as Rational and Cognitive Psychotherapy. Chapter 13: The View from Above and Stoic Metaphysics*, s. f.

20 Aaron Beck, Gary Emery y Ruth L. Greenberg, *Trastornos de ansiedad y fobias*, capítulo 11. (Bilbao: Desclée de Brouwer, 2014).

21 Anna Rose Childress, A. Thomas McLellan y Charles P. O'brien, «Abstinent Opiate Abusers Exhibit Conditioned Craving, Conditioned Withdrawal and Reductions in Both through Extinction», *British Journal of Addiction* 81, n.º 5 (1986): 655–60, https://doi.org/10.1111/j.1360-0443.1986.tb00385.x.

22 Daryl J. Bem, «Self-Perception Theory», en *Advances in Experimental Social Psychology*, ed. Leonard Berkowitz, vol. 6 (Academic Press, 1972), 1–62, https://doi.org/10.1016/S0065-2601(08)60024-6.

23 Diógenes Laercio, *Vidas de los filósofos más ilustres*. (Madrid: Tecnibook Ediciones, 2015).

24 «Diogenes of Sinope» Internet Encyclopedia of Philosophy, consultado el 25 de noviembre de 2020, https://iep.utm.edu/diogsino/.

25 «Diogenes», consultado el 25 de noviembre de 2020, https://penelope.uchica-go.edu/~grout/encyclopaedia_romana/greece/hetairai/diogenes.html.

26 William B. Irvine, *El arte de la buena vida: un camino hacia la alegría estoica*, capítulo 7. (Barcelona: Paidós, 2019).

27 Cynthia King y William B. Irvine, *Musonius Rufus: Lectures and Sayings*, s. f.

28 Wilhelm Hofmann *et al.*, «Yes, But Are They Happy? Effects of Trait Self-Control on Affective Well-Being and Life Satisfaction», *Journal of Personality* 82, n.º 4 (2014): 265–77, https://doi.org/10.1111/jopy.12050.

29 Kennon M. Sheldon and Sonja Lyubomirsky, «The Challenge of Staying Happier: Testing the Hedonic Adaptation Prevention Model», *Personality and Social Psychology Bulletin* 38, n.º 5 (1 de mayo de 2012): 670–80, https://doi.org/10.1177/0146167212436400.

30 William B. Irvine, *El arte de la buena vida: un camino hacia la alegría estoica*, capítulo 5. (Barcelona: Paidós, 2019).

31 Nick K. Lioudis, «The Importance Of Diversification», Investopedia, consultado el 25 de noviembre de 2020, https://www.investopedia.com/investing/importance-diversification/.

32 Andrew K. MacLeod, Emma Coates y Jacquie Hetherton; «Increasing Well-Being through Teaching Goal-Setting and Planning Skills: Results of a Brief Intervention», *Journal of Happiness Studies: An Interdisciplinary Forum on Subjective Well-Being* 9, n.º 2 (2008): 185–96, https://doi.org/10.1007/s10902-007-9057-2.

33 James Chen, «Liquidity», Investopedia, consultado el 25 de noviembre, 2020, https://www.investopedia.com/terms/l/liquidity.asp.

34 June Gruber *et al.*, «Happiness Is Best Kept Stable: Positive Emotion Variability Is Associated With Poorer Psychological Health», *Emotion* (Washington, D.C.) 13 (19 de noviembre de 2012), https://doi.org/10.1037/a0030262.

Capítulo 7

1 Tim O'Keefe, *Epicureanism. Chapter 12—Varieties of Pleasure, Varieties of Desire*, s. f.

2 Maryam Malmir, Mohammad Khanahmadi y Dariush Farhud, «Dogmatism and Happiness», *Iranian Journal of Public Health* 46, n.º 3 (marzo de 2017): 326–32.

3 Marc Kreidler, «Stardust, Smoke, and Mirrors: The Myth of the Mad Genius», *Skeptical Inquirer* (1 de septiembre de 2013), https://skepticalinquirer.org/2013/09/stardust-smoke-and-mirrors-the-myth-of-the-mad-genius/.

4 Aaron T. Beck y Brad A. Alford, *Depression: Causes and Treatment. Chapter 17: Cognition and Psychopathology*, segunda edición, s. f.

5 Andrew J. Oswald, Eugenio Proto y Daniel Sgroi, «Happiness and Productivity», *Journal of Labor Economics* 33, n.º 4 (26 de septiembre de 2015): 789–822, https://doi.org/10.1086/681096.

6   Stephen G. Post, «Altruism, Happiness, and Health: It's Good to Be Good», *International Journal of Behavioral Medicine* 12, n.º 2 (1 de junio de 2005): 66–77, https://doi.org/10.1207/s15327558ijbm1202_4.

7   Kai Epstude y Kai J. Jonas, «Regret and Counterfactual Thinking in the Face of Inevitability: The Case of HIV-Positive Men», *Social Psychological and Personality Science* 6, n.º 2 (1 de marzo de 2015): 157–63, https://doi.org/10.1177/1948550614546048.

8   Friedrich Nietzsche, *La genealogía de la moral,* primer ensayo. (Madrid: Alianza Editorial, 2011).

9   D. Hemelsoet, K. Hemelsoet y D. Devreese, «The Neurological Illness of Friedrich Nietzsche», *Acta Neurologica Belgica* 108, n.º 1 (marzo de 2008): 9–16.

10   Aristóteles, Ética a Nicómaco, libro II, capítulo 6. (Madrid: Alianza Editorial, 2014).

11   Richard Kraut, «Aristotle's Ethics», en *The Stanford Encyclopedia of Philosophy*, ed. Edward N. Zalta, verano de 2018 (Metaphysics Research Lab, Stanford University, 2018), https://plato.stanford.edu/archives/sum2018/entries/aristotle-ethics/.

12   May Tamir *et al.*, «The Secret to Happiness: Feeling Good or Feeling Right?», *Journal of Experimental Psychology: General* 146 (14 de agosto de 2017), https://doi.org/10.1037/xge0000303.

13   Emily Rose Dunn, «Blue Is the New Black: How Popular Culture Is Romanticizing Mental Illness», diciembre de 2017, https://digital.library.tx-state.edu/handle/10877/6985.

14   Randolph M. Nesse MD, *Good Reasons for Bad Feelings: Insights from the Frontier of Evolutionary Psychiatry. Chapter 4: Good Reasons for Bad Feelings*, s. f.

15   James J. Gross, ed., *Handbook of Emotion Regulation. Chapter 4: The Neural Basis of Emotion Dysregulation*, segunda edición (Nueva York, NY: The Guilford Press, 2015).

16   June Gruber, «Can Feeling Too Good Be Bad?: Positive Emotion Persistence (PEP) in Bipolar Disorder», *Current Directions in Psychological Science* 20, n.º 4 (1 de agosto de 2011): 217–21, https://doi.org/10.1177/0963721411414632.

17   Heather C. Lench, ed., *The Function of Emotions: When and Why Emotions Help Us. Chapter 8: Functions of Anger in the Emotion System*, primera edición (Cham, Switzerland: Springer, 2018).

18   Siew-Maan Diong y George D. Bishop, «Anger Expression, Coping Styles, and Well-Being», *Journal of Health Psychology* 4, n.º 1 (1 de enero de 1999): 81–96, https://doi.org/10.1177/135910539900400106.

[19] Craig Winston LeCroy, «Anger Management or Anger Expression», *Residential Treatment for Children & Youth* 5, n.º 3 (9 de agosto de 1988): 29–39, https://doi.org/10.1300/J007v05n03_04.

[20] Séneca, *Sobre la ira*. (Madrid: Artemisa Ediciones, 2007).

[21] «The True Trigger of Shame: Social Devaluation Is Sufficient, Wrongdoing Is Unnecessary», *ScienceDirect*, consultado el 25 de noviembre de 2020, https://www.sciencedirect.com/science/article/abs/pii/S1090513817303872.

[22] Courtland S. Hyatt *et al.*, «The Anatomy of an Insult: Popular Derogatory Terms Connote Important Individual Differences in Agreeableness/Antagonism», *Journal of Research in Personality* 78 (1 de febrero de 2019): 61–75, https://doi.org/10.1016/j.jrp.2018.11.005.

[23] Vilayanur S. Ramachandran y Baland Jalal, «The Evolutionary Psychology of Envy and Jealousy», *Frontiers in Psychology* 8 (19 de septiembre de 2017), https://doi.org/10.3389/fpsyg.2017.01619.

[24] Christopher J. Boyce, Gordon D. A. Brown y Simon C. Moore, «Money and Happiness: Rank of Income, Not Income, Affects Life Satisfaction», *Psychological Science* (18 de febrero de 2010), https://doi.org/10.1177/0956797610362671.

[25] «Envy», *Emotional Competency*, consultado el 25 de noviembre de 2020, http://www.emotionalcompetency.com/envy.htm.

[26] Kevin Kelly, «68 Bits of Unsolicited Advice», *The Technium* (blog), consultado el 25 de noviembre de 2020, https://kk.org/thetechnium/68-bits-of-un-solicited-advice/.

[27] «How to Deal with Extreme Envy», *Time*, consultado el 25 de noviembre de 2020, https://time.com/4358803/jealousy-envy-advice/.

[28] Wilco W. van Dijk *et al.*, «The Role of Self-Evaluation and Envy in Schadenfreude», *European Review of Social Psychology* 26, n.º 1 (1 de enero de 2015): 247–82, https://doi.org/10.1080/10463283.2015.1111600.

[29] Randolph M. Nesse MD, *Good Reasons for Bad Feelings: Insights from the Frontier of Evolutionary Psychiatry. Chapter 5: Anxiety and Smoke Detectors*, edición ilustrada (Nueva York, NY: Dutton, 2019).

[30] MeaningofLife.tv, *Good Reasons for Bad Feelings | Robert Wright & Randolph Nesse [The Wright Show]*, 2019, https://www.youtube.com/watch?v=17-ypeL88kQ.

[31] Raymond G. Miltenberger, *Behavior Modification: Principles and Procedures. Chapter 5: Extinction*, sexta edición (Boston, MA: Cengage Learning, 2015).

[32] B. Alan Wallace y Shauna L. Shapiro, «Mental Balance and Well-Being: Building Bridges between Buddhism and Western Psychology», *American Psychologist* 61, n.º 7 (2006): 690–701, https://doi.org/10.1037/0003-066X.61.7.690.

33 Randolph M. Nesse MD, *Good Reasons for Bad Feelings: Insights from the Frontier of Evolutionary Psychiatry. Chapter 9: Guilt and Grief: The Price of Goodness and Love*, s. f.

34 Michael Caserta, Rebecca Utz y Dale Lund, «Spousal Bereavement Following Cancer Death», *Illness, Crises, and Loss* 21 (1 de enero de 2013): 185–202, https://doi.org/10.2190/IL.21.3.b.

35 Walpola Rahula, *Lo que el Buddha enseñó*. (Barcelona: Kier, 2013).

36 R. M. A. Nelissen, A. J. M. Dijker y N. K. de Vries, «Emotions and Goals: Assessing Relations between Values and Emotions», *Cognition and Emotion* 21, n.º 4 (1 de junio de 2007): 902–11, https://doi.org/10.1080/02699930600861330.

37 Nate Soares, *Replacing Guilt: Minding Our Way* (publicación independiente, 2020).

38 Heather C. Lench, ed., *The Function of Emotions: When and Why Emotions Help Us. Chapter 7: The Adaptive Functions of Jealousy*, s. f.

39 Rachel Elphinston *et al.*, «Romantic Jealousy and Relationship Satisfaction: The Costs of Rumination», *Western Journal of Communication* 77 (4 de abril de 2013): 293–304, https://doi.org/10.1080/10570314.2013.770161.

40 Stephen Kellett y Peter Totterdell, «Taming the Green-Eyed Monster: Temporal Responsivity to Cognitive Behavioural and Cognitive Analytic Therapy for Morbid Jealousy», *Psychology and Psychotherapy* 86, n.º 1 (marzo de 2013): 52–69, https://doi.org/10.1111/j.2044-8341.2011.02045.x.

41 Valerie Rubinsky, «Identity Gaps and Jealousy as Predictors of Satisfaction in Polyamorous Relationships», *Southern Communication Journal* 84, n.º 1 (1 de enero de 2019): 17–29, https://doi.org/10.1080/1041794X.2018.1531916.

42 Robert L. Leahy y Dennis D. Tirch, «Cognitive Behavioral Therapy for Jealousy», *International Journal of Cognitive Therapy* 1, n.º 1 (1 de febrero de 2008): 18–32, https://doi.org/10.1521/ijct.2008.1.1.18.

43 «Attachment Styles of Predictors of Relationship Satisfaction Within Adulthood», *Nevada State Undergraduate Research Journal*, consultado el 25 de noviembre de 2020, http://nsurj.com/v4-i1-2/.

44 Richard Dawkins, *El gen egoísta: las bases biológicas de nuestra conducta*, capítulo 1. (Barcelona: Biblioteca Científica Salvat, 1988).

45 Paul Bloom, *Contra la empatía: argumentos para una compasión racional.* (Barcelona: Taurus, 2018).

46 Barbara Oakley *et al.*, eds., *Pathological Altruism. Chapter 2: Empathy-Based Pathogenic Guilt, Pathological Altruism, and Psychopathology*, s. f.

[47] «Introduction to Effective Altruism», *Effective Altruism*, consultado el 25 de noviembre de 2020, https://www.effectivealtruism.org/articles/introduction-to-effective-altruism/.

[48] Paul Bloom, «The Baby in the Well», *The New Yorker*, consultado el 25 de noviembre de 2020, https://www.newyorker.com/magazine/2013/05/20/the-baby-in-the-well.

[49] Shoyu Hanayama, «Christian "Love" and Buddhist "Compassion"», *Journal of Indian and Buddhist Studies (Indogaku Bukkyogaku Kenkyu)* 20, n.º 1 (1971): 464–455, https://doi.org/10.4259/ibk.20.464.

[50] «Open Hearts Build Lives: Positive Emotions, Induced through Loving-Kindness Meditation, Build Consequential Personal Resources», *PsycNET*, consultado el 25 de noviembre de 2020, https://psycnet.apa.org/record/2008-14857-004?doi=1.

[51] «Loving-Kindness Meditation Increases Social Connectedness», *PsycNET*, consultado el 25 de noviembre de 2020, https://psycnet.apa.org/doiLanding?doi=10.1037percent2Fa0013237.

[52] Peter Harvey, *El budismo*. (Madrid: Akal, 2006).

[53] Michael A. Cohn *et al.*, «Happiness Unpacked: Positive Emotions Increase Life Satisfaction by Building Resilience», *Emotion* (Washington, D.C.) 9, n.º 3 (junio de 2009): 361–68, https://doi.org/10.1037/a0015952.

[54] Arantzazu Rodríguez-Fernández, Estibaliz Ramos-Díaz, e Inge Axpe-Saez, «The Role of Resilience and Psychological Well-Being in School Engagement and Perceived Academic Performance: An Exploratory Model to Improve Academic Achievement», *Health and Academic Achievement* (19 de septiembre de 2018), https://doi.org/10.5772/intechopen.73580.

[55] June Gruber *et al.*, «Happiness Is Best Kept Stable: Positive Emotion Variability Is Associated With Poorer Psychological Health», *Emotion* (Washington, D.C.) 13 (19 de noviembre de 2012), https://doi.org/10.1037/a0030262.

[56] «Similitudes: Stoicism and Buddhism», consultado el 25 de noviembre, 2020, https://stoicandzen.com/stoicism-and-buddhism-similarities/.

[57] Marcin Fabjański y Eric Brymer, «Enhancing Health and Wellbeing through Immersion in Nature: A Conceptual Perspective Combining the Stoic and Buddhist Traditions», *Frontiers in Psychology* 8 (12 de septiembre de 2017), https://doi.org/10.3389/fpsyg.2017.01573.

Capítulo 8

[1] Wilhelm Hofmann *et al.*, «Dieting and the Self-Control of Eating in Everyday Environments: An Experience Sampling Study», *British Journal of Health Psychology* 19, n.º 3 (septiembre de 2014): 523–39, https://doi.org/10.1111/bjhp.12053.

[2] Marja Kinnunen *et al.*, «Self-Control Is Associated with Physical Activity and Fitness among Young Males», *Behavioral Medicine* (Washington, D.C.) 38 (1 de julio de 2012): 83–89, https://doi.org/10.1080/08964289.2012.693975.

[3] Larissa Barber, Matthew Grawitch y David Munz, «Are Better Sleepers More Engaged Workers? A Self-Regulatory Approach to Sleep Hygiene and Work Engagement», *Stress and Health: Journal of the International Society for the Investigation of Stress* (1 de octubre de 2012), https://doi.org/10.1002/smi.2468.

[4] Anja Achtziger *et al.*, «Debt out of Control: The Links between Self-Control, Compulsive Buying, and Real Debts», *Journal of Economic Psychology* 49 (1 de agosto de 2015): 141–49, https://doi.org/10.1016/j.joep.2015.04.003.

[5] Thomas A. Wills *et al.*, «Behavioral and Emotional Self-Control: Relations to Substance Use in Samples of Middle and High School Students», *Psychology of Addictive Behaviors: Journal of the Society of Psychologists in Addictive Behaviors* 20, n.º 3 (septiembre de 2006): 265–78, https://doi.org/10.1037/0893-164X.20.3.265.

[6] Adriel Boals, Michelle R. Vandellen y Jonathan B. Banks, «The Relationship between Self-Control and Health: The Mediating Effect of Avoidant Coping», *Psychology & Health* 26, n.º 8 (agosto de 2011): 1049– 62, https://doi.org/10.10 80/08870446.2010.529139.

[7] June P. Tangney, Roy F. Baumeister y Angie Luzio Boone, «High Self-Control Predicts Good Adjustment, Less Pathology, Better Grades, and Interpersonal Success», *Journal of Personality* 72, n.º 2 (2004): 271– 324, https://doi.org/10.1111/j.0022-3506.2004.00263.x.

[8] June Price Tangney *et al.*, «Reliability, Validity, and Predictive Utility of the 25-Item Criminogenic Cognitions Scale (CCS)», *Criminal Justice and Behavior* 39, n.º 10 (1 de octubre de 2012): 1340–60, https://doi.org/10.1177/0093854812451092.

[9] Angela L. Duckworth y Martin E.P. Seligman, «Self-Discipline Outdoes IQ in Predicting Academic Performance of Adolescents», *Psychological Science* 16, n.º 12 (1 de diciembre de 2005): 939–44, https://doi.org/10.1111/j.1467-9280.2005.01641.x.

[10] Eli Finkel and W. Keith Campbell, «Self-Control and Accommodation in Close Relationships: An Interdependence Analysis», *Journal of Personality and Social Psychology* 81 (1 de septiembre de 2001): 263–77, https://doi.org/10.1037/0022-3514.81.2.263.

[11] Camilla Strömbäck *et al.*, «Does Self-Control Predict Financial Behavior and Financial Well-Being?», *Journal of Behavioral and Experimental Finance* 14 (1 de junio de 2017): 30–38, https://doi.org/10.1016/j.jbef.2017.04.002.

12 Wilhelm Hofmann *et al.*, «Yes, But Are They Happy? Effects of Trait Self-Control on Affective Well-Being and Life Satisfaction», *Journal of Personality* 82, n.º 4 (2014): 265–77, https://doi.org/10.1111/jopy.12050.

13 Wilhelm Hofmann, Hiroki Kotabe y Maike Luhmann, «The Spoiled Pleasure of Giving in to Temptation», *Motivation and Emotion* 37, n.º 4 (1 de diciembre de 2013): 733–42, https://doi.org/10.1007/s11031-013-9355-4.

14 T. E. Moffitt *et al.*, «A Gradient of Childhood Self-Control Predicts Health, Wealth, and Public Safety», *Proceedings of the National Academy of Sciences* 108, n.º 7 (15 de febrero de 2011): 2693–98, https://doi.org/10.1073/pnas.1010076108.

15 David L. Watson y Roland G. Tharp, *Self-Directed Behavior: Self-Modification for Personal Adjustment. Chapter 5: Antecedents*, s. f.

16 James Clear, *Hábitos atómicos: cambios pequeños, resultados extraordinarios,* capítulo 8. (Ciudad de México: Diana, 2020).

17 George F. Koob y Eric J. Simon, «The Neurobiology of Addiction: Where We Have Been and Where We Are Going», *Journal of Drug Issues* 39, n.º 1 (enero de 2009): 115–32.

18 David T. Courtwright, *The Age of Addiction: How Bad Habits Became Big Business,* s. f.

19 Daniel H. Angres y Kathy Bettinardi–Angres, «The Disease of Addiction: Origins, Treatment, and Recovery», *Disease-a-Month*, The Disease of Addiction: Origins, Treatment, and Recovery, 54, n.º 10 (1 de octubre de 2008): 696–721, https://doi.org/10.1016/j.disamonth.2008.07.002.

20 Daniel Lieberman, *La historia del cuerpo humano: evolución, salud y enfermedad.* (Barcelona: Pasado y Presente, 2017).

21 Angela Jacques *et al.*, «The Impact of Sugar Consumption on Stress Driven, Emotional and Addictive Behaviors», *Neuroscience & Biobehavioral Reviews* 103 (1 de agosto de 2019): 178–99, https://doi.org/10.1016/j.neubior-ev.2019.05.021.

22 MeaningofLife.tv, *Good Reasons for Bad Feelings | Robert Wright & Randolph Nesse [The Wright Show]*, 2019, https://www.youtube.com/watch?v=17-ypeL88kQ.

23 Lauren E. Sherman *et al.*, «What the Brain "Likes": Neural Correlates of Providing Feedback on Social Media», *Social Cognitive and Affective Neuroscience* 13, n.º 7 (4 de septiembre de 2018): 699–707, https://doi.org/10.1093/scan/nsy051.

24 Russell Clayton, Alexander Nagurney y Jessica Smith, «Cheating, Breakup, and Divorce: Is Facebook Use to Blame?», *Cyberpsychology, Behavior, and Social Networking* 16 (22 de octubre de 2013): 717–20, https://doi.org/10.1089/cyber.2012.0424.

25 Mark Griffiths, Halley Pontes y Daria Kuss, «The Clinical Psychology of Internet Addiction: A Review of Its Conceptualization, Prevalence, Neuronal Processes, and Implications for Treatment», *Neurosciences and Neureconomics* 4 (1 de enero de 2015).

26 Ahmet Akin *et al.*, «Self-Control/Management And Internet Addiction", *International Online Journal of Educational Sciences* 7 (11 de agosto de 2015): 95–100, https://doi.org/10.15345/iojes.2015.03.016.

27 Kashmir Hill, «Adventures in Self-Surveillance, Aka The Quantified Self, Aka Extreme Navel-Gazing», *Forbes*, consultado el 25 de noviembre de 2020, https://www.forbes.com/sites/kashmirhill/2011/04/07/adventures-in-self-surveillance-aka-the-quantified-self-aka-extreme-navel-gazing/.

28 Carbonfootprint.com, calculadora de la huella de carbono, consultado el 25 de noviembre de 2020, https://www.carbonfootprint.com/calculator.aspx.

29 Peter M. Gollwitzer y Veronika Brandstätter, «Implementation Intentions and Effective Goal Pursuit», *Journal of Personality and Social Psychology* 73, n.º 1 (1997): 186–99, https://doi.org/10.1037/0022-3514.73.1.186.

30 Elliot Aronson y Joshua Aronson, *The Social Animal. Chapter 4: Conformity*, s. f.

31 S. E. Asch, «Effects of Group Pressure upon the Modification and Distortion of Judgments», en *Groups, Leadership and Men; Research in Human Relations* (Oxford, R. U.: Carnegie Press, 1951), 177–90.

32 Netflix, *Derren Brown: The Push | Official Trailer | Netflix*, 2018, https://www.youtube.com/watch?v=doFpACkiZ2Q&feature=emb_title.

33 Herbert C. Kelman, «Compliance, Identification, and Internalization Three Processes of Attitude Change», *Journal of Conflict Resolution* (1 de julio de 2016), https://doi.org/10.1177/002200275800200106.

34 B. Mullen, «Effects of strength and immediacy in group contexts: Reply to Jackson». *Journal of Personality and Social Psychology*, https://doi. org/10.1037/0022-3514.50.3.514.

35 Russell D. Clark III, «Effect of number of majority defectors on minority influence», *Group Dynamics: Theory, Research, and Practice*, https://doi.org/10.1037/1089-2699.5.1.57.

36 Patricia Pliner *et al.*, «Compliance without Pressure: Some Further Data on the Foot-in-the-Door Technique», *Journal of Experimental Social Psychology* 10, n.º 1 (1 de enero de 1974): 17–22, https://doi.org/10.1016/0022-1031(74)90053-5.

37 Robert Cialdini *et al.*, «Reciprocal Concessions Procedure for Inducing Compliance: The Door-in-the-Face Technique», *Journal of Personality and Social Psychology* 31 (1 de febrero de 1975): 206–15, https://doi.org/10.1037/h0076284.

[38] Edward E. Jones, *Ingratiation: A Social Psychological Analysis*, primera edición (Appleton-Century-Crofts, Inc., 1964).

[39] Mark Whatley *et al.*, «The Effect of a Favor on Public and Private Compliance: How Internalized Is the Norm of Reciprocity?», *Basic and Applied Social Psychology* 21 (1 de septiembre de 1999): 251– 59, https://doi.org/10.1207/S15324834BASP2103_8.

[40] Herbert C. Kelman, «Compliance, Identification, and Internalization Three Processes of Attitude Change», *Journal of Conflict Resolution* (1 de julio de 2016), https://doi.org/10.1177/002200275800200106.

[41] Jerry M. Burger *et al.*, «What a Coincidence! The Effects of Incidental Similarity on Compliance», *Personality and Social Psychology Bulletin* (2 de julio de 2016), https://doi.org/10.1177/0146167203258838.

[42] Dan Ariely, *Las trampas del deseo:* cómo controlar los impulsos irracionales que nos llevan al error, capítulo 2, ed. Booket (octubre de 2013).

[43] Christina Steindl *et al.*, «Understanding Psychological Reactance», *Zeitschrift für Psychologie* 223, n.º 4 (2015): 205–14, https://doi.org/10.1027/2151-2604/a000222.

[44] Brad J. Sagarin *et al.*, «Dispelling the Illusion of Invulnerability: The Motivations and Mechanisms of Resistance to Persuasion», *Journal of Personality and Social Psychology* 83, n.º 3 (2002): 526–41, https://doi.org/10.1037/0022-3514.83.3.526.

[45] Arend Hintze *et al.*, «Risk Aversion as an Evolutionary Adaptation» (23 de octubre de 2013).

[46] «Adaptability: How Students' Responses to Uncertainty and Novelty Predict Their Academic and Non-Academic Outcomes», *PsycNET*, consultado el 25 de noviembre de 2020, https://doi.org/10.1037/a0032794.

[47] Abraham H. Maslow, Bertha G. Maslow y Henry Geiger, *The Farther Reaches of Human Nature. Chapter 2: Neurosis as a Failure of Personal Growth*, s. f.

[48] Steven M. Albert y John Duffy, «Differences in Risk Aversion between Young and Older Adults», *Neuroscience and Neuroeconomics*, n.º 1 (15 de enero de 2012), https://doi.org/10.2147/NAN.S27184.

[49] John Kaag, *Hiking with Nietzsche: On Becoming Who You Are*, primera edición (Nueva York: Farrar, Straus and Giroux, 2018).

[50] Bernard Reginster, *The Affirmation of Life: Nietzsche on Overcoming Nihilism* (Harvard University Press, 2009).

[51] Rodica Ioana Damian *et al.*, «Sixteen Going on Sixty-Six: A Longitudinal Study of Personality Stability and Change across 50 Years», *Journal of Personality and Social*

Psychology 117, n.º 3 (septiembre de 2019): 674–95, https://doi.org/10.1037/pspp0000210.

52   L.-G. Öst *et al.*, «One vs Five Sessions of Exposure and Five Sessions of Cognitive Therapy in the Treatment of Claustrophobia», *Behaviour Research and Therapy* 39, n.º 2 (1 de febrero de 2001): 167–83, https://doi.org/10.1016/S0005-7967(99)00176-X.

53   Lissa Rankin M.D, *The Fear Cure: Cultivating Courage as Medicine for the Body, Mind, and Soul. Chapter 4: Uncertainty Is the Gateway to Possibility*, s. f.

54   Friedrich Nietzsche, *El ocaso de los ídolos o cómo se filosofa a martillazos*, Mestas Ediciones (agosto de 2016).

55   Geraldine O'Sullivan, «The Relationship Between Hope, Eustress, Self-Efficacy, and Life Satisfaction Among Undergraduates», *Social Indicators Research* 101, n.º 1 (1 de marzo de 2011): 155–72, https://doi.org/10.1007/s11205-010-9662-z.

56   Marco Aurelio, *Meditaciones*. (Madrid: Edaf, 2020).

57   R. Blaug, *How Power Corrupts: Cognition and Democracy in Organisations. Chapter 2: Psychologies of Power*, s. f.

58   Olena Antonaccio y Charles R. Tittle, «Morality, Self-Control, and Crime», *Criminology* 46, n.º 2 (2008): 479–510, https://doi.org/10.1111/j.1745-9125.2008.00116.x.

59   David Myers, *Explorando la psicología social*. (Madrid: McGraw-Hill Interamericana de España, 2008).

60   James Clear, *Hábitos atómicos: cambios pequeños, resultados extraordinarios*, capítulo 2. (Ciudad de México: Diana, 2020).

61   Daryl J. Bem, «Self-Perception Theory, Development of Self-Perception Theory Was Supported Primarily by a Grant from the National Science Foundation (GS 1452) Awarded to the Author during His Tenure at Carnegie-Mellon University», en *Advances in Experimental Social Psychology*, ed. Leonard Berkowitz, vol. 6 (Academic Press, 1972), 1–62, https://doi.org/10.1016/S0065-2601(08)60024-6.

62   Danica Mijović-Prelec y Drazen Prelec, «Self-Deception as Self-Signalling: A Model and Experimental Evidence», *Philosophical Transactions of the Royal Society of London. Series B, Biological Sciences* 365, n.º 1538 (27 de enero de 2010): 227–40, https://doi.org/10.1098/rstb.2009.0218.

63   David D. Burns, *Sentirse bien: una nueva terapia contra las depresiones*, capítulo 5. (Barcelona: Paidós Ibérica, 2010).

64   «Praise for Intelligence Can Undermine Children's Motivation and Performance», *PsycNET*, consultado el 25 de noviembre de 2020, https://psycnet.apa.org/doiLanding?doi=10.1037percent2F0022-3514.75.1.33.

65 «Implicit Social Cognition: Attitudes, Self-Esteem, and Stereotypes», *Psyc-NET*, consultado el 25 de noviembre de 2020, https://doi.apa.org/doiLanding?-doi=10.1037percent2F0033-295X.102.1.4.

Capítulo 9

1 Kentaro Fujita, Ariana Orvell y Ethan Kross, «Smarter, Not Harder: A Toolbox Approach to Enhancing Self-Control», *Policy Insights from the Behavioral and Brain Sciences* 7, n.º 2 (1 de octubre de 2020): 149–56, https://doi.org/10.1177/2372732220941242.

2 Christian Tornau, «Saint Augustine», en *The Stanford Encyclopedia of Philosophy*, ed. Edward N. Zalta, verano de 2020 (Metaphysics Research Lab, Stanford University, 2020), https://plato.stanford.edu/archives/sum2020/entries/augustine/.

3 David Dubner, «Willpower and Ego Depletion: Useful Constructs?», *Counseling & Wellness: A Professional Counseling Journal* 5 (febrero de 2016), https://openknowledge.nau.edu/2338/.

4 Matthew T. Gailliot y Roy F. Baumeister, «The Physiology of Willpower: Linking Blood Glucose to Self-Control», *Personality and Social Psychology Review* 11, n.º 4 (1 de noviembre de 2007): 303–27, https://doi. org/10.1177/1088868307303030.

5 Mischel Walter, *El test de la golosina*, capítulo 2. (Barcelona: Debate, 2015).

6 «Nietzsche and Psychology: How to Become Who You Are», *Academy of Ideas* (blog) (21 de febrero de 2017), https://academyofideas.com/2017/02/nietzsche-psychology-become-who-you-are/.

7 David L. Watson y Roland G. Tharp, *Self-Directed Behavior: Self-Modification for Personal Adjustment. Chapter 5: Antecedents*, s. f.

8 «The Complete Guide to Self-Control», *Scott H. Young* (30 de septiembre de 2019), https://www.scotthyoung.com/blog/2019/09/30/self-control/.

9 David L. Watson and Roland G. Tharp, *Self-Directed Behavior: Self-Modification for Personal Adjustment. Chapter 7: Consequences*, s. f.

10 Daniel H. Pink, *Drive: The Surprising Truth About What Motivates Us. Chapter 2: Seven Reasons Carrots and Sticks (Often) Don't Work* (Nueva York: Riverhead Books, 2011).

11 T. E. Moffitt *et al.*, «A Gradient of Childhood Self-Control Predicts Health, Wealth, and Public Safety», *Proceedings of the National Academy of Sciences* 108, n.º 7 (15 de febrero de 2011): 2693–98, https://doi.org/10.1073/pnas.1010076108.

12 «Neuroreality: The New Reality Is Coming. And It's a Brain Computer Interface», *Futurism*, consultado el 25 de noviembre de 2020, https://futurism.com/neuro-reality-the-new-reality-is-coming-and-its-a-brain-computer-inter-face.

13 Anne-Marie Willis, «Ontological Designing», *Design Philosophy Papers* 4 (1 de junio de 2006): 69–92, https://doi.org/10.2752/144871306X13966268131514.

14 Benjamin Hardy, *Cambia tu entorno, cambia tu vida: la fuerza de voluntad ya no es suficiente*, capítulo 2. (Barcelona: Sirio, 2019).

15 Epicteto, *Enquiridión: discursos de Epicteto.* (Letra Minúscula, 2023).

16 Nicholas A. Christakis y James H. Fowler, «The Spread of Obesity in a Large Social Network over 32 Years», *New England Journal of Medicine* 357, n.º 4 (26 de julio de 2007): 370–79, https://doi.org/10.1056/NEJMsa066082.

17 M. J. Howes, J. E. Hokanson y D. A. Loewenstein, «Induction of Depressive Affect after Prolonged Exposure to a Mildly Depressed Individual», *Journal of Personality and Social Psychology* 49, n.º 4 (octubre de 1985): 1110– 13, https://doi.org/10.1037//0022-3514.49.4.1110.

18 Walter Mischel y Nancy Baker, «Cognitive Appraisals and Transformations in Delay Behavior», *Journal of Personality and Social Psychology* 31, n.º 2 (1975): 254–61, https://doi.org/10.1037/h0076272.

19 Monique Boekaerts, Paul R. Pintrich y Moshe Zeidner, eds., *Hand- book of Self-Regulation. Chapter 15: Attentional Control and Self-Regulation*, s. f.

20 Stacey Long *et al.*, «Effects of Distraction and Focused Attention on Actual and Perceived Food Intake in Females with Non-Clinical Eating Psychopathology», *Appetite* 56, n.º 2 (1 de abril de 2011): 350–56, https://doi.org/10.1016/j.appet.2010.12.018.

21 Ashley E. Mason *et al.*, «Reduced Reward-Driven Eating Accounts for the Impact of a Mindfulness-Based Diet and Exercise Intervention on Weight Loss: Data from the SHINE Randomized Controlled Trial», *Appetite* 100 (1 de mayo de 2016): 86–93, https://doi.org/10.1016/j.appet.2016.02.009.

22 W. Mischel, E. B. Ebbesen y A. R. Zeiss, «Cognitive and Attentional Mechanisms in Delay of Gratification», *Journal of Personality and Social Psychology* 21, n.º 2 (febrero de 1972): 204–18, https://doi.org/10.1037/h0032198.

23 Fjolvar Darri Rafnsson, Fridrik H. Jonsson y Michael Windle, «Coping Strategies, Stressful Life Events, Problem Behaviors, and Depressed Affect», *Anxiety, Stress, & Coping* 19, n.º 3 (1 de septiembre de 2006): 241–57, https://doi.org/10.1080/10615800600679111.

24 Shireen L. Rizvi, *Chain Analysis in Dialectical Behavior Therapy. Chapter 3: Getting to Know the Target Behavior*, primera edición (The Guilford Press, 2019).

[25] David L. Watson y Roland G. Tharp, *Self-Directed Behavior: Self-Modification for Personal Adjustment. Chapter 2: Forethought: Planning for Success*, décima edición (Australia: Cengage Learning, 2013).

[26] Raymond G. Miltenberger, *Modificación de conducta: principios y procedimientos*, capítulo 4. (Madrid: ABA España, 2020).

[27] Dan Ariely y Klaus Wertenbroch, «Procrastination, Deadlines, and Performance: Self-Control by Precommitment», *Psychological Science* 13, n.º 3 (1 de mayo de 2002): 219–24, https://doi.org/10.1111/1467-9280.00441.

[28] Xavier Giné, Dean Karlan y Jonathan Zinman, «Put Your Money Where Your Butt Is: A Commitment Contract for Smoking Cessation», *American Economic Journal: Applied Economics* 2, n.º 4 (octubre de 2010): 213–35, https://doi.org/10.1257/app.2.4.213.

[29] Jinfeng Jiao y Catherine A. Cole, «The Effects of Goal Publicity and Self-Monitoring on Escalation of Goal Commitment», *Journal of Consumer Behaviour* 19, n.º 3 (2020): 219–28, https://doi.org/10.1002/cb.1806.

[30] John Raglin, «Factors in Exercise Adherence: Influence of Spouse Participation», *Quest* 53 (1 de agosto de 2001), https://doi.org/10.1080/00336297.2001.10491752.

[31] James Clear, *Hábitos atómicos: cambios pequeños, resultados extraordinarios*, capítulo 17. (Ciudad de México: Diana, 2020).

[32] «Focusmate: Distraction-Free Productivity», *Focusmate*, consultado el 25 de noviembre de 2020, https://www.focusmate.com.

[33] «Change Your Habits and Life with Pavlok», *Pavlok*, consultado el 25 de noviembre de 2020, https://pavlok.com/.

[34] Robert Soussignan, «Duchenne Smile, Emotional Experience, and Autonomic Reactivity: A Test of the Facial Feedback Hypothesis», *Emotion* (Washington, D.C.) 2, n.º 1 (marzo de 2002): 52–74, https://doi.org/10.1037/1528-3542.2.1.52.

[35] Katherine L. Milkman, Julia A. Minson y Kevin G. M. Volpp, «Holding the Hunger Games Hostage at the Gym: An Evaluation of Temptation Bundling», *Management Science* 60, n.º 2 (febrero de 2014): 283–99, https://doi.org/10.1287/mnsc.2013.1784.

[36] Timothy D. Hackenberg, «Token reinforcement: a review and analysis», *Journal of the Experimental Analysis of Behavior* 91, n.º 2 (marzo de 2009): 257–86, https://doi.org/10.1901/jeab.2009.91-257.

[37] Friedrich Nietzsche, *Aurora: reflexiones sobre los prejuicios morales*. (Barcelona: DeBolsillo, 2009).

38 Lisa Williams y David DeSteno, «Pride and Perseverance: The Motivational Role of Pride», *Journal of Personality and Social Psychology* 94 (1 de junio de 2008): 1007–17, https://doi.org/10.1037/0022-3514.94.6.1007.

39 Abraham H. Maslow, Bertha G. Maslow y Henry Geiger, *The Farther Reaches of Human Nature. Chapter 23: A Theory of Metamotivation: The Biological Rooting of the Value-Life*, s. f.

40 Edward Deci, Richard Koestner y Richard Ryan, «A Meta-Analytic Review of Experiments Examining the Effect of Extrinsic Rewards on Intrinsic Motivation», *Psychological Bulletin* 125 (1 de diciembre de 1999): 627–68; discussion 692, https://doi.org/10.1037/0033-2909.125.6.627.

41 Mark Lepper *et al.*, «Undermining Children's Intrinsic Interest with Extrinsic Reward: A Test of the 'Overjustification' Hypothesis», *Journal of Personality and Social Psychology* 28 (1 de octubre de 1973), https://doi.org/10.1037/h0035519.

42 Teresa M. Amabile, *Creativity in Context: Update to the Social Psychology of Creativity. Chapter 3: A Consensual Technique for Creativity Assessment*, nueva edición (Boulder, CO: Routledge, 1996).

43 Daniel H. Pink, *Drive: The Surprising Truth About What Motivates Us. Chapter 2: Seven Reasons Carrots and Sticks (Often) Don't Work*, s. f.

44 Edward L. Deci, Richard Koestner y Richard M. Ryan, «Extrinsic Rewards and Intrinsic Motivation in Education: Reconsidered Once Again», *Review of Educational Research* 71, n.º 1 (2001): 1–27.

45 Mihaly Csikszentmihalyi, *Beyond Boredom and Anxiety: Experiencing Flow in Work and Play*, edición del 25 aniversario (San Francisco: Jossey-Bass, 2000).

46 Teresa Amabile y Steven J. Kramer, «The Power of Small Wins», *Harvard Business Review* (1 de mayo de 2011), https://hbr.org/2011/05/the-power-of-small-wins.

47 Kjærsti Thorsteinsen y Joar Vittersø, «Striving for Wellbeing: The Different Roles of Hedonia and Eudaimonia in Goal Pursuit and Goal Achievement», *International Journal of Wellbeing* 8, n.º 2 (8 de diciembre de 2018), https://doi.org/10.5502/ijw.v8i2.733.

Capítulo 10

1 Lorraine L. Besser, *Eudaimonic Ethics: The Philosophy and Psychology of Living Well. Chapter 6: An Instrumental Theory of Virtue*, primera edición (Routledge, 2014).

2 «Aristotle», *History*, consultado el 25 de noviembre de 2020, https://www.history.com/topics/ancient-history/aristotle.

3   «Who Was Epictetus? The Slave Who Became The Stoic Philosopher», *Orion Philosophy*, consultado el 25 de noviembre de 2020, https://www.orionphilosophy.com/stoic-blog/epictetus.

4   Viktor E. Frankl, William J. Winslade y Harold S. Kushner, *Man's Search for Meaning*, s. f.

5   Charles Huenemann, «Nietzsche's Illness», *The Oxford Handbook of Nietzsche* (1 de septiembre de 2013), https://doi.org/10.1093/oxford-hb/9780199534647.013.0004.

6   «Marcus Aurelius: The Main Philosopher of Ancient Roman Empire», *Rome.us* (18 de noviembre de 2019), https://rome.us/roman-emperors/marcus-aurelius.html.

7   Aleksandr Solzhenitsyn, *Archipiélago Gulag I,* Tusquets Editores (octubre de 2015).

8   Stephen G. Post, «Altruism, Happiness, and Health: It's Good to Be Good», *International Journal of Behavioral Medicine* 12, n.º 2 (1 de junio de 2005): 66–77, https://doi.org/10.1207/s15327558ijbm1202_4.

9   June Price Tangney *et al.*, «Reliability, Validity, and Predictive Utility of the 25-Item Criminogenic Cognitions Scale (CCS)», *Criminal Justice and Behavior* 39, n.º 10 (1 de octubre de 2012): 1340–60, https://doi.org/10.1177/0093854812451092.

10 Roy F. Baumeister Ph.D y Aaron Beck, *Evil: Inside Human Violence and Cruelty. Chapter 8: Crossing the Line: How Evil Starts*, s. f.

11 James L. Knoll, «The 'Pseudocommando' Mass Murderer: Part I, The Psychology of Revenge and Obliteration», *Journal of the American Academy of Psychiatry and the Law Online* 38, n.º 1 (1 de marzo de 2010): 87–94.

12 Fabienne Glowacz y Michel Born, «Away from Delinquency and Crime: Resilience and Protective Factors», 2015, 283–94, https://doi.org/10.1007/978-3-319-08720-7_18.

13 Neelu Sharma *et al.*, «The Relation between Emotional Intelligence and Criminal Behavior: A Study among Convicted Criminals», *Industrial Psychiatry Journal* 24, n.º 1 (2015): 54–58, https://doi.org/10.4103/0972-6748.160934.

14 Friedrich Nietzsche, *Aurora: reflexiones sobre los prejuicios morales.* (Barcelona: DeBolsillo, 2009).

15 Roy F. Baumeister Ph.D y Aaron Beck, *Evil: Inside Human Violence and Cruelty. Chapter 1: The Question of Evil, and the Answers* (Nueva York: Holt Paperbacks, 1999).

16 Robert Ressler, «Lecture at the University of Virginia, 1993».

17 Harma Meffert *et al.*, «Reduced Spontaneous but Relatively Normal Deliberate Vicarious Representations in Psychopathy», *Brain* 136, n.º 8 (1 de agosto de 2013): 2550–62, https://doi.org/10.1093/brain/awt190.

18 Paul Bloom, *Contra la empatía: argumentos para una compasión racional*. (Barcelona, Taurus, 2018).

19 Carlo Garofalo *et al*., «Emotion Dysregulation, Impulsivity and Personality Disorder Traits: A Community Sample Study», *Psychiatry Research* 266 (1 de agosto de 2018): 186–92, https://doi.org/10.1016/j.psychres.2018.05.067.

20 Tamas Bereczkei, «The Manipulative Skill: Cognitive Devices and Their Neural Correlates Underlying Machiavellian's Decision Making», *Brain and Cognition* 99 (1 de octubre de 2015): 24–31, https://doi.org/10.1016/j.bandc.2015.06.007.

21 C. Zlotnick, «Antisocial Personality Disorder, Affect Dysregulation and Childhood Abuse Among Incarcerated Women», *Journal of Personality Disorders* 13, n.º 1 (1 de marzo de 1999): 90–95, https://doi.org/10.1521/pedi.1999.13.1.90.

22 Iakovos Vasiliou, «The Role of Good Upbringing in Aristotle's Ethics», *Philosophy and Phenomenological Research* 56, n.º 4 (1996): 771–97, https://doi.org/10.2307/2108280.

23 «The Cook and the Chef: Musk's Secret Sauce», *Wait But Why*, 6 de noviembre de 2015, https://waitbutwhy.com/2015/11/the-cook-and-the-chef-musks-secret-sauce.html.

24 James Martin, *The Meaning of the 21st Century: A Vital Blueprint for Ensuring Our Future*. (Barcelona: Penguin Group, 2006).

25 Brian Hall, *Silicon Valley—Making the World a Better Place*, 2019, https://www.youtube.com/watch?v=B8C5sjjhsso.

26 «What Is Transhumanism?», *What is Transhumanism?*, consultado el 25 de noviembre de 2020, https://whatistranshumanism.org/.

Otros Títulos

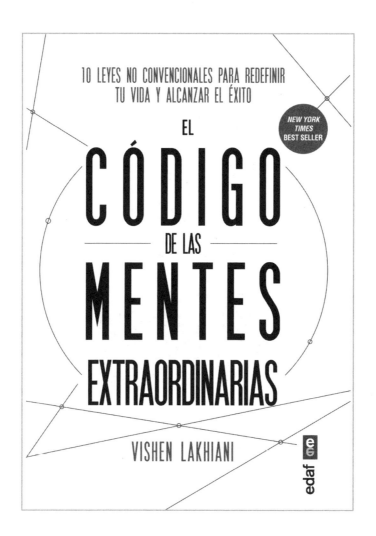

10 LEYES NO CONVENCIONALES PARA REDEFINIR
TU VIDA Y ALCANZAR EL ÉXITO

NEW YORK
TIMES
BEST SELLER

EL

CÓDIGO

DE LAS

MENTES

EXTRAORDINARIAS

VISHEN LAKHIANI

edaf

KIT EMOCIONAL PARA LA VIDA MODERNA

53 FORMAS DE CUIDAR TU MENTE

Estoy en ello — Tú — Me supera

Dra. Emma Hepburn

edaf